10대를 위한
성공 진로 수업

10대를 위한 성공 진로 수업

초판 1쇄 2021년 09월 27일
초판 3쇄 2021년 12월 29일

지은이 강사라 ┃ **펴낸이** 송영화 ┃ **펴낸곳** 굿위즈덤 ┃ **총괄** 임종익
등록 제 2020-000123호 ┃ **주소** 서울시 마포구 양화로 133 서교타워 711호
전화 02) 322-7803 ┃ **팩스** 02) 6007-1845 ┃ **이메일** gwbooks@hanmail.net
© 강사라, 굿위즈덤 2021, *Printed in Korea*.

ISBN 979-11-91447-62-0 03190 ┃ 값 15,000원

10대를 위한
성공 진로 수업

강사라 지음

굿위즈덤

'진로'의 바른길을 향해
걸어가는 모든
'10대'들을 응원합니다

10대. 가끔 그런 생각을 하곤 한다.

'지금 이 성장한 나의 모습으로 그 시절을 다시 한 번 살아본다면 어떨까. 너무 멋지게 그리고 너무 성공적으로 살 수 있을 듯한데….'

"자리에서 일어나!"
"찰싹."

30년이 훌쩍 지난 그 날의 한 장면이 아직도 사진 한 컷처럼 머릿속에 선명히 남아 있다. 반 친구들이 모두 보는 자리에서 나는 초등학교 담임 선생님께 따귀를 맞았다.

'내가 따귀를 왜 맞았을까?'

　분명 어떠한 이유가 있었을 것이다. 그러나 조용하고 존재감 없었던 내가 따귀를 맞을 정도의 잘못이 무엇이 있었을까 싶기도 하다.

　어엿한 대학생이 되어 정말 오랜만에 초등학교 동창회 소식을 들었다. 가보고 싶은 마음이 한가득이었던 터에 때마침 친구로 지내던 동창이 있어 그 덕에 따라갈 수가 있었다. 무척 반가웠다. 술 한잔씩 걸친 동창들의 그동안 살아온 이야기들을 들으며 한마디씩 건넸다. 대학생활 이야기, 타향살이 이야기, 연애 이야기 그리고 모습이 보이지 않는 동창들의 근황을 전해 들으며 무척 흥미로운 시간들을 보냈다. 틈틈이 물어오는 나의 대학생활 이야기들도 나누며 말이다.

　친구들은 나를 존중하는 태도로 대해주었다. 어쩌면 서로가 이제 성인이 되었으니 어릴 적의 장난끼 많던 남자아이들, '나랑 놀아야 해.'라던 소유욕 강한 여자아이들이 아니었을 수도 있다. 그러나 나는 생각했다. '공부도 못하고, 친구들과 잘 어울리지 못하고 하찮아 보이던 내가 이리 이쁘게 그리고 번듯하게 간호과 대학생이 되어 있으니 함부로 대하지 않는구나.'라고 말이다.
　심지어 공부를 매우 잘했던 그리고 야심차게 육지에서 대학생활을 하고 있는 남자 동창이 두 손을 조심스레 모아 "이쪽에 앉으세요."라고 자리를 안내했다. 이 친구는 버스를 탈 때마다 뒤에서 밀어대며 함부로 나를 대하던 아이였다.

각자가 다르지만 모두가 동일하게 지났던 10대의 시절이었다. 나는 이미 그렇게 10대를 훌쩍 지나 10대의 자녀들을 키워가는 시절을 보내고 있었다. 그래서 지금의 10대들에게 더욱 간절히 말해주고 싶다. 여러분의 꿈과 빛나는 미래를 향한 올바른 진로를 찾아갈 수 있다고 말이다. 내가 무심히 방황하며 지나쳤던 그 시절의 경험을 통해 돕고 싶다. '끊임없이 꿈을 꾸고 누군가의 꿈을 위해' 살아가며 그들의 인생 가운데 환한 발등의 한줄기 불빛이 되어주고 싶다.

내가 가진 자원의 밭이 곱게 일궈진 것도 아니었고 가정 환경이 넉넉하고 편안했던 것도 아니었다. 부모님 또한 자신에게도 꿈이라는 불씨가 있다는 사실조차 알지 못한 채 하루살이처럼 그리고 남들에게 뒤처지지 않으려 고군분투하는 삶에 지나지 않았다.

나조차 한평생 꿈을 올려다보지도 못하고 그저 그런 인생을 살 수밖에 없는 시스템이었다. 그러나 이렇게 세상을 향해 당당히 살아갈 수 있게 되었다. 이 책을 통해 자신 안의 작은 꿈의 씨앗과 보물들을 모든 10대들이 스스로 찾아내기를 바란다. 스스로 찾는 그 역량이 또다시 꿈들을 일으켜 세워갈 수 있는 힘의 발판이 되어줄 것이다.

또한 코로나19로 성큼 다가온 4차 산업이라는 시대 가운데서 그들이 재빠르게 이해하고 올라타야 할 트렌드를 소개해주고 싶다. 지금은 명백한 4차 산업 시대이다. 앞으로도 또 다른 시대들이 연이어 변화라는 밀물이 되어 쓸려 들어올 것이다. 이미 4차 산업 시대의 물결이 폭풍처럼 거세어 보이기도 한다. 급변하는 속도 속에서 휩쓸려가는 듯만 하여 나는 혼란이고 혼돈이다. 그러나 10대들도 그럴까? 어쩌면 10대에게는 알아가고 배워가는 하나의 과정일 뿐이며 자연스럽게 세상을 익혀가는 시절일 뿐이다. 그렇다면 그들에게 필요한 것은 무엇일까? 그 답들을 이 책을 처음부터 끝까지 읽는 과정 속에서 틀림없이 찾게 될 것이다.

이 책을 통해 부모님과 형제, 가족들에게 감사 인사를 전한다. 늘 곁에 있다는 것만으로도 힘이 되고 격려가 되는 이 땅에서 깊은 인연을 맺은 나의 가족이다. 그들이 없었다면 지금 나의 모습 또한 당연히 없었겠고 나의 꿈 또한 여기까지 이르지 못했으리라. 마지막으로 이 책이 쓰이기 시작할 때부터 출간되기까지 큰 도움을 주신 굿위즈덤 출판사와 관계자 여러분들께 감사하다는 말씀 또한 드리고 싶다.

목 차

1장

나는 미래에 무엇을 하고 있을까?

나는 미래에
무엇을
하고 있을까?

"너의 꿈은 무엇이니?"

"CEO가 되는 것이요."

"어떤 이유일까?"

"돈을 많이 벌고 싶어서요~!"

CEO를 꿈꾸는 10대들의 모임 '퓨처 CEO'의 이야기를 블로그에서 기사로 본 적이 있다. 한때 다음 카페에 활성화되어 있던 미래의 CEO를 꿈꾸는 10대들의 모임이다. '내 삶의 주인이 바로 CEO!!!'라는 슬로건으로 활동하였던 예비 고3 남학생의 꿈이 적혀 있는 글을 소개해보고자 한다.

"CEO를 단순히 '돈 많이 버는 사람'이라고 생각하지 않아요. 한 회사를 운영하기 위해선 우선 자기 자신을 다스려야 할 줄 알아야 한다고 생각해요. 그래서 가장 우선 목표로 삼은 게 '내 인생의 CEO, 주인공이 되자!' 예요. 제 인생도 컨트롤 할 수 없는데 다른 사람의 삶을 책임질 수 없잖아요."

그들의 관심사는 인기 많은 연예인, 외모, 이성 친구, 게임, 스마트폰 등이 아니다. '내 인생의 CEO가 되고 싶은 아이들', 그들에게는 이미 명확한 'CEO'라는 자신들이 직접 그린 미래가 있는 것이다. 이 학생의 경우는 어떤가?

"처음엔 돈도 많이 벌고 TV도 나오고, 단순히 명예와 부를 한꺼번에 얻을 수 있다는 생각에 CEO를 꿈꿨어요. 하지만 공부를 하고 시야를 넓히면서 어리석은 생각이었다는 것을 알게 됐죠."

그 당시 중학교 2학년 여학생의 이야기다.

지금 여러분들은 나와 동일한 생각을 하고 있을 것이다.

'대단하다. 어떻게 10대라는 어린 나이에 저런 생각을 할 수 있지? 이미 출발점부터 무언가 다르다….'

단지 성공하고 돈을 벌기 위해서가 아닌 그들다운 CEO마인드가 있다. 아직은 10대지만 그들만의 경영과 사업에 대한 열정과 꿈이 있다. 그들이 특별해서가 아니다. 자신들에게 질문하나를 던지고 그 질문에 대해 매우 '진지하다.'라는 차이 하나일 뿐이다.

자, 이제 다시 자신에게 질문을 던져보자.

'나는 왜 CEO가 되기를 원할까?' 한 걸음 더 나아가 '내 꿈은 무엇일까? 그리고 나는 왜 그 꿈을 원할까?' 구체적인 계획까지는 아니더라도 즉시 자신의 꿈과 이유에 대해 답을 했는가? 이유에 대한 답은 막연히 뜬 구름 잡듯이 "잘 먹고 잘살고 싶어서, 돈 많이 벌려고." 이러한 것들이 아닌 좀 더 본질적이고 꼬리에 꼬리를 문 정확한 이유이기를 바란다. 자신이 없다면 지금부터라도 나 자신에게 생각할 시간을 주고 진지하게 질문을 던져보자는 이야기이다.

제주특별자치도 제주시에 위치한 한 중학교에서 몇 명의 지도사님들과 함께 진로 동아리 수업을 진행한 적이 있다. 전체적인 강의가 이루어지고 소그룹별로 활동 모임을 하며 알게 된 한 여학생이다. 매우 활발하고 친구들 사이에서도 인기가 좋은 친구였는데 질문을 하면 '모른다'로 모든 답을 해서 내 기억에 남는다.

좋아하는 것, 잘하는 것, 하고 싶은 것, 꿈과 미래 그 어떤 것도 '모른다'고 했다. 처음에는 '귀찮아서 그런가? 하기가 싫은가?'라는 생각을 잠깐 하기도 했지만, 장난도 귀찮아서도 아닌 진심으로 몰라서 대답하지 못했다는 것을 알고 '도와주고 싶다.'라는 생각을 했다.

비단 이 학생만이 아닌 대부분의 10대 모습이다. 나 자신에 관한 생각과 꿈의 부재로 인해 자신이 진정으로 원하는 것이 무엇인지 깨닫지 못한다. 안타깝게도 자신 안에 숨어 있는 작은 거인조차 깨우지 못하는 것이다. 다행히도 6주에 걸친 진로 동아리 과정 속에서 학생들은 본인이 좋아하고 원하는 것들을 하나씩 찾아가기 시작했다.

딱딱한 고구마를 중간에 한 번씩 젓가락으로 찔러주면 금세 속이 포슬포슬 익어가듯이 그렇게 매 주차마다 10대들에게 자신에 관한 질문을 한 가지씩 던져 젓가락으로 찔러주었다. 그리고 반 아이들은 그 답을 찾아가게 되었다. 점점 더 구체적으로 생각을 하고 글로 쓰고 그림을 그리면서 말이다.

'모른다.'라고 늘 대답했던 여학생 또한 마지막 수업 시간에 자신의 꿈을 적었다. 미래의 모습을 자신 있게 구체화해 발표하고 제출했다.

"이전에 배우다 점점 어려워지기도 하고 귀찮아 그만두었던 피아노를 다시 성실히 배우고 연습할래요. 그래서 마음이 아픈 사람들의 마음을 힐링하는 음악 치료사가 되겠습니다!"라고 말이다.

미래를 그려보지 않은 대부분의 10대들에게 있는 몇 가지의 특징들이다.

첫째, 질문 시 매우 당황해한다.
둘째, 정말 모르거나 자신 있게 말하지 못한다.
셋째, 구체적이지 않고 막연하다.
넷째, 스스로에게 질문하지 않는다.
다섯째, 자신에게 생각할 시간을 주지 않는다.

사실, 미래를 답답해하는 10대들의 가장 큰 문제는 스스로에게 생각할 시간을 주지 않는다는 것이다. 사회와 환경적으로도 마찬가지다. 10대들이 넓고 다양하게 미래를 꿈꿀 수 있도록 얼마나 편하고 여유 있게 내어두고 있는가 말이다. 학업을 열심히 하는 학생들은 학교 수업을 기본으로 학원과 개인 학습으로 잠을 줄여가며 고군분투한다. 학업에 이미 담을 쌓은 학생들은 또래 친구들과 어울려 노는 데 시간을 보내거나 게임과 SNS, 미디어에 과다하게 노출되며 하루를 의미 없게 흘려보내기에 바쁘다.

재미있는 것은 누구라 할 것도 없이 그 나이 또래들은 미래에 대한 목적 없음과 방향 없음으로 불안해하고 초조해하는 것은 매한가지라는 것이다. 생각할 시간조차 없이 앞만 보며 달려가고 있는 10대들에게 이야기한다.

"10대들이여~ 시간이 걸리더라도 명확한 꿈을 찾고 미래를 구체적으로 그리는 것이 가장 빠른 지름길이란다. 왜냐하면 그 명확한 꿈과 미래가 네 길의 푯대가 되어 향방을 헤매지 않도록 속도를 실어줄 테니까!!!"

요즘의 10대를 바라보며 문득 나에게 질문을 던져본다.

'나는 10대 시절, 어떤 생각들을 했으며 어떤 미래를 꿈꿨을까?'

어렴풋이 생각이 떠오른다. 수업 시간이었다. 담임선생님께서는 칠판에 5년 후, 10년 후, 20년 후⋯. 긴 막대 선을 마디로 나누어 그리셨다. 그리고 반 친구들은 나눠준 백지 위에 선생님을 따라 똑같이 그래프를 그리고 마디를 나누었다. 분명한 것은 내가 그린 미래는 구체적이거나 명확하지 않았다는 것이다.

그리고 곧 마무리된 수업과 함께 '내 미래 그리기'는 거기에서 끝났다. 그 이후에는 어느 누구도 내게 미래를 질문하지 않았기 때문이다. 선생님과 부모님 그리고 나 자신조차도. 어쩌면 성적도 성격도 눈에 띄지 않는 아이였기 때문에 평범하게 지나쳤으리라. 부모님도 '공부에 관심 없는 아이, 열심히 노는 아이, 건강하게만 자라라.' 했던 나의 10대였으니 말이다.

그런데 나는 왜 스스로에게조차 질문하지 않았을까?

"내 꿈은 뭐지? 나의 미래는 어떨까? 나는 어떻게 내 인생을 살까?"

누구나 한 번쯤은 꼭 질문한다는 '나는 누구일까?'라는 질문조차 하지 않았던 10대를 돌아보며 어처구니가 없기까지 하다. 그때 나 자신에게 그런 질문을 할 수 있었다면 그 질문 하나가 지금 나의 미래를 완전히 바꿔놓았을 텐데 말이다.

나는 그랬다. 질문이 없는 아이였다. 엄격했던 아버지의 훈육이 큰 영향을 준 것은 사실이다. 질문 하나가 말대꾸가 되고 아버지로부터 큰 화를 불러올 수 있는 변수이기도 했으니까. 또한 가난하고 어려운 가정 환경으로 인한 나의 모습은 매우 소심하고 조용한 아이. 어느 누구에게도 나의 의견을 표현하지 못하는 아이였으니 말이다.

그렇다면 이 책을 읽고 있는 10대들이여, 자신의 꿈과 미래를 위해 얼마나 생각하고 질문해왔는가? 아직 그런 생각을 진지하게 해보지 않았다면 지금 바로 자신에게 잽 던지듯 가볍게 툭 질문해보자. 집으로 돌아가서 말고, 지금 바로 그 자리에서 말이다.

그리고 10대들의 행복 또는 성공을 위해, 또는 그 외 여러 가지 이유로 책을 집어 든 부모님, 교육자가 있다면 우리 어른들이 해야 할 일이 있다. 꿈 많은 10대들에게 질문을 하라.

"웃는 얼굴이 예쁜 ○○야~ 네 꿈은 뭐니? 넌 어떤 사람이 되고 싶니? 우리 함께 앞으로 5년 후, 10년 후 어떤 모습일지 그림으로 그리고 이야기해볼까?"

10대 혹은 자녀에게 다가가는 표현과 미래를 나누는 방법에는 조금씩 차이가 있을 수 있다. 뜬금없는 대화라면 처음에는 무반응이거나 싫고 귀찮은 내색을 할 수도 있다. 그러나 인내심을 가지고 다가가야 한다. 한 번 두 번 날린 잽이 10대들의 머리와 가슴에 울림이 되어 전혀 표현이 없을지라도 이미 뇌리를 스치고 있으니 말이다.

아무것도 모른다고 하던 학생이 몇 주가 지난 뒤에는 자신의 꿈을 정하고 미래를 그려 제출했던 것처럼 말이다.

나의 꿈이
나의 미래를
결정한다

한 명씩 돌아가며 자신의 꿈을 발표하는 초등학교 수업 시간이었다. 내 차례다. 웬일인지 그날따라 나는 용기 있게 자리에서 벌떡 일어섰다. 그리고 또박또박 내 꿈을 자랑스럽게 발표했다.

"저의 꿈은 농부의 아내가 되는 것입니다!"
"푸하하하하."

온 교실이 떠들썩하게 떠나갈 정도로 아이들은 웃어댔다. 나는 더 이상 농부의 아내가 되고 싶었던 그 이유를 발표하지 않았다. 그래서인지

나는 아직도 왜 농부의 아내가 되는 것이 꿈이었는지 그 이유를 모른다.

여자 중학교 국어 수업 시간이다. 그 당시 흔치 않을 정도의 큰 키, 도시적인 안경을 쓰신 남자 국어 선생님. '어쩜, 저리도 멋있으실까?' 날고 뛰는 모든 여학생의 인기를 한 몸에 받는 고○○ 선생님. 사실은 나도 그 대열에 조용히 끼어 있었다.

나는 매 수업을 들으며 상상했다.

'내가 국어 선생님이 된다면 어떨까?
함께 교편을 잡는 자리에서 선생님의 제자라며 찾아뵐 수 있다면?
선생님이 너무 대견해하시고 흡족해하시겠지?'

점점 국어 시간과 국어 과목이 재미있어지기 시작했다. 사실, 공부를 해야 할 목적도 관심도 없던 나는 반에서 거꾸로 두 번째, 전체 등수에서는 백 순위 한참 밖이었다. 그런데 국어 관련 과목만큼은 반에서 10등 안에 들었다. 심지어 전체 등수에서도 상위권이었다. 선순환 효과로 이러한 결과들은 중학생과 고등학생 과정까지 국어 과목을 좋아하게 했던 이음줄이 되었고 덤으로 끊임없이 책을 읽는 습관을 지니도록 해주었다.

길을 가다가도 조용한 잔디밭이 깔린 벤치나 바닷물이 출렁이는 돌무더기에 무심코 앉아 노트와 필기구를 꺼내놓고 글을 쓰는 취미도 가지게되었다. 이러한 감성과 습관들은 이후의 내 꿈을 이루어가는 데 지대한 영향을 주게 되었다.

나는 점점 가르치는 일에 꿈을 가지게 되었다.

선생님은 학생들을 친절히 가르치고 학생들은 좋은 선생님을 통해 그들의 인생을 꿈으로 채워나간다. 웃음꽃이 피는 교사와 학생이 함께 만나는 공간을 꿈꿨다. 선생님이 좋아서 국어라는 과목에 흥미를 느끼고 잘하는 것을 넘어 꿈을 가지게 됐듯 누군가에게 그런 영향을 주는 사람이 되고 싶었다. 가르치는 일, 학생들과 만나는 일.

그렇게 주욱 꿈을 향해 달렸더라면 얼마나 좋았을까? 그런데 나의 현실은 국어는 잘하지만 꼴찌는 역시나 꼴찌였다. 성적이 낮은 나를 선생님과 부모님은 크게 관심을 두지 않았다. 그리고 아버지는 빨리 졸업할 수 있는 전문대일 것, 빨리 돈을 벌 수 있는 전문학과를 선택할 것을 요구하셨다. 나는 바라던 국어국문학과가 아닌 간호과에 진학했다. 그리고 오랜 세월 동안 진로와 미래의 방황 속에서 헤매었다.

지금에 와서 생각해보면 나는 그 꿈을 왜 잡지 못했을까?

내가 10대에 꾸었던 꿈은 내 미래를 10년, 20년은 족히 일찍 끌어당겨왔을 텐데 말이다. 여러 가지 이유가 있겠지만 그중 하나, 내게 꿈이 중요하다고 말해준 사람이 없었다. 꿈을 정하고 그 꿈을 이루기 위해 동기 부여를 해주거나 그다음에 무엇을 해야 하는지를 알려준 사람이 없었다. 내 주변에는 꿈을 가진 사람이 없었던 것이다.

있었다 해도 그들은 자신의 꿈을 결코 말하지 않았음이 틀림없다. 성장하는 과정 동안 나는 주변 사람들의 '꿈' 이야기를 한 번도 들어보지 못했기 때문이다. 나는 그렇게 오래도록 좋아하며 가지게 된 '좋은 꿈'을 너무 쉽게 흘려보냈다.

평생 미련으로 남았다.

진로 강의를 다니다 보면 심심찮게 듣게 되는 10대들의 꿈이 있다.

"유튜버요."
"건물주요!"
"대기업 다니는 것이요."

그 외에도 많다. 아나운서, 게임 프로그래머, 연예인, 외교관 등등. 실제로 우리나라 초·중·고등학생들의 희망 직업 순위를 학교급별로 온라인 조사한 결과 2019년 이러한 결과가 나왔다. 초등학생 순위는 1위 운동선수, 2위 교사, 3위 크리에이터. 중고등학생의 순위는 1위 교사, 2위 경찰관, 3위 간호사….

그런데 참 이상하지 않은가? 나는 분명 꿈을 물었는데 대부분의 10대 뿐만이 아닌 많은 사람들이 대답으로 직업을 이야기한다. 주변에 누군가가 있다면 지금 바로 질문해보라. 꿈이라고 하는 것들이 모두 직업이다. 그렇게 보면 10대들은 꿈은 없고 직업만 가지고 있다. 물론 꿈을 이루어 가는 수단으로써 진로와 직업은 매우 중요하다. 하지만 중간에 한 덩어리가 쑤욱 빠져 있다.

나의 꿈은 가르치고 전달하는 일들을 통해 10대들의 삶을 일으켜 세우는 것이다. 거기서 더 폭넓게 나아가 10대에서부터 60대에 이르기까지 많은 사람의 꿈과 목적을 일으켜 세우고 싶다. 그들이 행복한 삶을 살 수 있도록 선한 영향력을 행사하는 것. 그것이 나의 꿈이다. 그러기 위해 나는 동기부여가, 메신저, 교육 전달자, 작가, 인생 코치, 강연가의 직업을 가지게 된다.

그 차이를 알겠는가?

우선 꿈과 진로 그리고 직업을 확실히 구분하자. 꿈을 이뤄가는 과정 속에서 진로와 진학은 선택하게 되는 것이다. 꿈의 정의조차 확실하지 않으면 방향 없이 헤매게 된다. 성장해갈수록 꿈이라는 것은 허공에 붕 뜨고 갑자기 홀로 놓여지는 상황이 올지도 모른다.

이제 꿈과 진로, 직업의 차이를 제대로 알고 거기서부터 출발해보자. 자신의 가슴을 뜨겁게 하는 꿈이 무엇인지 생각하는 것 말이다.

나는 국어 선생님을 바라보면서 나의 꿈을 생각했다. 꼭 이루겠다고 강한 마음을 가진 것도 아니다. 국어 선생님을 통해 가르치는 것을 좋아했고 가르치는 방법에 관심을 가지게 되었으며 학생들과 함께 하는 모습을 매일같이 상상하고 즐거워했다.

아버지의 반대로 전혀 상관없는 전공을 했다. 학과 생활도 성의 없이 했고 몇 번이나 휴학을 생각했다. 힘들게 졸업했고 전공과 상관없는 첫 직장생활을 했다. 아이들을 가르치는 학원 강사였다. 다시 간호사 생활을 했다가 또다시 간호 학원에서 가르치는 일을 했다. 그렇게 제자리 맴돌듯이 가르치는 일 주변을 계속 맴도는 인생이 오래도록 지속되었다.

그러다 나의 꿈이 '가르치고 전달하는 메신저의 삶'이라는 것을 깨달았을 때 나는 더 이상 가르치는 일의 주변을 맴돌지 않았다. 내 꿈이 명확하게 나의 중심, 내 인생의 중심에 서게 된 것이다.

세 번의 심장 수술을 이겨낸 의사가 있다. 그는 선천성 심장병으로 세 번의 수술을 받았다. 첫 수술이 겨우 3세 때였으며, 고1 때 마지막 수술을 받았다. 그의 꿈은 무엇이었을까? 꿈이 있을 수나 있었을까? 일반적으로라면 나라는 사람은 그 상황 가운데서 '꿈'을 꿀 수 있었을까? 라는 질문을 던져보지 않을 수가 없다. 방송에서는 그의 꿈은 의사였다고 말하고 있지만 사실 그의 꿈은 다른 이들과 다름없이 평범한 삶을 누리는 것이었다.

수술 전날 밤 병실 창문에 비친 의학 도서관의 불빛에 이끌려서 그는 그러한 생각을 했다. 그들처럼 의학도의 길을 가겠노라고. 사실, 의사라는 것은 그에게 특별히 이루고 싶은 꿈이 아니었다. 그저 자연스럽고 평범한 것이었을 뿐이다. 태어나서부터 수시로 병원을 오가며 의사라는 직업은 어쩌면 그에게 자연스러운 일상이었던 것이다.

그리고 그는 대한민국에 태어났기 때문에 얻을 수 있었던 새 생명에 보답하고 싶은 마음에 공직인 보건소 근무를 선택했다. 그의 꿈은 이전에도 의사가 아니었고 의사가 되었기에 꿈을 이룬 것도 아니다. 그는 아직도 새 생명에 보답하고자 하는 마음으로 새로운 꿈들을 향해 계속 나아가고 있는 것이다.

만약에 의사가 되어 베푸는 삶을 살 수 있는 이 한 사람이, 긍정적 생각과 꿈을 가지지 않았다면 어땠을까? 도리어 좌절과 원망으로 부모님과 자신의 처지, 그리고 세상을 비관적으로 바라보았다면? 생각만 해도 너무 비참하고 서글프지 않은가. 스스로 환경과 좌절 속에 가능성의 한계를 지어놓고 자신을 집어넣는다. 그리고 그 안에 갇혀 평생을 어둠 속에서 살아간다.

때로는 자신이 어떤 생각을 하는가, 어떤 꿈을 꾸고 있는가 하는 것에는 선택의 용기가 필요하다.

결국 신승건 의사 선생님은 남들과 다르지 않은 삶을 꿈꾸었고 그 꿈을 가진 미래는 그의 것이 되었다. 지금 내 생각이 나의 행동을 만들어내는 것처럼, 지금 자신의 꿈은 자신의 미래를 결정한다는 것을 기억하자.

그리고 어떠한 상황과 조건에 놓여 있다 할지라도 용기를 내어 자신의 꿈에 대한 강한 열망을 가지자. 곧 얼마 지나지 않아 지금의 꿈이 미래를 현실로 데려다 놓을 것이기 때문이다. 가르치는 교육 전달자의 위치에서 학생들과 함께하기를 바랐던 나의 꿈이 나의 미래를 현실로 데려다 놓은 것처럼 말이다.

'나의 꿈은 나의 미래를 결정한다.'

이제 어떻게 하려는가? 자신만의 꿈을 잡을 것인가, 흘려보내고 나서 오랜 시간 동안 그 언저리를 맴돌다 돌고 돌아 뒤늦게 다시 찾아오려는가. 내 인생의 시간과 세월을 가장 아끼는 방법은 그 어떤 것보다 지금 내 꿈을 제대로 찾는 것임을 기억하자.

지금 10대라는
황금기를
통과하고 있다

나는 마흔이 조금 넘었다. 지금이 내 인생에서 가장 큰 황금기이다. 과거도 지금을 이루기 위한 황금기였고 내일은 오늘보다 더 최고의 황금기가 될 것이다. 우리는 모두 인생의 황금기를 살고 있다. 매일 새로운 하루를 선물 받아 살고 있으니 말이다. 10대들은 10대의 황금기를 지나고 있다. 누구나 다 지나온 황금기이다. 다만 그 시절이 황금기인 것을 알고 보내느냐 모르고 보내느냐 의식에 따라 지금 현재 자신이 살아내는 삶의 질이 달라질 뿐이다.

나는 전라남도 목포에서 태어나 부모님과 함께 유년 시절을 완도 보길도의 아주 작은 섬에서 보냈다. 산과 논이 있었고 약간 높은 산에 올라

사면을 둘러보면 바다가 보였다. 산과 바다를 쉽게 오가는 유아 시절을 그렇게 자연과 벗하며 감성 짙게 보냈다. 초등학교 2학년 때쯤에는 제주도로 이사하여 청소년기를 보냈다. 나의 유년 시절 아버지는 어부 생활을 하셨다는 이야기만 전해 들었을 뿐 내 기억에는 없다. 그러나 제주에서의 기억은 대부분이 아버지이다.

초등시절 나의 기억에 아버지는 평소에 말수가 없으셨고 자신의 일들에 굉장히 열심이셨다. 바깥일을 하고 돌아오는 날에는 어김없이 엄마와 우리 세 남매의 유일한 과자 간식거리였던 '새우깡'을 하나씩 사다 주시는 잔정이 있으신 분이시기도 했다. 지금도 생각해보면 나의 끈기와 성실성은 아빠를 닮은 것이 아닌가 싶을 정도로 집요한 면이 있음을 감사한다.

그런데 술만 들어가면 아버지의 눈에는 불타오르는 혈기가 가득했다. 이미 순한 눈빛은 어딘가로 사라지고 살기가 가득한 눈빛으로 변해 있다. 어김없이 어머니의 부르짖는 소리와 함께 밀감 밭 사이로 힘껏 뛰어 숨어들어야 하는 순간이 찾아온다. 세 남매는 너도나도 할 것 없이 사방으로 흩어진다. 각자의 숨겨진 자신만의 숨을 공간으로 말이다.

밖으로 뛰쳐나갈 새도 없이 들리는 소리에 뒤늦게 벽장 속으로 올랐다. 커튼 뒤로 숨어 가슴 졸여야 하는 순간. 어둑해져가는 저 멀리 밀감 밭 사이에서 '이제는 집으로 돌아가도 될까?'라는 갈등을 하는 순간. 맨발로 뛰쳐나와 동상이 걸리도록 발가락이 아렸던 추운 겨울. 이 순간들이 진정 나에게 황금기가 될 수 있을까? 미치도록 어두운 감정들의 연속이었고 죽도록 우울했다.

그때는 몰랐다. 이 또한 황금기였음을.

가장 힘들었던 그 시기에 나의 모든 상황과 경험들이 모두 황금이며 내가 황금기를 지나고 있다라는 것을 알았더라면 얼마나 좋았을까? 그 순간들을 대하는 나의 태도가 바뀌고 끝이 없어 암울했던 미래와 현실에 조금은 빛을 실어줄 수 있었을 텐데 말이다. 상황들은 너무 힘들지만, 그 틈새로 비쳐 들어오는 빛 한줄기를 올려다볼 수 있었다면 내게도 붙잡고 힘을 낼 희망이 있었으리라.

재미있게도 인생은 어느 시점이 지났을 때야 비로소 보게 되고 깨닫게 되는 경우가 많다. 또한 한 단계 올라선 차원에 이르렀을 때 그 빛을 보게 된다. 인생의 어느 한순간의 임계점에 이르고 다른 차원으로 올라섰을 때 비로소 보이는 것들…. 비로소 그 시기들이 황금기였음을 스스로 깨달을 때까지 수년 아니, 수십 년이 걸렸다.

나는 10대들이 그러한 시행착오를 크게 겪지 않기를 간절히 소망한다. 그래서 나는 그들에게 이 책을 빌어 미리 그 임계점과 다른 차원을 간접적으로나마 경험하게 해주고 싶다. 지금, 이 순간이 황금기라는 것을 붙잡고 이 순간을 대하는 생각과 태도가 완전히 바뀌기를 절실히 바라는 마음으로 말이다.

10대들이여, 그대들의 황금기는 지금 어떤가?

브렌든 버처드의 『백만장자 메신저』라는 책이 있다. 저자는 말한다.

'당신에게는 당신만의 인생 경험과 그 과정에서 얻은 지식이 있다. 그리고 그것을 토대로 다른 사람을 도울 수 있다. 이는 당신이 스스로 충분히 만족스러운 삶을 살았노라 답할 수 있는 하나의 방법이며 자신의 경험과 지식으로 남을 돕는 일을 직업으로 삼아 평생 성장하는 메신저가 될 수 있다.'라고.

자신에게 선물인 10대의 일상을 어떻게 마주하며 보내고 있는가.

"뭐 별거 없어요. 그냥 지루해요. 재미가 없어요."

지극히 평범해서 지루하고 답답할 수도 있다. 또는 자신이 원하는 대학에 진학하기 위해 스스로 다짐하며 긴장의 끈을 놓치지 않고 열심히 무언가를 향해 달려가는 10대도 있을 테다. 또는 자신의 의지와 상관없이 주어진 절망적인 환경들에 허우적거리며 '왜 나의 인생은 이렇게 힘들기만 할까…' 한숨이 가득일 수도 있다.

누구에게나 동일하게 24시간이라는 흘러가는 크로노스의 시간에 자신을 표류시키지 않기를 바란다. 나의 10대는 내가 의식하지 않아도 나의 의지가 없을지라도 '무언가'를 쌓게 되어 있다.

어느 날 나는 이곳저곳을 다니며 예쁜 보석들을 주워 담는다. 여기에도 반짝, 저기에도 반짝 너무 소중한 보석들을 넓게 펼쳐진 보자기에 하나씩 하나씩 고이 주워 담았다.

'집에 가져가 엄마에게 보여드리면 너무 좋아하시겠지? 참 잘했다고 칭찬해주시겠지?'

그런데 막상 집에 돌아와 펼쳐보았더니 자갈돌 한 가득이었다. 나는 그 자리에 털썩 주저앉아 너무 속상해서 흐느꼈다.

때로는 내게 보이는 이쁘고 아름다운 돌들이 자갈돌일 때가 있다. 반면 모가 나고 긁힌 못생긴 돌들, 나를 아프게 하고 상처 나게 하는 손에 쥐고 싶지 않은 자갈돌들이 막상 펼쳐보니 귀한 빛을 내는 황금일 때가 있다. 이 책을 모두 읽고 났을 때 여러분들은 자갈과 황금을 분별할 수 있는 안목을 가지게 되기를 바라본다.

중학교 1학년 박○○ 군은 며칠째 기운이 없다. 센터에 놀러 오면 또래 친구들과 너나 할 것 없이 어울리던 아이인데 무슨 일에서인지 오자마자 가방은 휙 던져놓은 채 구석에 가만히 앉아 있다. 한 번씩 물건들을 거칠게 다루고 던지는 움직임이 있을 뿐이다.

"○○야~ 무슨 일 있니? 왜 이리 기분이 안 좋아~"

"…"

그저 스쳐 지날 수가 없어 한마디 건넸지만 돌아오는 대답은 없었다.

나중에 상담을 통해 알게 된 것은 부모님의 다툼이 자주 있고 어머니께서는 종종 집을 나가고 들어오시기를 반복하신단다. 그런데 이번만큼은 불길한 예감이 들도록 나가서 돌아오지 않는 시간이 길어지고 있는 것이다.

나처럼 어려운 환경들을 보내고 있는 10대들도 있다. 진로 강사로 활동하며 많은 10대들을 접했다. 그중에는 다양한 사연들이 있다. 부모님이 이혼하셔서 일주일에 한 번 만날 수 있으면 다행인 엄마, 늘 웃음이 떠나지 않던 가정이었으나 아버지의 사업실패로 잠시 떨어진 가족, 단지 다문화가족일 뿐인데 보는 시선들이 부담스러운 아이들.

생각지 못한 사고로 아빠가 장애인이 되어 경제적으로 어려움에 처하게 된 가정, 부모님을 사랑하지만 이유 없이 반항하게 되어 부모님과의 불화가 아침저녁으로 이어지는 아이, 자신과는 전혀 반대인 공부 잘하는 형과의 비교로 스트레스 받는 아이, 엄마의 부재와 술을 마시는 아버지로 세상이 자신을 거부하는 것만 같은 아이….

부모님이 이혼하시고 아빠와 살게 된 한 여자아이는 아빠가 직장생활을 하시기 때문에 거의 할머니와 보내는 시간이 많다. 여자아이는 아침 일찍 집을 나서 밖을 맴돈다. 허탈해진 마음이 더 허탈해져 밤늦게 또는 새벽에 집에 들어온다.

이뿐만이겠는가. 가정에 별다른 어려움이 없을지라도 지금 현대를 살아가는 10대들은 너무 바쁘다. 겨우 초등학교 6학년을 지나가고 있을 뿐인데 일류 대학과 삼류 대학을 고민하며 불안해한다. 친구 생일 파티에 초대되어 왔는데도 가방에서 한가득 담아온 영어, 수학 학원 숙제와 학교 숙제를 꺼낸다.

MBC〈공부가 머니?〉라는 방송 프로그램에서 살짝 엿볼 수 있었던 대치동의 일부 10대들은 겨우 초등학생인데도 학원을 열 개 이상을 다닌다. 집에서조차 과외와 학습지를 풀어야 하는 상황 속에서 맞는 답을 써놓고도 지우고 틀린 답으로 적기 일쑤다. 그렇지 않으면 끝이 보이지 않는 그다음 질문지가 다시 위에 얹어지는 이유이다. 이미 학교가 파하자마자 학원으로 직행하여 각 코스들을 돌고 집에 귀가하는 시간이 밤 10시~ 12시 자정인 것은 일상적인 것이 되었다.

상상해보라. 작은 상자 안에 팔다리를 접고 들어가 앉았다. 내 맘대로 움직일 수도 없고 내 의지대로 일어나 상자 밖으로 나올 수도 없다. 그 느낌이 어떨지 아는가. 사회 속에 만들어진 이러한 분위기들에 부모들과 10대들은 절대 속지 말아야 한다.

'지금 10대라는 황금기를 통과하고 있다.'

모두가 10대는 중요한 시기라고 이야기한다. 어느 때보다 넓은 길과 기회들을 가진 젊은 시기라서 황금기이기도 하지만 '지금'이라서 황금기이기도 하다.

더 나아가 우리는 꼭 이 세 가지를 함께 기억하도록 하자.
하나, '10대'는 단순한 '크로노스, 누구에게나 똑같이 흘러가는 시간'이 아니다.

빨리 어른이 되기를 기다리며 그냥 흘려보내지 말자. 10대라는 황금기에 자신만의 꿈을 꾸자. 해가 뜨고 해가 지며 흘러가는 시간으로 남들이 살아가는 대로 똑같이 평생 살아가고 싶지 않다면 말이다.

둘, 어떠한 환경에 놓였을지라도 이전의 관점을 바꿔 이 순간이 황금임을 '의식해야!' 한다.

모두에게 각자 다른 어려운 상황과 환경들이 있게 마련이다. 정도의 차이가 있을 수도 있다. 그러나 지금이 곧 자신의 황금 시기인 것을 깨달아야 한다. 어두운 감정과 절망적인 상황들이 자신을 밑바닥으로 끌어당길 때 그 저항을 빨리 캐치하고 지금의 자신만이 가지는 '황금'을 의식해야 한다. 그리고 재빠르게 상승된 관점으로 자신의 황금을 생각과 마음속에 집어 담아라.

셋, 최대한 빨리 찾을수록, 시작할수록 좋다. 그래서 '10대'가 황금기인 것이다.

막연히 '내 아픔은 동일한 아픔을 가진 누군가의 공감이 되겠지?'라고 생각은 했지만 정말 나의 10대가 황금이 가득한 황금기였음을 깨달은 것은 얼마 되지 않았다. 그래서 더욱 안타깝다. 여러분들이 이 책으로 인해 일찍 자신만의 황금과 지금이 황금기임을 깨닫는다면 여러분들의 자신의 삶을 대하는 자세는 변화되고 꿈은 달라지게 될 것이다.

04

나의 키보다
큰 미래를
꿈꾸어라

"아유~ 예나야, 그거 오빠 신발이야 벗어~"

"이잉, 안대 안대."

"걸을 수 있겠어?"

"네!!!"

신나게 뛰어가는 27개월짜리 넷째 아이는 자신의 발보다 훨씬 큰 240 사이즈, 초등학교 4학년 오빠의 운동화를 신고 신나게 뛰어갔다. 그리고 얼마 가지 못해 철퍼덕 넘어진다. 멀리 가지 못해 넘어질 것이라는 걸 알고는 있었지만 고집부리며 소란해질 바에야 직접 경험하도록 두었다. 넷째는 몇 번을 반복하더니 맘처럼 달리지 못해서 답답했는지 곧 오빠의 신발을 벗어 던져놓고 맨발로 다닌다.

이제 슬슬 기저귀를 떼야 하려나 보다. 사실은 일찍부터 기저귀를 뗄 수 있었다. 네 아이를 돌보느라 조금 더 편하게 가고 싶어 미뤄뒀을 뿐이다. 넷째 아이는 오빠와 언니처럼 화장실 변기에서 쉬를 하겠다고 한다. 말도 그대로 따라 하고 유심히 관찰하다 색연필을 그럴싸하게 잡고 그림을 그리고 색칠도 한다. 오빠 언니가 학교에 가고 없으면 조용히 놀이방에 들어간다. 만지면 안된다고 담아둔 언니 물건을 만져도 보고 장난감을 가지고 실컷 놀아보기도 한다.

유독 요망지고 똑똑하다고 주변 사람들의 이야기를 많이 듣는 넷째는 언니 오빠가 하는 모든 것을 따라 하는 따라쟁이이다. 심지어는 아빠·엄마의 흉내까지 내가며 하는 모든 것들을 따라 하고 싶어 한다. 엄마의 뾰족구두까지도 신고 집 밖을 나가는 따라쟁이, 말투와 표정까지도 따라 하는 따라쟁이가 사랑스럽기 그지없다.

아이가 금세 성장하는 이유가 이것이지 않을까?

자신의 처지나 크기에 상관없이 자신이 바라보는 아빠, 엄마 언니 오빠들을 가만히 지켜보고 무작정 행동하기 때문이다. 자신이 할 수 있을까 없을까 생각조차 해보지 않고 보이는 그대로 따라 행동한다. 자신을 스스로 평가하는 법이 결코 없다. 심지어 안된다고 거절해도 생떼 고집을 부리면서까지 그 열망은 대단하다. 자신보다 더 큰 키를 항상 열망하고 따른다.

그런데 생각해보라.
이 아이가 딱 자신의 키만큼, 자신이 할 수 있는 만큼만 원하고 꿈꾼다면?

우리가 경험한 아이들의 모습과 너무 안 어울리지 않은가? 너무 심심하고 재미가 없다. 웃음 넘치는 생기발랄 통통 튀는 노랑 색깔이 아닌 어제와 오늘, 내일도 똑같은 물 흠뻑 탄 밍밍한 회색 색깔이 아닌가 말이다. 대부분의 10대와 어른들이 개구리가 따뜻한 물에 푸욱 잠겨 자신도 모르게 삶겨지는 것처럼 그렇게 자신의 원대한 인생 물에서 힘을 잃게 하는 따뜻한 물인 줄도 모르고 살고 있다.
겨우 이제 세 번째의 해를 살고 있는 아이는 자신의 키보다 더 큰 욕망과 소망을 매일 매순간마다 꿈꾸고 있는데 말이다.

부모님 대신 할머니 손에서 자란 가수가 있다. 엄마가 보증을 잘못 서는 바람에 큰집에서 작은 집으로 옮기고 단칸방에서 할머니와 생활하면서 보일러를 켜지 못하거나 감자로 끼니를 때우는 날이 종종이었다. 가난을 벗어나기 위해 가수라는 직업을 가지겠다고 다짐했지만, 할머니가 마련해주신 학원비까지 통째로 날려버리기까지 했다. 쉽지 않은 생활이

었다. 그녀의 이름은 2008년에 가수로 데뷔해 현재 2021년까지도 대한
민국 대중음악계에서 최정상의 위치를 이어가고 있는 여자 솔로 가수 '아
이유'이다.

또 다른 청년, 어린 시절 극심한 가난으로 어머니의 당뇨병을 치료할
치료비가 없었다. 그렇게 어머니를 하늘나라로 떠나보내고 우연히 박진
영 씨의 눈에 띄어 JYP 연습생으로 들어간다. 가수들의 백댄서로 활동
하며 오랜 무명의 연습 생활을 한 그는 여러 크고 작은 사연 끝에 결국은
대한민국의 유명한 가수가 되었다. 그는 바로 김태희 씨를 아내로 맞이
하면서 '미녀와 결혼한 3대 도둑' 남자 연예인의 대명사가 된 '비' 씨다. 최
근에는 '깡'의 신드롬을 일으켰으며 〈놀면 뭐 하니〉의 프로젝트 혼성 그
룹 '싹쓰리'로 다시 한번 전성기를 누리기도 했다.

내가 이들의 스토리를 소개하는 이유는 결코 자신의 키를 자신 스스로
가 단정짓지도 말 것이며 타인 또는 사회가 자신의 키를 단정토록 내버
려두지 말자는 것이다. 자신의 생각과 환경, 조건들로 자신을 한정 짓지
말 것을 당부하고 싶어서이다.

소개했던 '아이유', '비' 이들에게 공통점이 있다. 가난했다, 성공했다는
것이 중요한 것이 아니다. 분명 그들의 두 눈에 '한계'라고 보여지는 것들
이 있었을 테다. 그러나 결코 스스로 자신의 키를 한정 짓지 않았다.

인생을 살아가며 상처나 실패는 누구나 모두 경험하게 되는 것이다.

아직 젊어서 무슨 인생의 굴곡이 있겠느냐 하는 10대라 해도 말이다.

그럼에도 불구하고 큰 꿈을 꾼다는 것이 아직도 낯설고 나의 옷이 아 닌 것처럼 어색하게 여겨지는가?

그렇다면 전 세계적으로 유명한 성공의 삶을 살고 있는 '오프라 윈프 리'는 어떤가. 그녀는 사생아로 태어나 아버지로부터도 제대로 된 양육 을 받지 못했다. 친척들에게 성폭력을 당하고 이후에 임신까지 하게 되 었다. 배 속 아이는 유산되었고 죄책감에 시달리던 그녀는 담배와 마약 으로 인생을 비관하게 되었다. 다행히 아버지의 지지와 도움으로 새롭게 힘을 얻어 학업을 시작하게 된다. 우연히 연예계에 진출한 그녀는 현재 전 세계인이 인정하는 '토크쇼의 여왕'이 되었다. 구체적으로 그녀의 성 공 스토리들과 불행했던 성장 과정들을 나열하지 않았지만, 그녀의 인생 이 얼마나 꼬이고 처참했을지 상상하는 것은 결코 어렵지 않을 것이다.

하지만 그러한 환경들이 그녀를 한정 지어 가둬두지 못했다. 그녀는 이미 자신의 키보다 훨씬 큰 꿈과 미래를 절실히 붙잡았으니 말이다. 최 근 그녀는 코로나19로 어려움에 처한 사회에 100억이 넘는 금액을 흔쾌 히 건넨 사회에 선한 영향력을 끼치는 성공자의 모습으로 우리에게 크나 큰 귀감이 되었다.

현재 자신의 키가 어느 정도인지는 사실, 크게 중요하지 않다. 다른 친 구들과 비교해 그들보다 크다 작다 하는 도토리 키재기도 전혀 중요하지 않다.

지금 각자 가지고 있을 자신의 키보다 더 큰 미래를 붙잡고 있는가?

오직 그것만이 중요할 뿐이다.

잠자리에 들 때마다 이불속에서 벽을 향해 누워 한참을 울다 잠이 들었다. 매일같이 흐느끼는 나의 모습이 이제는 익숙해졌는지 함께 한방에서 자는 언니, 동생도 그러려니 별 신경을 쓰지 않았다. 어디서 그렇게 쉼 없이 흐르는지 슬프고 아픈 감정들이 몰려오고 나는 밤새 그리 울다 잠이 들었다.

죽일 듯이 소리를 질러대고 욕설을 내뱉고 위협하는 아버지를 대할 때 두려움보다는 분노가 끓어올랐다. 내 언젠가는 죽일 수도 있겠다고 생각했다. 겨우 초등학생이었고 옛날 시절이었는데도 불구하고 '죽고 싶다.'라는 생각을 종종 했다. 소심한 반격이기는 했으나 '이것을 먹으면 죽겠지?' 하는 생각으로 나무에 자란 버섯을 뜯어 먹었던 기억이 있다.

나를 사랑하지 못했고 나를 소중하게 여기는 생각을 해보지 못했다. 스스로 구렁텅이에 빠져 있는 생쥐마냥 너무 못났다고 생각했고 모두 나를 그렇게 여길 것으로 생각했다.

이것이 물리적인 가정 환경이 만들어준 딱 나만한 키였다.

이 키에 맞게 미래를 살아야 하는가?

내가 스스로 정신을 차리지 않으면, 누군가가 더 큰 키의 미래를 꿈꿀 수 있다고 이야기해주지 않는다면 이 정도 키의 미래 어떤가? 너무 비참하지 않냐고 되묻고 싶다.

대학 생활을 위해 혼자서 자취생활을 했다. 주중에는 학교와 선교센터를 오가며 열정과 행복이 넘치는 생활을 했다. 내 인생에는 없을 것만 같은, 사라져버릴 것만 같은 또 다른 현실이었다. 주말이면 집으로 돌아와 지냈다.

함께 대학 선교 활동을 하던 선배가 있었다. 시골집으로 가는 방향이 같아 주말에 종종 집까지 태워다 주었다. 그는 몰랐겠지만 집 마당까지 닿아준 선배는 나의 물리적인 현실과 꿈같은 현실을 연결시켜주는 고리 역할을 해주었다.

지금에 와서야 고마움을 표한다. 내 집 마당까지 닿아주셔서 또 다른 꿈같은 나의 현실이 안개처럼 사라지지 않는 꿈이라는 깊은 다행감을 주셨노라고. 무척 힘이 되었던 순간이었다고 말이다.

세상은 참 재미있다. 왜 그들은 내 키만큼만 살라고 하는 것일까?

너의 환경과 조건에 맞게, 분수에 맞게, 주제를 알고 살라고 한다. 내 키만큼, 심지어 내 키보다 더 작게 살도록 나를 점점 더 작아지게 한다. 때로는 말한다.

"꿈을 가져~! 넌 할 수 있어~!"
"그렇게 살 자격 너 있어~!"

그러나 결정적인 순간에 그들의 말과 행동은 나의 꿈을 누른다.

"그래 한번 해봐~ 그게 그리 쉬운 줄 아니?"
"그냥 편하게 살아. 뭘 그렇게 자꾸 하겠다고 힘들게 사니? 뭐 그러다 말겠지."

직장생활을 오랫동안 했다. 대학을 졸업하고 직장생활을 시작해 육아를 하던 몇 년을 제외하고 꾸준히 직장생활을 했다. 나이가 들어가고 철이 들어갈수록 그들과 다른 가치를 가진다는 것은 무리 속에 섞이지 못하고 소외되는 시간이 많아짐을 의미했다. 어느 순간 시끌벅적하게 웃고 떠들며 한껏 어울리는 그들을 보며 생각했다.

'나는 왜 이리 그들과 있으면 소외감이 들고 외로울까? 섞이지 못하고 주변에서만 맴도는 느낌일까. 사회성이 떨어지나?'

곧 나는 깨달았다. 나의 키보다 큰 미래를 꿈꾸기 위해서는 나 스스로가 그 무리로부터 떠나야 한다는 것을. 나 스스로가 작아지는 키로 가는 그 방향에서 돌이켜 나를 애써 지켜야 한다는 것을.

때로는 다음의 도약을 위해 정확한 자신의 위치와 자신의 키를 재어보아야 할 때가 있다. 그러나 그 키로 자신의 미래를 결정하지는 말자. 신은 우리에게 우리가 상상조차 할 수 없을 만큼의 큰 선물을 이미 주었다.
그중 하나가 우리 각자의 키보다 훨씬 큰 우리의 미래이다. 그 선물을 받
을 준비 되었는가?

'나의 키보다 큰 미래를 꿈꾸어라!!!'

이제부터가 제대로 된 시작이다.

05

진짜 원하는 것을
스스로에게
물어라

자신이 진짜 원하는 것을 스스로에게 물어본 적이 있는가? 있다면 자신이 진짜로 원하는 그것을 위해 그다음 나는 무엇을 했는지 이야기해보자. 나에게는 50가지의 버킷리스트가 있다. 버킷리스트 '죽기 전에 반드시 해야 하는 꿈의 목록' 그중에서 10가지만 소개해보도록 하겠다.

1. 2021년 10월까지 인스타 1만 팔로워 달성하기
2. 2021년 9월 초 책 출간하기
3. 최고의 강연가, 코치, 메신저, 동기부여가로서 세계적으로 활동하기
4. 보컬 레슨과 개인 음반 내기

5. 가족들과 2년 이내 크루즈여행가기

6. 1인 기업 창업하기

7. 베스트셀러 작가 되기

8. 나만의 서재, 집필실 세팅하기

9. 6인 가족이 평화롭게 공간을 확보할 수 있는 50평대 집으로 이사하기

10. 10대들을 위한 백만장자 메신저 '온오프믹스' 사업을 위한 빌딩 세우기

나는 나의 버킷리스트를 책상 앞에 붙여놓고 매일 올려다본다. 볼 때마다 신이 나고 입꼬리가 양 귀에 걸려 혼자서 킥킥 웃어댈 때도 있다. 이렇게 글을 쓰는 동안에도 가슴이 벅차오른다. 이미 이루어진 내 꿈의 현실들이 내게로 마구 달려오기 때문이다. 여러분들도 비록 남의 버킷리스트이지만 50개 중 겨우 10가지를 보면서도 가슴이 설레고 뜨거워지는 것을 느끼지 않았을까 싶다. 그 이유는 누구에게나 자신 안에 끓어오르는 '진짜 내가 원하는 것을 향한 소망'이 있기 때문이다. 곧 그것이 각자 안에도 '진짜 내가 원하는 꿈'이 있다는 증거이다.

지금 당장 자신의 버킷리스트를 적어보자. 자신이 진짜 원하는 것이 무엇인지 눈으로 확인하고 종이에 적어서 잘 보이는 곳에 붙여놓자. 버킷리스트는 자신이 원하는 것을 더 명확히 확인시켜줄뿐더러 자신의 꿈과 미래를 이루어가는 데 커다란 힘과 도약점이 될 것이다. 처음에는 막상 적으려 해도 생각이 나지 않을 수 있다. 언제부턴가 우리는 자신의 뇌

에 질문을 던지고 집요한 생각을 하는 훈련을 멈췄기 때문이다.

또한 막상 적어보아도 크게 가슴에 와닿지 않을 수도 있다. 나도 처음에는 나에게 '작가'라는 호칭이 어색하기만 했다. 그러나 매일 글을 쓰는 일상이 반복되고 관련된 모든 사람이 작가라고 불러주니 이제는 너무 당연히 나는 작가임을 어느 누구에게도 소개한다. 처음에는 버킷리스트에 적힌 목록들도 완전한 나의 것은 아니었다. 누군가의 버킷리스트를 보니 '아, 나도 저것은 하고 싶다.' 열망하게 된 것에서부터 내가 소망하는 리스트들을 가능성을 재보지 않고 우선 적어보았다.

적어놓고서 보니 '이것이 가능할까? 누가 보면 웃겠다. 아, 못 이루면 어쩌지?' 벌써부터 이런 생각과 누군가의 시선을 신경 쓰게 된다. 그렇지만 리스트에서 지우지 않고 그대로 두고 매일 올려다본다. 볼 때마다 더 구체적으로 생각하고 상상하게 된다. 그럴수록 더 나의 얼굴에는 미소가 번지고 확신과 각오가 생긴다. 안된다는 생각보다 되는 생각을 더 강하게 하게 되고 이미 되었다는 선명한 의식을 가지게 된다.

'진짜 원하는 것'이 나를 점점 '진짜 원하는 것'으로 이끌어가는 것을 더 강하게 느끼고 있다.

여러분도 시작이 반이라고 했으니 생각나는 대로 나열해보자. 그리고 나서 조금씩 더 구체적으로 다듬고 정리하면 된다. 떠다니는 생각들을 그저 흘려보낸다면 여러분들은 또다시 하나의 기회를 흘려보내게 될 것이다. 지금 당장 생각하고 적음으로써 행동해야 한다. 자신의 꿈과 미래를 이룰 기회가 금세 달아나지 못하도록.

우리는 '왜 진짜 원하는 것'을 고민하지 않고 살까? 내가 원하는 것이 무엇인지 이미 인생 첫 질문으로 던졌을 법도 한데 말이다. 아무것도 모르고 아무런 생각도 없이 살았다. 생각이라는 것을 하게 되었을 때는 이미 주변 환경과 사회가 만들어놓은 우리가 살아가야 할 방법이 정해져 있었다. 부모님과 인생을 먼저 살아본 어른들의 경험들을 그대로 답습하며 그것이 길이고 답인 것 마냥 살아온 것이다.

나는 캄캄하게 꺼져 있는 나의 삶 가운데서 하나씩 하나씩 시행착오의 아픔과 시간의 경험들을 쌓아가며 애타게 스위치를 찾아다녔다. 나의 어두운 방을 환하게 비춰줄 '온 스위치'를 말이다.

대학 생활을 하다 휴학을 1년간 하겠다고 했을 때 부모님은 펄쩍 뛰셨다. 부모·자식 간의 연을 끊겠다 하시며 거의 내게 애원하다시피 했다. 본인이 배우지 못한 삶의 서러움과 고통을 사랑하는 자녀에게 물려주고 싶지 않았으리라. 엄마에게 휴학이라는 것은 행복한 인생이 끝나는 문제였을 것이다.

아직도 어른들은 대학을 가도록 자녀들에게 강요한다. 세상에는 여전히 학력으로 인한 차별이 존재하고 대학을 나와야 사회적으로 성공을 이룰 확률이 높은 것은 일부 사실이기도 하다.

그러나 그러한 관점에서 안정된 직장, 명예로운 직장, 남보다 좀 더 많은 수입, 누구나 인정해주는 그럴싸한 직업을 갖는 것이 성공인가? 보란

듯이 세상은 바뀌고 있다. 학력, 학벌로 인한 사회적 성공은 이제 판이 뒤집혀지고 있다.

많은 책들 중 최근 10대를 위한 책 한권의 내용이 떠오른다. 높은 소득과 안정적인 직업을 갖기 위해 대학 졸업은 필수이며 이미 고등학교를 졸업해 취업 활동을 하고 있다 하더라도 사이버대학 등을 통해 대학 졸업장을 가지라고 한다. 개인의 능력이 중요한 시대가 되기는 했으나 대학을 나오지 않으면 애초에 기회를 잡을 확률이 낮다고 이야기한다. 그리고서는 대다수 대기업과 공기업에서 일하는 성공하는 고수익과 명예를 가진 교수들, 정치 경제계의 사람들을 소개한다.

만약 몇 년 전 이 책을 읽었더라면 나는 전혀 불편함 없이 고개를 끄덕이며 수긍했을 것이다. 더 높은 학력을 위해 석사과정, 박사과정을 고민했으리라.

그러나 고소득이라도 누군가의 돈을 벌어주는 직업인이 그대들의 꿈인가? 진짜 원하는 인생인가? 아직도 이러한 고전적인 생각들을 하고 있다면 깨뜨리기를 바란다. 사회가 만들어놓은 구조 속에서 그들이 만들어놓은 성공의 삶을 위해 이제까지 순응하며 살아왔다. 그러나 이제 세상이 만들어놓은 성공이 아닌 자신을 위한 성공을 꿈꾸라고 말해주고 싶다. 대학을 가지 말라는 이야기가 아니다. 진짜 원하는 것을 찾고, 그다음, 꿈과 성공을 위해 자신을 위한 방법들을 선택하자는 이야기다. 그리고 나서야 자신에게 대학이 필수인지 아닌지 판단하고 결정할 수 있는 준비가 된 것이다.

코로나19 사태로 말미암아 이미 많은 사회적 정의들과 구조들이 붕괴되고 있다. 아직도 남아 있는 낡은 생각의 찌꺼기들이 있다면 그것마저도 말끔히 거둬들여야 한다. 어느 누구도 상상하지 못한 새로운 성공의 개념과 새로운 기회들이 우리에게 왔기 때문이다.

그 기회는 결국 누가 잡게 될 것이냐….

공부할 이유가 없었던 나는 간호과 3년을 다니고 졸업하던 해에 국가고시에 떨어졌다. 어차피 전공에 대한 애정도 전혀 없었으니 그냥 덮어버릴 면허증이었지만 이왕 졸업까지 했는데 마무리를 잘하자는 의미에서 1년을 혼자 다시 공부했다. 집 근처 도서관에 오전 일찍 출근하듯 가서 오후가 되면 집으로 돌아오기를 몇 개월째 습관처럼 반복했다. 특별한 기대와 꿈도 없이 국가고시만 패스하자는 각오로 시작했다. 시간이 지날수록 시험을 준비하고 있는 현실에만 나의 시선이 고정되어 있으니 점점 지쳐가기만 했다.

난 인터넷 고스톱을 치기 시작했다. 시간 허비하는 것을 싫어하는 나는 TV 보는 시간조차도 허탈하다 일찍부터 느꼈다. 집에 TV를 놓지 않았던 이유이다. 그런 내가 인터넷 고스톱을 치고 있는 것이다. 하루, 이틀 밤을 지새우면서까지 고스톱을 치며 그렇게 1주일, 2주일을 지냈다.

내가 진짜 원하는 것이었을까? 재미에 빠져서였을까?

결코 아니다. 피하고 싶었다. 나의 답답한 현실에서부터 잠시 떠나고 싶었다. 이러면 안 되겠다 싶어 컴퓨터를 끄고 고스톱 아이디 삭제하기를 여러 번이었다. 그러나 막상 끄고 앉아있으면 내가 무엇을 해야 할지 몰라 당황스러웠다. 현실로 돌아온 나의 모습이 답답해져서 또다시 고스톱 아이디를 만들었다.

요즘 10대들이 게임을 많이 한다고들 한다. 많은 부모님이 혹시나 자신의 아이가 게임 중독, 스마트폰 중독은 아닌지 염려스러운 눈으로 바라본다. 10대들이 진짜 원하는 것이 무엇일까? 게임, 미디어, 컴퓨터, 스마트폰을 원할까? 자신이 10대라면 스스로에게 집요하게 질문해보자. 진짜 자신이 원하는 것인지. 진짜로 자신이 게임을 원하는 것이라면 게임과 관련된 꿈을 가져보자. 진짜로 자신이 틱톡과 유튜브를 원하는 것이라면 그것과 관련된 간절한 열망을 담은 꿈을 꾸어보자.

대부분 학생들이 꿈이 없기 때문에 공부해야만 하는 현실, 매일같이 반복되는 지루하고 무의미한 현실, 자신은 왜 공부해야 하는지 모르겠는데 열심히 공부하는 친구들에게서 소외되는 듯한 현실과 불안함. 그것을 피하는 것은 아닐까? 답을 학생들은 알고 있을 것이다.

'이제 내가 진짜 원하는 것을 스스로에게 물어야 할 차례이다.'

06

오직 내 미래의
답은 내가
찾아야 한다

"엄마가 나를 이렇게 만들었잖아!!!"

"…."

"누구는 태어나고 싶어서 태어났어요?!!"

"…."

누구를, 무엇을 향한 비난이었을까. 엄마의 마음은 어땠을까. 고통스러웠을까. 그 당시 나는 정말로 엄마의 마음이 고통스럽기를 바랐다. 사는 것이 너무하다 싶어 욕을 퍼붓고 싶은 심정이었으니 그 고통이 누군가도 겪었으면 했다. 더 솔직히 그 당시 나의 맘을 고백하자면 비록 고통이지만 그 누군가가 함께해주기를 바랐고, 나의 마음을 헤아려주고 고통스러우냐고 공감해주기를 바랐다. 지금 와서 생각해보니 그 사람이 내가 가장 사랑하는 엄마였으면 했던 것이다.

지나가다 어깨만 스쳐도 욕설을 내뱉었다. 내 발에 걸려 굴러가는 돌조차도 짜증이 나고 원망스러웠다. 그 욕설은 아버지를 매우 닮아 날카롭고 강했다. 내가 뱉어내는 욕이지만 썩어 문드러질 정도로 나에게도 비수처럼 꽂히는 욕설들이었다. 아마 우리 형제들 중에 제일 맛깔나게 욕을 하는 사람은 나일 테다. 나조차도 주체 못할 아빠의 혈기까지 고스란히 덤이다.

고약한 냄새가 나는 쓰레기가 가득 담겨 있는 내 생각과 마음은 그냥 막 살아버리자는 결심으로 매일을 쌓아갔다.

나의 미래를 생각해본 적이 없다. 그저 시간이 지나면 어른이 되겠지. 어른이 되면 나이가 들어 할머니가 되겠지. 내가 할머니가 되면 엄마는 떠나가겠지. 그러한 생각들을 하며 우울해하고 종종 슬픔에 잠겨 울었던 기억만 있다.

다행히도 대학 생활을 하며 좋은 동아리 선배와 동기, 후배들을 만났다. 물론 그들에게도 크고 작은 사연이 없었겠느냐만은 나와 다르게 너무도 건강하고 여유가 있어 보였다. 아침마다 일찍 캠퍼스 동아리방에 모여서 모임을 했다. 공강 시간, 점심시간 틈이 나는 대로 동아리방에 찾아가 기타를 치며 함께 이야기를 나누고 노래를 불렀다. 주마다 모든 대학 연합으로 모여 회관에서 채플을 드렸으며 그렇게 함께했던 시간들은 내게 새로운 경험과 치유가 되었다.

처음으로 함께 맞이한 내 생일, 내 손에는 선물들이 가득한 종이 가방이 양손으로 한가득이었다. 며칠간 생일 모임들이 이어졌다. 그렇게 새로운 이들과의 만남은 내게 꿈이 가득한 또 다른 현실을 만나게 해준 것이다. 그들을 통해 나는 꿈을 사랑하는 청년이 되었고 누구를 만나든 그들의 꿈과 미래, 각오와 도전을 듣는 것을 즐겼다.

호시탐탐 나의 환경들과 이전의 부정적인 생각, 감정들이 나를 바닥으로 끌어 내렸다. 아마 나와 함께 했던 선배들과 친구들은 종종 나에게 어둠과 빛이 오고 가는 기복들을 고스란히 보았을 테다. 지금 생각해보면 대책 없었을 듯도 하다. 새벽까지 친구들과 술을 마시다 취한 상태로 선배 언니 부르기 일쑤였고 모난 성격에 상대방을 고려하지 않고 뱉어낸 예의 없는 말들, 그리고 감정의 기복들을 고스란히 드러내었으니 말이다. 나 자신도 나를 제어하기가 미숙했다.

그러나 나는 결코 포기하지 않았다. 이미 꿈과 미래의 빛을 한번 맛본 나는 깊은 수렁 속에서 헤매고 방황하다가도 결국은 다시 진흙투성이가 된 채로 제자리로 돌아왔다. 때로는 너무 부끄럽고 창피해서 쥐구멍으로 숨어버리듯 떠나고도 싶었지만 나는 나의 미래를 포기하지 않고 매순간마다 답을 찾아 또다시 나섰다.

늘 그래왔듯이 대학생이 되고 나서도 나는 늘 자신이 없었다. 내가 너무 못생겼다고 생각했다. 누구의 눈치를 살피는 것인지 '나를 어떻게 생각할까 어떻게 볼까?' 상대의 생각을 살폈다. 늘 고개를 숙이고 다녔다. 그런 내 생각이 보였던 것일까? 함께 활동했던 동아리 남학생이 말했다.

"사라는 나중에 남들에게 좀 무시당하면서 살 것 같아."

무슨 생각으로 그 친구가 그 말을 했는지는 잘 모르겠지만 그 당시 그 한마디는 내 마음을 너무 아프게 했다. 그러나 여러분도 이제는 알게 되었을 것이다. 저자 강사라 작가가 얼마나 사랑스럽고 어여쁜지를 말이다.

"미인이시네요~"

이런 말을 설사 인사치레일지라도 많이 들었다. 그런 나의 외모가 콤플렉스였던 것은 내가 못생겨서가 아니라 나의 자존감이 매우 낮았기 때문이리라.

학창 시절 나의 성적표에는 '내성적인 아이'라고 일관되게 적혀 있다.

모든 사람이 나를 내성적이라고 말했다. 학교 다닐 적 담임선생님도 친구들도, 주변 사람들도 그러했고 나 자신조차도 나는 내성적인 사람이라고 생각했다. 내성적인 성향의 특징들을 고스란히 수용하며 혼자 있는 시간을 좋아하고 조용한 모습이 나의 모습이라고 생각했다.

그런데 언제부턴가 불편해지기 시작했다. 나의 의견을 큰 소리로 이야기하는 것이 흥분되고 앞으로 나서는 것을 열망하는 나 자신을 발견하게 된 것이다.

내성적이라는 성향을 적극적인 외향적으로 바꾸어야 한다는 이야기가 아니다. 이것은 좋고 나쁨의 문제가 아니라 성향의 다름과 선호도의 차이일 뿐인 것이다.

다만 내가 강조하고 싶은 것은 이것이다.

'나의 옷을 맞게 입었느냐는 것은 매우 중요하다.'

나의 콤플렉스와 낮은 자존감을 해결해야만 했다. 환경이 만들어내고 남들이 판단하고 결정 내린 그들이 입혀 놓은 옷이 아닌, 나만의 독특하고도 개성 있는 나의 옷을 제대로 갖추어 입어야만 했다. 즉 나를 찾기 위해, 세상과 내가 만들어놓은 나의 한계를 넘어서는 용기가 필요했던 것이다.

나의 가정 환경, 콤플렉스, 나의 부정적인 성향과 단점, 내가 처한 답답한 현실들을 탓할 것인가?

어떠한 환경으로도 핑계 대지 말고 미래의 방법과 답을 찾아보자. 미래의 답은 오롯이 자신이 던진 질문 속에 있으며 오직 나만이 찾아야 하는 현재의 과제이다.

답은 항상 문제 안에 있다. 책을 쓰다 보면 각 목차마다 술술 풀리는 목차가 있는가 하면 전혀 앞뒤가 풀리지 않는 경우가 있다. 그럴 때 나는 내 머리를 탓하며 쥐어짜는 대신, 이대로는 안 되겠어! 그대로 덮어버리는 대신, 풀리지 않는 목차를 뚫어지게 쳐다본다.

설거지를 하다가도 돌아와 쳐다보고, 일을 하던 중간에도 목차를 쳐다본다. 심지어 아이들을 돌보며 27개월짜리 딸아이에게 수시로 "엄마~ 엄마~" 하는 소리에 소환을 당하면서도 5분, 10분조차도 잠깐잠깐 들어와 목차 목록을 들여다본다.

답은 항상 문제 안에 있기 때문이다.

문제의 블랙홀 속으로 빨려 들어가라는 것이 아니다. 허우적거리며 시간과 감정 에너지를 낭비하라는 것이 아니다. 해결해야 할 그 문제 자체에 집중하라는 것이다. 목록을 한참 들여다보면 한 문장이 떠오른다. 그 문장을 써놓고 또다시 그 문장을 보면 그다음 문장들이 꼬리에 꼬리를 물고 마법처럼 술술 풀리기 시작한다.

어떤 날은 몇 번 보기만 했을 뿐인데 생각들이 마구 떠올라 그 자리에서 글을 마구 써야 하는 경우도 있다. 아주 행복하고 기분 좋은 순간이다. 자신에게 풀어야 할 문제가 있다면 곧 그것이 자신을 찾는 문제, 자신의 꿈과 미래를 찾는 중요한 문제라면 더더욱, 그 답은 내 자신이 직접 찾아야 한다.

자신이 던진 '문제와 질문 속'에 '가장 최고의 답'이 있다는 것을 10대들이여 기억하라.

1995년 미국에 건너간 한 청년이 있다. 그는 잘생기지 않은 외모와 왜소한 작은 키를 가지고 있다. 특별히 공부를 잘한 것도 아니었고 그저 평범해 보이는 가난한 청년이다. 고등학교를 졸업했지만 대학 입시에 떨어졌으며 호텔종업원으로 취업하려 했으나 키가 작아 퇴짜를 맞았다. 그렇게 여러 직종을 전전하며 대학 입시를 재도전했지만 수학 성적이 좋지 않아 떨어졌다. 결국 여러 사연 끝에 영어 하나 능숙한 덕분으로 대학을 들어갈 수 있었지만 말이다.

그러던 중 미국을 방문하게 되었고 남들이 모두 신상 쇼핑에 정신이 없을 때 그 청년은 친구를 통해 인터넷을 접하게 된다. 중국으로 돌아온 그는 인터넷의 잠재력을 눈여겨보고 그것을 통한 자신의 미래를 설계하기 시작했다. 자신의 인생을 새로운 인터넷 세계에 집중하여 1999년 인터넷기업 알리바바를 설립하고 세계인이 주목하는 기업인이 된 것이다. 누구일까?

개인 자산만 80조가 넘는 중국 최고의 부자 마윈의 인생 성공스토리이다. 그의 인생의 꿈은 아직도 끝나지 않은 현재진행 중이다. 그가 성공할 수 있었던 이유는 무엇일까?

시대의 흐름을 꿰뚫어 이제 곧 펼쳐질 미래의 답을 스스로 찾은 것이다.

어려운 집안 사정, 뚱뚱하고 못생긴 자신의 외모, 태어날 때부터 물려받은 소심하거나 덤벙거리는 자신의 성향, 여러 가지 어려움으로 인해 가지고 있던 꿈마저 산산조각이 난 상황들. 그 어떠한 것도 자신의 미래를 막을 핑계가 될 수 없다는 것을 여러분도 알게 되었을 것으로 생각한다. 설령 그것들이 자신의 미래를 방해하는 문제라고 생각한다면 그 문제를 뚫어지게 쳐다보라. 한탄하며 비관하라는 것이 아니라 그 문제 속에서 답을 찾으라는 것이다. 결국 내 미래의 답을 찾는 것은 자신의 몫이다.

'오직 내 미래의 답은 내가 찾아야 한다.'

여러분이 포기하지 않고 찾을 때 그 다음 문이 열릴 것이다.

07

지금의
생각을 바꾸면
미래가 바뀐다

『나는 내일을 기다리지 않는다』세계적인 발레리나 강수진 씨가 쓴 책 제목이다. 그녀가 내일을 기다리지 않는 이유는 다음과 같이 여기기 때문이다.

'성공이라는 것은 우리들 곁에 오래 머물지 않는다.'

실패라는 것은 끈질기게도 좀처럼 나를 떠나지 않지만, 성공이라는 것은 늘 우리들의 곁을 떠날 준비를 한다는 것이다. 동일하게 나는 여러분이 자신의 미래를 위해 내일을 기다리지 않기를 바란다. '나의 미래'는 지금 자신이 가지고 있는 생각들과 밀접한 관련이 있다.

지금 '나는 어떠한 생각을 가지고 살아가고 있는가, 어떠한 생각들을 가지고 미래를 그려가고 있는가?' 이러한 질문을 던져야 하는 이유는 자신이 가지는 생각이 멀리 머물러 있던 미래를 빠르게 끌어당겨 오기도 하고 자신이 선택한 지금의 생각이 미래를 결정하기도 하기 때문이다.

아주 오래전 나에게 용돈이 생겼다. 나는 넉넉지 않은 한달 용돈이었지만 그동안 너무도 가지고 싶었던 진한 빨간색에 안쪽은 샛노란 반지갑을 샀다. 그 안에 남은 용돈을 고이 챙겨 넣고 한 달 동안 학교 오갈 승차권도 한꺼번에 구매해 소중히 담았다. 그리고 공중전화 부스에서 한참을 친구와 통화 후 그 지갑은 바로 잃어버렸다. 깜박하고 두고 온 것이다. 뒤늦게 찾으러 갔을 때는 이미 사라지고 없었다. 얼마나 속이 상했을까?

그때가 처음이다.

'생각을 버릴 수 있다는 것, 생각과 감정을 내가 선택할 수 있다.'는 것을 알게 된 것이 말이다.

너무 속이 상했는데 '지금 내가 속상해하고 운다고 해서 내 지갑을 다시 찾을 수 있는 걸까?

아마 어쩌면 너무 속상해서 그 상황을 해결하기 위한 방법을 찾았던 것일 수도 있다. 그러나 중요한 것은 내가 안타까워한다고 해서 찾을 수 없는 것이라면 더 이상 속상해하지 않기로 결정했다는 것이다. 그리고 나는 30분도 채 되지 않아 지갑에 관한 생각들을 미련 없이 털어버렸다.

생각이라는 것을 나 스스로 버린 것이다.

우리는 늘 생각을 선택하며 살아가고 있다. 선택들의 연속이다. 수많은 생각들이 오고 간다. 흘러들어오고 나가는 생각들을 우리가 막을 수는 없으나 그들 중 '선택'은 할 수 있다. 그 선택 중 긍정적이고 적극적이며 생명력이 있는 생각들을 선택한다. 때때로 불평과 불만, 화남과 짜증이 가득한 감정들이 솟아오르기도 한다.

생각해보면 그 감정들조차 사실은 내 생각으로부터의 시작이다. 나는 목구멍까지 차오른 그 불평과 원망을 입 밖으로 내뱉기를 거부하고 생각을 붙잡아 던져버리기를 선택한다. 물론 놓치고 실수할 때도 있다. 그럼에도 불구하고 오늘도 나는 나의 미래를 위해 어떠한 생각들을 선택할 것이냐 의식하고 결단한다.

'지금'을 기점으로 하여 과거의 생활, 환경, 관계 심지어 자신의 과거의 생각들까지도 미련 없이 버리자. 또다시 이전의 습관된 생각들이 스물스

물 연기 피어오르듯이 올라온다고 할지라도 이미 내 것이 아님을 외치며 다시 버리기를 반복하면 된다. 이전에는 의식하지 못했을지라도 이제부터 의식하며 생각을 좀 더 나은 방향으로 선택하기를 연습하도록 권하고 싶다.

지금까지 오고 가는 생각들을 그저 흘려보냈는가? 그 생각들은 현재의 나를 있게 했고 미래의 나를 만들어가고 있다.

나와 성향적으로 아주 다른 아빠 유전자 99% 아들이 있다. 체질도 성향도 정말 아빠 붕어빵인 매우 사랑하는 아들. 그런데 아무리 사랑해도 성향적으로 맞지 않는 부분이 있어 때때로 마음의 어려움을 겪는다. 그럴 때 남편이 알아서 아들을 챙기고 다독여주면 얼마나 고마운 마음이 드는지 모른다. 애당초 그럴 땐 그 자리를 피하는 것이 아들에게 상처를 주지 않으려는 나만의 방법이다.

"얘들아, 아침 7시 20분이다. 이제 일어나야 해. 일어나세요~~!"

오늘도 초등학생 아들은 잠에서 부스스 일어나며 칭얼거린다.

"학교 가기 싫은데…. 에이 학교 가기 진짜 싫다… 엄마 학교 안 가는 방법은 없어요?"

또 시작이다. 급기야 머리도 아프고 배도 아프고…. 아침마다 그러면서 눈물까지 흘린다. 특별히 학교생활 안에서 문제가 있는 것도 아니다. 잠이 깨고 학교에 가면 또 신나고 즐겁게 지내다 온다. 다만 아침에 잠에서 깨어나는 그 잠깐의 시간이 일어나기 싫고, 가기 싫고. '싫고, 싫고.' 하는 생각들로 가득 차 있는 것이 문제이다.

성향적으로 부정적인 생각에 더 노출되기 쉬운 사람들이 있다. 내 아들의 경우가 그렇다. 아침 경우뿐만 아니라 하루 중 대부분 생각의 출발은 부정적인 생각에서부터 시작한다. 이 아이도 점점 성장하면서 자신만의 방법을 터득해갈 테지만 아직은 혼자서 깊이 들어갈 때는 그 상황과 생각 속에서 끌어내주어야 한다. 그때마다 부정적인 생각들을 긍정적인 생각으로 바꿔주려 많은 대화를 나누어주어야 하는데 많은 인내가 필요하다.

또는 부정적인 생각이 습관인 사람들도 주변에서 종종 볼 수 있다. 그들은 늘 불평을 입에 달고 산다. 화는 왜 그리 내는 것인지. 아내 때문에 화를 내고 자녀 때문에 화를 낸다. 직장 동료 때문에 화를 낸다. 모든 것들이 화로 충만하다. 결국 그의 모든 생각에서 흘러나오는 말들은 화냄, 불평, 불만, 깎아내림, 헐뜯음, 시기, 질투, 투성이다.

어떨까. 그들의 삶은…. 그들의 미래는…. 부정적인 생각과 감정의 쓰레기통 안에 자신과 자신의 미래를 처박아두고 있는 것이다. 생각을 바꾸어야 한다. 부정적인 생각들을 버리고 긍정적인 생각들을 선택해야 한다. 그렇지 않는다면 그들의 미래는 불을 보듯이 뻔하다.

'옛날 옛적 아주 먼 옛날, 흥부와 놀부가 살고 있었어요.'

한국 사람이라면 누구나 알고 있는 권선징악의 대표적인 전래동화 흥부와 놀부의 이야기이다. 언제부턴가 현대판이라는 이름으로 재해석이 된 흥부와 놀부의 이야기를 읽어본 적이 있는가?

매우 신선하고 재미있는 주제로 우리에게 다가온다. 같은 아버지의 피를 물려받은 형제이지만 형과 동생은 매우 다르다. 형 놀부는 욕심이 많고 매우 고약하여 동네 사람들의 손가락을 받으면서도 전혀 아랑곳하지 않고, 동생 흥부는 심성이 착하고 돕고 나누는 것을 좋아하는 모두가 응원하는 선한 동생이다. 우리가 잘 알고 있듯 아버지가 돌아가시고 난 이후 두 형제의 우애는 갈라지고 삶도 갈라진다.

해피엔딩의 결론은 '거지가 된 욕심 많은 심술보 놀부는 자신의 잘못을 뉘우치고 착한 흥부는 형의 가족을 모두 용서하고 재산을 나누어 함께 행복하게 살았답니다~!'이다.

그리고 우리는 '착하게 살면 복을 받는다.'라는 교훈을 얻으며 어린 시절을 보냈다.

그런데 말이다. 우리들의 관점을 약간만 바꾸어 생각해보자. 놀부가 부자일 수밖에 없었던 이유, 흥부가 가난할 수밖에 없었던 이유.

'두 형제가 가진 생각의 구조가 문제이지는 않았을까?'라고 질문을 던져본다면?

모든 이야기는 다른 방향으로 흐른다. 돈을 대하는 자세, 상대가 자신을 대하는 것에 대한 반응, 1명의 자녀, 25명의 자녀를 둔 아버지로서 책임감, 가족을 이끌어가야 하는 가장으로서의 태도.

우리가 알고 있는 '흥부와 놀부'의 결론은 흥부가 부자가 되고 복을 받았다. 그래서 우리는 흥부의 삶이 부럽고 그럴싸해 보인다. 이야기는 거기서 그렇게 끝났지만, 조금만 더 길게 그다음을 생각해본다면 어떨까? 결국 생각의 구조가 원인이 되어 아마 또다시 흥부는 가난해졌지 않았을까?

'생각'이라는 것은 매우 중요하다. 이야기의 생각하는 관점을 약간 바꾸어보았을 뿐인데 새로운 많은 것들이 발견되는 것을 우리는 방금 확인했다. 또한 놀부와 흥부가 가졌던 생각들은 각자가 가진 생각의 구조대로 자신의 삶을 살아가게 하고 다른 삶을 선택하게 했다. 그리고 또 다른 삶의 결론에 다다르게 되는 것을 보았다.

내가 하나씩 선택한 나의 생각은 내 생각의 구조와 공식을 만들고 현실을 만든다. 곧 자신이 어떠한 생각을 하느냐에 따라 자신의 미래를 만들어가게 되는 것이다. 긍정적인 생각과 부정적인 생각, 똑같은 놀부와 흥부 이야기지만 생각의 관점이 달라졌을 때 달라지는 결과들을 통해 자신의 삶 또한 어떻게 달라질 수 있을지 조금이나마 알게 되었을 것이다.

현대 물리학에서는 과학적으로 거시 세계와 미시 세계를 이야기한다.

'보이지 않는 세계를 움직이는 것은 생각이며, 생각은 실재이다.'

우리들의 뇌는 시각, 청각 등 오감을 통해서 정보가 들어온다. 그리고 그 정보들은 수만 가지의 뇌세포에 전기적인 자극을 일으키며 생각이란 것을 하게 된다. 그 생각의 구조들은 나를 변화시키고, 나의 일상을 변화시키며 더 나아가 자신의 미래를 변화시킨다는 것을 기억해야 한다. 곧 지금 여러분의 생각이 여러분의 미래를 바꾼다는 이야기이다.

'지금의 생각을 바꾸면 나의 미래가 바뀐다.'

자, 이제 여러분들은 어떤 생각을 할 것인가. 지금 자신의 생각들을 성장시켜 미래를 변화시키는 10대들이기를 간절히 바란다.

08

꿈이 없는
10대는
불안하다

10대들은 왜 불안할까?

'질풍노도의 시기.' 모두 너무 잘 알고 있을 것이다. 사춘기를 대표하는
또 다른 용어이다. 연구에 따르면 '부모, 사회와 거친 마찰이 일어나며 난
폭한 언행이 생기는 시기'라고 정의하지만, 사실 이런 경험을 하는 경우
는 많지 않다고 한다. 오히려 대중매체와 일반 고정관념들이 그런 바람
직하지 않은 행동을 부추긴다고 이야기하는 학자들도 있다.

그럼에도 불구하고 10대의 시기적인 특징을 무시할 수는 없다. 10대들
은 아동기를 벗어나면서 신체적, 정신적으로 큰 변화를 겪는다. 청소년

기를 시작하는 단계로서 신체적인 변화를 경험하게 되고 성적인 충동을 느끼기도 한다. 그 때문에 사춘기와 더불어 적지 않은 정체성의 혼란과 갈등, 스트레스와 불안을 경험하게 되는 것이다. 곧 10대에게 '불안'이라는 정서적인 감정 상태는 정상적인 발달 과정의 일부이며 시기적인 특징 일부라는 것을 우선 인정하고 그들을 이해하고 수용할 필요가 있다.

초 · 중 · 고등학교 진로 강의 수업을 다니다 보면 수많은 10대를 만나게 된다. 그들 중 꿈이 있는 학생들은 한 반에 다섯 명 정도. 그중에서도 명확히 자신의 꿈을 구체적으로 설계하고 실행하고 있는 학생은 한두 명 있을까 말까 하다.

참 재미있지 않은가? 가장 꿈이 많고 하고 싶은 것이 많을 나이에 그들은 꿈이 없어 방황하고 헤매고 있다. 꿈이 없는 10대들의 현실을 마주하고 있으면 너무 답답한 그들의 상황에 안타까운 마음이 절실해진다. 그들의 부모에게든, 그들에게든 호소하고 싶은 마음이 간절해진다.

꿈이 없어서 삶이 무기력한 10대가 있다. 중학생 1학년인 친구이다.

"선생님, 저는 약대를 가는 것이 꿈이에요. 근데 정말 내가 하고 싶은 일인지 잘 모르겠어요. 그냥 돈 잘 벌고 평생직장으로 안정적일 거 같아 장래 희망으로 적었어요. 부모님도 좋다 하세요…."

그런데 현실은 약대에 진학하기 어려운 성적이 나오고 점점 공부를 왜 해야 하는지 생각에 잠기곤 한다. 그럴수록 성적은 점점 더 떨어져 의지 조차 상실해버리고 만다.

고등학생 2학년인 여학생은 학교에 가면 조급하고 불안하다. 열심히 공부해 고입시험을 치르고 원하는 인문계 고등학교에 들어왔다. 고입이라는 시험의 해방을 만끽하며 잠시 놀다 정신 차려보니 어느새 1년이 후딱 지나갔고 더 열심히 공부하는 반 친구들 사이에서 등수가 밀려난 지는 한참이다. 이미 학교 공부에 손을 놓은 지 오래고 다시 시작해보려 해도 엄두조차 나지 않는다.

진도는 어느새 한참을 달렸고 연필을 잡아도 멍하니 책상만 바라보게 된다는 것이다. 이미 주변 친구들은 무언가를 위해 열심히 하는 것 같다. 그런 친구들을 둘러보고 있으려니 숨이 턱턱 막히고 학교에 가는 것이 부담스럽고 싫다. 10대들만 답답한가? 그들을 한걸음 뒤에서 바라보고 있는 부모님의 마음도 마찬가지이다.

내 자녀가 무엇을 잘하는지, 무엇을 하고 싶어 하는지 도통 알지 못하겠단다. 서로 진지하게 터놓고 대화를 해보려고 분위기를 잡아보기도 하지만 이미 자연스럽지 않은 뜬금없는 상담에 아이들은 손을 내젓는다. 공부에는 관심이 없고 친구들과만 어울려 매일같이 놀러 다니니 너무 속이 상하신단다. 자꾸만 공부에서 멀어지고 학교의 주변을 맴도는 자녀들을 지켜보며 '그래도 더 이상 안 되겠다.' 생각한다. 남편과 아내가 서로 애써 마음을 다잡고 자리를 만들어보지만 결국은 언성이 높아지거나 관계가 더 틀어져버리고 마는 결과를 맞게 되는 현실이 일반적이다.

공부를 곧 잘하는 고1 학생이 있다. 그 친구는 내신 성적도 좋고 공부하는 것을 그다지 좋아하는 것은 아니지만 그렇다고 싫어하는 것도 아니다. 부모님이 다니라는 학원에 다니며 나름 상위권에 있는 학생이다. 그런데 꿈이 없어서 고민이다. 공부는 열심히 하고 있지만, 특별히 잘하는 것도 싫어하는 것도 없다. 그렇다고 하고 싶은 것이 있는 것도 아니다. 누군가가 정답처럼

"너는 성적이 좋으니까 혹은 너랑 잘 어울리니까 이 직업 어때?"

이렇게 정해주었으면 시원하겠다는 것이다.

결국 모든 것들의 결론은 '꿈이 없어서이다.' 10대들도 스스로 본인의 꿈이 없음을 답답해하고 해결하고 싶어 한다. 그런데 막상 알면서도 왜 본인의 꿈을 대답하지 못하고 찾지 못해 불안해하는 것일까?

"선생님…. 저는 꿈이 없어요. 왜 공부를 해야 하는지도 모르겠고 내가

무엇을 잘하는지 하고 싶어 하는 것이 무엇인지 모르겠어요…."

　종종 듣게 되는 10대들의 이야기. 꿈을 찾지 못하는 것은 바로 '나'를 잘 모르기 때문이다. 초등학생 때부터 아니 누군가는 더 이전부터 빠듯한 일상으로부터 자신 스스로 '나'를 물을 시간도 없이 달려온 것이다. 남들보다 뛰어난 재능이 있다고, 공부를 잘한다고 신나는 인생을 살 수 있는 것은 아니다.

　명확한 꿈이 있어야 한다. 그 명확한 꿈을 위해서는 '나를 아는 것'이 가장 기본이다. 나를 잘 알고 결코 흔들리지 않는 꿈이 있을 때 비로소 내가 해야 할 그다음의 일들이 보이고 공부를 해야 할 동기가 생기는 것이다.

　10대 시절 나는 환경적으로도 불안했지만 내 자신도 내가 꿈을 꿀 수 있다는 것과 그만한 충분한 자격이 있다는 것을 알지 못했다. 30대 중후반이 되어서야 뒤늦게 나는 공부의 의미와 목적을 찾았다. 나에게도 꼭 이루고 싶은 꿈이 생긴 것이다. 그리고 나니 공부가 너무 하고 싶어졌다. 스스로 자기 계발을 너무 하고 싶어졌다. 어느 누가 시키는 것이 아니고 꼭 해야만 하는 것이 아님에도 불구하고 나는 새벽 2시면 일어나 나의 꿈을 위해 자기 계발을 하고 공부를 했다.

　때로는 지치기도 했다.

'왜 이렇게 힘들게 애쓰는 거지? 남들은 편하게 사는데 왜 힘들게 새벽에 일어나 책을 보고 공부를 하고…. 안 그래도 되잖아. 좀 편하게 살자….'

그러나 내게는 내가 원하는 인생이 있었다. 이루고 싶은 꿈이 있었다. 이대로 사는 것은 곧 나 자신이 힘을 잃어가는 것이라는 것을 알았다. 살아 있어도 결코 살아있는 것이 아니라는 것을 말이다. 그래서 또다시 두 무릎에 힘을 실어 일어섰다.

10대들이여, 불안한가? 자신에게 꿈이 없어 불안한가? 그렇다면 이 3가지를 꼭 실천해보자.

하나, 불안한 것들을 모두 적어보자. 다 적었다면 적어놓은 그 종이를 찢어서 버리고 외치며 선포한다.

"나는 불안한 이 모든 것들을 버린다~! 이것들은 나의 것이 아니다! 나는 이제 나를 알고 명확히 나의 꿈을 향해 나아간다~!"

나의 의식을 바꾸고 명확히 하는 것은 앞으로 나아가게 하는 큰 힘이 될 것이다.

둘, 내게 생각할 시간을 정해주고 충분히 '나를 찾으라.' 내가 좋아하는 것, 싫어하는 것, 하고 싶은 것, 나와 관련된 모든 것들을 적어보라. 내가 보이기 시작할 것이다.

셋, 이제 정리가 필요하다. 나의 버킷리스트, 하고 싶은 것, 이루고 싶은 것 또는 꿈이 생겼다면 그 꿈을 적어보자.

이 3가지를 모두 실천하였다면 그다음이 가장 중요하다. 세 번째 단계에서 적었던 것들을 보기 좋도록 적어서 가장 잘 보이는 곳에 붙여서 자주 보도록 한다. 가장 좋은 곳은 공부하려고 앉은 책상 앞 벽면이다. 볼 때마다 생각하고 상상하라. 볼 때마다 더 구체적으로 머릿속에 그림을 그리다 보면 점점 더 세밀하고 선명해지는 것을 경험하게 될 것이다.

흔들리지 않는 꿈을 가졌다 해도 인내와 끈기가 있어야 하는 시점이 오는 것은 당연하다. 그러할 때마다 평상시 촘촘히 그려놓은 여러분들의 꿈과 미래의 그림들은 다시금 힘을 얻어 앞으로 가게 하는 원동력이 될 것이다.

여러분들이 앞이 보이지 않는 안개 속에서 불안해하지 않기를 간절히 바란다. 어쩌면 이러한 이야기들을 이미 알고 있을지도 모른다. 답답한 마음과 현실을 해결하기 위해 이미 방법들을 찾고 있었을 테니 말이다. 또 어른들이 하는 똑같은 소리라고 생각할 수도 있다. 그러나 그때 붙잡지 않아 지금도 불안하다면 이제 붙잡자.

수많은 10대들이 이 책을 읽고 있겠지만 그들 중 공감하는 사람, 실천하는 사람, 오늘도 흘려보내는 사람…. 그것은 결국 각자의 선택이다. 나는 모든 10대들이 머릿속에만 가득한 지식이 아니라 직접 실천해보는 청년이기를 바란다.

결국 자신을 찾고, 꿈을 찾는 자만이 자신의 인생을 불안이 아닌 성공으로 이끌 수 있다.

'내가 진정 바라고 원하는 나만의 인생, 꿈, 성공을 향해 말이다.'

2장

내가 좋아하는 일,
잘하는 일을
찾아라

01

자신의 가슴이
시키는 일이
무엇인지 고민하기

'꿈, 열정, 희망, 생명, 삶.'

책 제목 같은 이 문구는 나의 인생 키워드이다.

아버지가 시키는 대로 간호과를 진학했다. 나의 적성에 맞는지 안 맞는지 생각해본 적도 없이 아버지 말씀에 순응해야만 대학 문턱이라도 밟을 수 있겠다는 생각이었다. 입시를 앞둔 고3 시절, 친구와 함께 이야기했다.

"우리 대학 가면 머리 파마하자. 미팅도 해보고 개강 파티도 꼭 가자

~!!! 생각만 해도 신난다~!!!"

이처럼 자유와 해방을 그리며 현실을 이겨냈기도 했고 시간은 이렇게
든 저렇게든 지나갔다. 그런데 웬걸? 대입 시험을 치르고 대학생이 되었
는데 미용과 학생들은 이미 머리도 알록달록하고 서툰 화장이라도 그럴
싸해 보이게 화려한데…. 간호과 애들은 고등학생에서 대학생으로 간판
만 바꿔 달았을 뿐 고대로인 것이다.

고등학생 시절 영어 단어장 들고 다녔듯이 의학 용어를 매일같이 수첩
에 적어 외워야 했으며 일주일에 두 번씩 쪽지 시험을 치렀다. 전공과목
들의 책들 두께는 또 무엇인가. 두세 권 들면 이미 가방이 가득 차고 어
깨가 욱신거린다. 수업이 끝나면 과제가 쏟아지고 쉬는 시간, 공강 시간
마다 동기들은 학교 도서관이나 빈 공간을 찾아 노트 정리를 하고 어려
운 의학 용어들을 깨알같이 정리해가며 암기한다. 예습 복습하는 이 생
활은 가히 고등학생이나 다름이 없었다.

전공과목에 대한 흥미가 전혀 없었던 나는 대학 시절을 동아리 활동으
로 모두 채웠다. 수업이 끝나면 머리카락 휘날릴 정도로 강의실을 빠져
나갔다. 시험 기간에도 전공과목 시험 범위를 단 한 번도 처음부터 끝까
지 훑어본 적이 없다. 앞부분에서 중간 부분까지만 갔다가 시험 당일을
맞이하기 일쑤다. 학교, 집에 있는 시간보다 선교 센터 회관에 머무른 시
간이 더욱 많다. 그 시간과 활동들이 나에게 건강한 삶을 살아갈 수 있도

록 커다란 힘을 안겨준 것이 사실이지만 그 시절에 공부에 대한 의미를 찾았다면 좋았겠다 싶은 아쉬움도 있다.

몇 번의 휴학 위기를 넘기며 국가고시의 실패와 함께 간신히 졸업했다. 어차피 내 관심 분야도 아닐뿐더러 학과 생활 동안 애착이 있었던 것도 아니었으니 마무리만 잘해놓자 하는 바람으로 국가고시 시험 준비를 다시 시작했지만 간호사의 길을 갈 생각은 전혀 없었다.

그러나 결국 국가고시를 패스하고 내가 할 수 있는 것은 간호사의 일외에 딱히 없었다. 그렇게 10년 이상을 간호사로서 병원에서 직장생활을 했다. 물론 중간 중간 내가 좋아하는 가르치는 일을 잠깐 했던 적도 있다. 보습 학원에서 아이들을 가르치기도 했었고 간호 학원에서 간호조무사를 준비하는 학생들을 가르치기도 했다. 그럼에도 불구하고 먹고사는 현실 앞에서는 항상 간호사로서 병원 직장을 선택하게 됐다. 그렇게 나는 20~30대를 머리가 시키는 대로 남들 다하는 반듯한 직장생활과 나의 안정적인 생활을 위해 지낸 것이다.

셋째를 낳고 나서 이제는 더 이상 나의 환경들과 한계들을 계산하지 않고 가슴이 시키는 일을 붙잡아야겠다고 결심했다. 이전에는 희미하게 꿈틀거리기만 하던 꿈이었고 현실에 늘 밀려나는 꿈이었지만 이제 제2의 인생이 나를 기다리고 있다는 예감이 퍼뜩 들었다.

다음 세대들을 위한, 10대들을 위한, 청소년들을 일으키고 싶은 마음이 간절했다. 겨우 셋째가 6개월이었을 때 연년생 셋을 키워내며 꿈을 향해 사회복지와 상담 관련 학과 전공 공부를 다시 시작했다. 당장 수입을 위해 병원 직장생활도 시작했다. 쉽지 않은 양육과 직장생활로 육체적으로 너무 힘들었다. 종종 식은땀을 흘리며 방전 상태가 되었다. 내 몸을 가눌 수조차 없을 정도로 피로에 지쳐 누워 있는 시간이 자주 있었다.

그럼에도 불구하고 내게 잠을 설치게 하는 가슴을 뜨겁게 하는 꿈이 머릿속에 가득 그려져 있었으니 앞만 보고 미친 듯이 마구 달렸다.

'꿈, 열정, 희망, 생명, 삶.'

복잡하게 생각할 것도 없이 그저 이 키워드만 던져지면 나의 가슴은 뛰고 뜨거워진다. 더 생생하게 그려지는 날에는 너무 벅차고 설레서 잠을 설치기도 한다. 이전에도 이미 내 가슴속에 열정으로 꿈틀거렸고 내 인생을 이렇게 이끌어 이르게 했으나 뚜렷하게 내가 진정으로 원하는 것들이 존재를 드러낸 것은 불과 몇 년이다. 그때 이후로는 어떠한 무기력함과 지침들이 환경 속에서 찾아오더라도 이겨낼 수 있게 되었다.

여러분들의 '내 가슴이 시키는 일'은 무엇일까? 지금 시작이어도 충분하지만 10대에 그 뜨거움을 찾는다면 얼마나 값진 속도와 알찬 인생을 살게 될까.

'왜 나는 더 일찍 꿈을 찾아 나서지 않았을까? 왜 일찍 깨닫지 못했을까?'

어리석은 후회는 하지 않는다. 다만 아쉬움이 있을 뿐이다. 그리고 그 아쉬움 때문에 10대들을 위한 사명에 목숨을 걸기로 한 것이다. 그들이 좀 더 일찍 행복한 삶을 위해 가슴이 시키는 일을 찾았으면 좋겠다는 생각으로.

"제 꿈은 저만의 토지에 건축하여 제가 원하는 공간을 설립하는 것입니다. 그 공간에는 나중에 하고 싶은 사업 및 좋은 사람들과 문화생활도 할 수 있는 시설을 만들고 싶습니다…. 남들에게 선한 영향을 줄 수 있는 경지가 되면 저 같은 환경을 부정하는 늪에서 헤어나오지 못하는 사람들, 방황하는 사람들을 도와주며 살고 싶습니다."

코로나19로 인해 더 활발히 인스타를 통해 여러 다양한 연령층, 직업을 가진 사람들과 소통을 하고 있다. 나만의 퍼스널 브랜딩을 꾸준히 해오고 있는데 최근 한 20대 초반 청년으로부터 소중한 DM(다이렉트 메시지)을 받았다. 부모님의 사업 실패로 가난했던 성장 과정과 졸업 후 취업을 나갔지만, 월급 소득으로는 꿈을 이루기가 어렵다는 것을 깨닫고 다단계를 시작하게 된 사연. 그리고 보기 좋게 사기당한 이야기. 사건을 계기로 꾸준히 성공한 사람들의 책들을 보며 자기계발과 시드 머니를 모으고 있다는 그 청년은 내게 처음에는 좋은 책을 추천해달라는 요청으로 메시지를 보내왔다.

그저 간단하게 좋은 책 몇 권을 소개해줄 수도 있었지만, 그 청년의 꿈과 도움이 되는 책을 추천해주고 싶었다. 그리고 청년이 긴 장문의 글로 옮겨온 꿈 이야기는 나의 마음을 너무 감동케 했다. 그 청년은 지금 나와 동일하게 작가와 1인 창업가의 길을 걷고 있다. 방법은 다르겠지만 우리의 꿈은 매우 닮아 있다. 선한 방법으로 성공하여 힘들고 방황하는 사람들에게 선한 영향력을 끼치는 삶을 사는 것이 우리들의 최종 목표이며 꿈인 것이다.

우리는 가슴이 시키는 일을 할 때야 비로소 간절히 원함을 갖게 된다. 그 간절함이 또한 꿈을 이루게 하는 것이다. 그 간절함과 꿈을 나와 같이 30대가 지나서야 품을 것인가? 40대에 꿈을 찾는 것도 너무 좋지만, 일찍이 이 청년처럼 20대에 찾았으면 좋겠다. 더 나아가 10대에 찾았으면 더욱 좋겠다.

10대들이여 용기를 가져보자. 지금 당장 나에게 급해 보이는 공부를 하기 이전에, 학원과 학교 과제를 하기 이전에, 친구들을 찾고 답답한 현실을 잊기 위해 시간을 허비하기 이전에 용기를 내어 머리가 아닌 내 가슴이 시키는 일이 진정 무엇인지 찾아보는 용기를 내어보기를 바란다.

최근 방영된 〈유 퀴즈 온 더 블록〉에서 '끝날 때까지 끝난 게 아니다'

특집으로 윤여순 전 LG 임원이 출연했었다. 부장으로 입사 후 4년 만에 임원이 되었고 나중엔 LG 그룹 최초로 여성 CEO의 자리까지 오르신 분이다. 90년대 시절, 여자들에게는 직장 내에 유리 천장이라는 것이 견고하게 존재했던 시절이다. 지금도 어렵지만, 그 당시에 여성이 임원이 된다는 것은 매우 어려운 일인 것이다. 그런데 그룹 내 최초로 여성 임원이 되었고 CEO까지 된 그녀의 이야기를 듣고 있으면 가히 유일하다 하지 않을 수 없는 특별한 이유를 찾게 된다.

그녀는 마흔 한 살에 박사 학위를 받았다. 남편을 따라갔다가 배우자가 무료로 공부할 수 있는 제도가 있어 공부하게 된 것이 시작이다. 마흔이 넘은 여자가 박사 학위를 따고 공부하는 것에 대해 주변에서, 큰 우려와 말림들이 있었지만 그래도 시작을 했으니 끝을 보자는 생각으로 교육 공학 박사 학위를 딴 것이다. 그리고 그녀는 교수가 되기를 희망했다.

귀국해보니 나이 많은 박사의 갈 길은 많지 않았다. 그때 공교롭게 LG 그룹의 스카우트 제의를 받은 것이다. 전혀 예상치 못했고 교수의 길을 가고자 했기 때문에 거절하려 했다.

그녀가 스카우트 제의를 받아들이고 기업에 들어가게 된 이유가 무엇인 줄 아는가? 그녀를 스카우트하신 분의 이 한마디에 '심쿵'했기 때문이다.

"기업은 일을 시작했으면 끝을 내야하고 성과를 내야 하는 곳입니다. 곧 그 결과에 책임을 지는 곳입니다…."

어떤가? 이 말을 들은 여러분들은? 솔직히 나 같으면 너무 부담되는 말이다.

'그래, 이렇게 힘들고 무서운 곳이 기업이니 시작을 하면 안 되겠다.'

이런 생각이 들 만하다. 그런데 이 말을 들은 윤여순 씨는 '내가 할 수 있을까?'라는 걱정보다는 '심쿵'했다. 그리고 교수의 길을 내려놓고 기업을 선택했다.

자신만의 가슴이 시키는 일이 무엇인지 고민해야 한다.

그녀에게 '심쿵'하는 일이 남달랐듯이 우리 각자에게도 '심쿵'하는 남들과 다른 내 가슴이 시키는 일이 있다. 누군가에게는 시큰둥할 수도 있는 일이지만 내게는 '심쿵'하는 자신의 가슴이 시키는 일이 말이다. 궁금하지 않은가?

머리가 시키는 대로가 아닌, '꿈, 열정, 희망, 생명, 삶'이라는 키워드가 나의 가슴을 뛰게 하여 꿈을 찾는 사람들을 향해 가는 것처럼 솔직하게 자신의 가슴이 뛰는, 자신의 가슴이 시키는 여러분들의 일을 찾아보자.

'심쿵' 하게 하는 자신만의 가슴이 시키는 일을 말이다.

내가 좋아하는 일,
잘하는 일을
찾아라

"ㅇㅇ이 뭐하니?"

자동차 뒷좌석에서 머리를 숙이고 웅크리고 있는 첫째를 보며 화들짝
놀라서 물었다.

"ㅇㅇ아, 멀미해? 어디 아파?"
"엄마 조용히 해주세요. 노래 듣고 있어요."

'가만히 앉아 있어도 잘 들리는 노래를 저 아이는 왜 굳이 스피커에 귀

를 갖다 대고 웅웅거리는 노래를 듣고 있는지 모르겠다.'

첫째인 아들은 감성이 풍부한 아이다. 갓난아기였을 때도 품에 안고 조용한 노래를 고백하듯 부르고 있으면 입술을 실룩거리다 울음을 터뜨리던 아이. 이 아이가 좋아하는 것은 조용히 혼자서 책 읽기, 아주 세밀한 그림 그리기, 레고 만들기, 곤충을 관찰하고 공부하기, 혼자만의 공간에서 생각하고 상상하기 등이다.

피아노 학원 1년 정도 다녔을 때 스스로 곡을 편집하고 창작하여 십여 곡 정도 뚝딱 만들어 들려주었다. '고고씽', '비 오는 날 무서운 길' 그럴싸하게 제목도 만들어 붙였다. 곤충을 좋아하는 아이는 책에만 나올 듯한 생소하고도 희귀한 곤충을 보았을 때도 곤충들의 이름과 특징들을 이야기한다. 거기다 아주 세미한 다리와 털까지도 굉장히 섬세하게 그림으로 그려낸다.

트로트 태권 나태주 씨가 있다. 태권도 선수이자 배우이기도 하고 2019년도부터 본격적인 가수로 활동하며 태권 퍼포먼스를 멋지게 보여주는 나태주 씨를 둘째 딸아이가 무척 좋아한다. 여섯 살 때부터 태권도 학원에 다니는 어린이집 친구에게서 태권도를 배웠다. 어린이집에는 발레, 미술, 피아노 학원을 놀면서 다니는 친구들이 다양하게 있는데 둘째는 유독 태권도가 눈에 들었나 보다. 어느 날부터인가 "태! 권!"을 외치기 시작하고 품새를 따라 하기 시작했다. 그리고 유튜브로 제대로 보고 따라 하기 시작했으며 초등학교 입학과 동시에 태권도 학원도 등록을 했다. 제대로 된 자세와 소리가 태권의 '태'자도 모르는 엄마의 눈에 완벽해 보였다.

오늘 아침에도 눈을 뜨자마자 셋째는 아이돌 노래를 신청한다.

"헤이, 카카오 ○ ○ ○ 틀어줘."

그리고 어디서 보았는지 꿀렁꿀렁 음악과 리듬에 맞춰 춤을 추기 시작한다. 머리끝부터 발끝까지 이미 의상도 준비되어 있고 머리 스타일조차도 계획 속에 있었다. 눈치챘을 것이다. 셋째가 좋아하는 것은 패션과 노래, 춤이다. 물론 그림 그리는 것도 아주 좋아해서 셋째의 꿈은 화가 또는 연예인이다. 세 살 때부터 어린이집 갈 때마다 계절과 상관없는 옷을 골라 서랍을 헤집기를 매일같이 했다.

모양도 색깔도 다른 짝짝이 양말을 신으면서도 어느 누구의 시선조차 의식하지 않고 "패션이에요~!" 이렇게 대답한다. 춤과 노래를 좋아하기도 하지만 누군가의 시선을 끄는 것을 좋아하는 아이다. 이제는 엄마처럼 유튜브 영상을 찍겠다고 한다. 그럼 넷째는 무엇을 좋아하고 잘할까? 아직은 어려서 먹는 것을 최고로 좋아하고 있다.

이렇게 엄마의 한 배 속에서 나왔지만 네 명의 아이들의 좋아하고 잘하는 일은 각각 다르다는 것을 너무 재미있게 경험하고 있다. 자신이 좋아하는 일과 잘하는 일은 연결되게 되어 있다. 또한 어릴수록 좋아하는 일과 잘하는 일은 직접 연결되고 명확히 드러난다. 자신이 10대라는 것은 커다란 기회이다. 더 일찍 더 쉽게 자신의 꿈을 찾아갈 기회 말이다.

성장하면서 점점 우리는 좋아하는 일과 잘하는 일이 아닌 머리가 시키는 일을 좇아가게 되지 않는가? 부모님이 원하는 또는 환경과 조건에 맞춰진, 자신이 할 수 있어 보이는 것들, 또는 사회가 만들어놓은 구조 속에 자신이 진정 좋아하는 일을 파묻는다. 좋아하지도 잘하지도 않지만 '취업이 잘된다. 남들이 많이 선택한다. 먹고 살기 위해 남들처럼 결혼하고 집을 마련하려면.' 등등의 여러 가지 이유로 다른 길을 택하고 있는 것이다.

인생은 한 번뿐이다. 그리고 다행히 인생의 키는 내 손에 쥐어져 있다는 것을 기억하고 더 늦기 전에 내가 좋아하는 일과 잘하는 일을 찾아야 한다. 유독 나는 책을 좋아한다. 흔히들 "나의 취미는 독서입니다."라고 한다지만 나는 정말 없는 시간 중에서도 새벽 두세 시에 피곤한 몸을 일으켜 혼자 책을 읽을 정도로 책을 좋아한다. 서점에 들어서서 맡는 책 냄새, 용돈 들고 몇 권의 책을 한꺼번에 사는 기쁨은 순간 세상을 다 가진 듯한 기쁨이다.

심지어는 넷째 출산하고서 그 뒷날부터 책을 읽었다. SNS를 시작하며 여러 가지 콘텐츠들을 시도했다. 그러나 결국은 내가 좋아하는 책들이 피드 대부분을 차지하게 되었다. 블로그와 인스타를 통해 좋은 책들을 추천해주게 되었고 그 추천해주는 책들은 누군가에게 종종 도움을 주기도 한다. 결국 좋아하던 책들은 나를 작가의 길로 인도했다. 이렇게 오늘도 책을 쓰고 있으니 말이다.

대중 앞에서 강의하는 것도 내가 좋아하는 일, 잘하는 일 중 하나이다. 10대의 꿈과 미래를 위한 최고의 강연가가 되어 그들의 인생에 하나의 획을 그어주는 일이 내가 좋아하는 일을 기반으로 한 나의 바라는 삶이고 꿈이다. 친구 앞에서 나의 의견조차 내지 못하던 나였고, 남 앞에 자신 있게 나서지 못하던 자존감 낮은 나였지만 '진정한 나를 찾은 이후' 나는 변했다.

내가 좋아하는 일과 잘하는 일을 찾고 거침없이 나를 훈련하며 다져가고 있다. 때로는 내가 한계라고 생각하는 것을 넘어서는 용기가 필요했으며 내 환경과 조건을 이겨내야 할 인내와 끈기가 필요했다. 결코 문제가 되지 않는다. 나는 내가 원하는 꿈들을 향해 거침없이 오늘도 기름칠하며 달려가고 있다. 이렇게 거침없이 꿈을 품고 달려갈 수 있는 것은 곧 내가 좋아하는 일이기 때문이다.

50년도에 태어난 우리 부모님의 세대들은 특히나 자신이 좋아하는 일,

잘하는 일과는 별개인 인생을 살아오셨다. 먹고사는 문제가 가장 큰 이유였고 자녀들에게 헌신했던 삶이 자신이 원하는 삶과는 크게 다를 수밖에 없었다. 교육을 제대로 받을 수도 없이 어려운 형편에 부모님 대신으로 동생들을 거둬야 하는 경우도 빈번했다. 우리 부모님 또한 그랬다.

아버지는 손재주를 타고 나셨다. 집 앞의 쌓아 올린 돌담들을 보면 와 감탄을 할 정도로 정교하고 정갈하다. 주변에 심어진 나무들을 가꾸시는 것을 보면 때로는 정원사이기도 하다. 아이들 공부할 때 쓰라고 만들어 주신 책상, 부모님 집에 놓인 평상과 테이블 모두 아버지의 작품이다. 돼지, 소, 개 등 가축들을 키우고 관리하는 것을 참 잘하셨다. 충실하시고 꼼꼼하셨다. 무엇인가를 돌보는 것의 가장 기본인 인내와 성실이 아버지의 기본기였으니 결과물들이 참 좋았다.

어머니는 어린 일곱 살에 부모님을 여의고 부유했던 재산들이 모두 친척들 손에서 사라졌다. 초등학교도 마치지 못한 채 자라서 겨우 배운 것이 미용 기술이었는데 그것도 잡일들을 하며 어깨너머로 본 것이 전부이다. 어머니는 그 재주로 세 남매의 머리카락을 중고등학생이 될 때까지 직접 집에서 잘라주셨다. 전혀 손색없는 기술이다. 유독 사람들과의 만남과 소통을 좋아하신다. 그것도 타고난 재주인지라 늘 어머니의 주변에는 다양한 사람들이 모여든다.

그럼에도 불구하고 부모님은 평생 남의 일을 하며 사셨다. 그 당시 단돈 오천 원을 들고 고향 땅을 떠나와 제주로 거처를 옮기셨다. 잠시 떨어

져 있는 가족들이 한데 모여 살기 위해 악착같이 일을 하셨다. 지금 우리
들처럼.

'내가 좋아하고 잘하는 일이 무엇이지? 내 꿈은 뭐지?'

이러한 생각을 해보셨을까? 눈물겹도록 안타깝지만 그러한 생각을 단
한 번이라도 해야 한다는 생각조차 못하셨을 테다.

꿈과 아무런 상관없이 평생 남의 일을 하고 쫓겨나기도 하며 고달픈
인생을 사셨다. 인생의 목표가 있으셨다면 '자녀들을 교육시켜 나처럼 살
게 하지 않는 것, 내 집 마련해서 집 없는 설움을 당하지 않는 것.' 그 목
적만을 위해 평생을 살아오신 것이다.

우리는 헌신하신 부모님들로 말미암아 너무 좋은 세상을 만났다. 자신
이 좋아하는 일, 잘하는 일을 선택할 수 있는 지혜와 용기만 있다면 행복
한 자신의 꿈과 미래를 그릴 수 있으니 말이다. 그 기회를 놓칠 셈인가.
자신이 좋아하고 잘하는 일과 전혀 상관없이 세상이 흘러가는 대로 자신
의 미래를 맡길 참인가.

내 인생은 나의 것이다. 내 스스로가 자신에게 질문을 던지고 답을 찾
아야 한다. 그 중 '내가 좋아하는 일, 내가 잘하는 일은 무엇일까?'라는
질문 가운데 자신이 행복할 수 있는 답을 찾고 미래를 꿈꾸기를 바란다.

내가 정말
좋아하는 것을
꿈과 연결짓기

"선생님~ 제 아들이지만 정말 특이한 아이예요. 한번 꼭 만나주세요. 대입을 앞두고 있는데 진로도 진로지만 선생님을 꼭 만나게 해드리고 싶어요."

고등학교 3학년 남자 학생의 어머니로부터 연락을 받았다. 먼저 1:1 진로상담을 위한 진로 검사 인증번호를 보내고 검사 결과를 받아보았다. 찬찬히 결과들을 분석해 보고서도 하루, 이틀 시간을 좀 더 두고 미팅날짜를 정했다. 그동안 그 학생에 관한 결과들을 기반으로 충분히 학생에 대해 생각을 하고 싶었기 때문이다.

특이한 아이라고 이야기를 이미 들어 알고 있었지만, 직접 만나 몇 차례의 대화를 해보니 정말 특이했다. 대화가 어디로 흘러갈지 전혀 예측하기 어려웠으니 말이다. 자기만의 독특한 생각의 구조와 말하는 방법이 있었다. 그래서 친구들과 주변인들로부터 특이하다는 이야기를 심심찮게 듣고 있는 것 같다. 학교생활도 그 학생에게는 맞지 않아 어려움이 있었으며 여럿이 모여 단체 활동을 해야 하는 부분에서도 조화롭게 어울리는 것이 쉽지 않았다. 정작 본인은 불편함을 느끼지 못하고 있었지만 말이다.

여러 검사의 항목들이 있었지만 생략하고 진로와 관련된 상담 학생의 강점 지능 부분에 대해서만 이야기하겠다. 학생의 진로와 연관되는 강점 지능은 '신체 운동 능력', '논리 수학 능력', '자기 성찰 능력'이었다. 이 중에서도 또래들 백분율 기준으로 분석했을 때 가장 특출하게 높았던 지능이 '신체 운동 능력'이었다.

또한 이 학생이 가장 좋아하고 잘하는 분야 또한 체육 분야였다. 본인도 좋아하지만, 주변에서도 인정해주는 운동 신경을 타고난 학생이다. 가장 좋아하고 잘하는 분야 거기에 강점 지능까지 일치하였으니 그 분야의 진로를 정한다면 시행착오 거의 없이 술술 잘 풀려갈 것이다. 금상첨화가 아닌가?

그러나 이 학생은 본인이 원하는 분야가 따로 있다고 했다. 가장 본인의 취약 지능이었으며 스스로가 어려워하고 힘들어하는 분야를 선택한 것이다. 이유를 물어보니, 소명을 받았다는 것이다. 충분한 진로 상담을 받고 나서도 앞뒤 조건 없이 결론은 한결같다.

"소명을 받았으니 저는 그 길을 갈 거예요." 사실, 이러한 경우도 나는 존중한다. 특별한 경우라는 것은 늘 어디에나 존재하는 법이니. 특별한 부르심, 소명 또한 충분한 이유가 될 수 있으리라 생각한다. 한편으로 안타까운 마음이 들기도 했다.

'나에게 거의 없는 성향과 지능을 계발시키고 훈련하기 위해 얼마나 많은 부딪침과 어려움, 시행착오들이 있겠나. 또한 직접 경험해내며 만들어져야 할 것들이 얼마나 오랜 시간을 요구하게 될까?'

하는 생각들로 말이다. 물론 나의 강점 지능을 따라 진로를 결정하고 꿈을 그린다고 해서 시련이 없는 것은 절대 아니다. 그러나 내게 맞는 옷을 입고 가는 것과 그렇지 않은 것과의 정도의 차이는 하늘과 땅 차이이다.

결국 나는 그 학생을 응원하며 보냈다. 가고자 하는 길이 자신의 성향, 강점 지능과는 거리가 멀지만 자신에게 꼭 하고자 하는 의지가 강하고 명확하다면 그 또한 본인이 충분히 계발하고 이루어갈 것이라 믿기 때문이다. 다만 많은 시행착오와 뜻하지 않은 경험들이 있을 수 있다는 것을 미리 알려주었다. 자신을 다져내는 인내와 아픔이 자신에게 맞는 옷을 찾아 입고 가는 아이들보다 더 클 수 있다는 것도 말이다.

복잡하게 계산하지 말자. 솔직하고 단순하게 생각해보자. 내가 좋아하는 것은, 책 읽는 것, 새 책 냄새 맡는 것, 예쁜 옷, 가방, 액세서리, 가르치는 것, 누군가에게 동기를 부여하는 것, 의미 있는 메시지를 전달하는 것, 노래 부르는 것, 끄적이는 것, 글 쓰는 것, 말끔히 정리 정돈되어 있는 것, 예쁘고 정갈한 그림이나 상태를 보는 것 그 외에도 수없이 많다.

어릴수록 단순하고 간결하다. 그리고 솔직하고 담백하다. 그림 그리기를 좋아해서 화가, 곤충을 관찰하는 것이 재미있어서 곤충 과학자, 태권도와 아이들을 가르치는 것을 좋아하니 태권도 관장. 물론 지금은 어려서 모든 것들이 직업으로 단순하게 연결되었지만 중요한 것은 아이들은 자신이 좋아하는 것과 좋아하기 때문에 하고 싶은 것이 순수하게 연결된다는 것이다.

지금 바로 머릿속의 계산하는 힘을 빼고 자신이 좋아하는 것과 자신이 원하는 미래, 바라는 꿈을 직결시켜보자. 그 어떤 환경이나 요구, 조건 모두 깔끔이 제거하고 말이다.

살아온 인생 40년 동안 나의 꿈이 지금처럼 명확했던 적이 있었나 생각해본다. 막연했던 꿈, 이렇게 살아야지 하는 생각들은 있어 왔고 스스로 그러한 계획들을 세우려 노력하며 살아왔다. 그러나 지금처럼 나의 가슴이 설레고 미래가 곧 현실인 양 생생했던 적은 없었다. 나의 꿈은 많은 인생의 꿈을 위해 사는 것이다. 10대에서 60대에 이르기까지 그들이 인생을 행복하게 살 수 있도록 꺼져가는 꿈의 불씨를 던져주는 것. 그래서 나는 지금 그 꿈을 위한 한 발걸음으로 10대를 위한 주제로 책을 쓰고 있다.

그들의 꿈을 위한 코칭, 강연, 1인 창업, 성공 자기 계발 메신저의 삶을 꿈꾸고 있다. 이 모든 것들이 10대들을 향한 나의 꿈들이며 내게로 끌어온 현재와 미래의 삶이다.

올해 초 1월쯤 브렌든 버처드의 저서 『백만장자 메신저』를 우연히 읽게 되었다. 인스타를 통해 꾸준히 콘텐츠를 고민하고 '1인 기업가'의 삶을 바라고 있었던 찰나 '평범한 나'도 '메신저'가 될 수 있다는 확신을 가지게 된 계기가 되었다. 평범한 나의 스토리가 메시지가 되어 가치를 창출해 낼 수 있다는 내용이 나의 관심을 훅 잡아당겼다. 책 여백에는 '새벽을 사는 여자', '행복의 질을 높이는 창의적인 책 이야기, 창책', '콘텐츠 프로듀서' 등등 빼곡히 생각났던 아이디어들이 적혀 있다.

이 책의 내용을 간략하게 3가지로 요약하자면 이렇다.

하나, 나의 살아온 이야기, 알고 있는 지식, 전달하고자 하는 메시지는 생각보다 훨씬 가치가 있다.

둘, 나는 세상을 변화시키기 위해 태어났다. 나의 경험과 지식으로 다른 사람들이 성공하도록 돕는다.

셋, 경험과 가치의 대가를 받을 수 있다. 즉, 의미 있는 삶과 물질적인 만족을 동시에 해결할 수 있다.

  이 책을 손에 부여잡고 앞 몇 페이지에서 나는 한동안 가만히 있었다. 가만히 눈을 감고 한 문장 한 문장의 감동과 여운을 느꼈다. '가르치고 전달하는 교육자의 삶이 나의 원하는 삶이다.'라고 한정되어 있던 꿈이 이제는 더 나아가 메신저의 삶을 원하게 된 것이다. 그리고 『백만장자 메신저』는 내 인생 교과서로 책상 옆 가장 눈에 잘 띄는 곳에 자리하게 되었다.

  솔직히 지금의 환경 또는 상황들은 이전보다 크게 나을 것은 없다. 그러나 지금 내 삶의 질은 이전과 크게 다르다. 왜냐하면 내가 정말 좋아하는 것들이 나의 꿈과 모두 연결되어 있기 때문이다. 온종일 매여 있던 직장생활을 하며 아침마다 몸과 마음이 피곤한 상태로 오늘도 나는 누군가의 꿈을 이루고 돈을 벌어주기 위해 몸을 일으켰다. 매해들이 쌓여가지만 달라지는 것 하나 없이 말이다.

  그러나 지금 나는 그러한 모든 것들을 벗어던지고 내가 정말 좋아하는 것들을 하나씩 해나가고 있다. 신기하게도 좋아하는 것들을 나의 일상 속에 쌓아가다 보면 그와 연결된 꿈들이 하나씩 따라온다. 그중 작은 한 가지의 꿈은, 앨범을 내는 것이다. 노래를 잘하는 것은 아니다. 그러나 아주 어릴 적부터 노래 부르기를 좋아했다. 나는 좋아한다는 그 단순한 이유 하나만으로 나만의 앨범을 낼 작정이다.

가르치는 것을 좋아한다고 생각했지만, 강연가로 사는 삶을 생각해보지는 않았다. 그러나 이제 나는 강연가라는 꿈을 꾼다. 책을 좋아했지만, 작가의 삶을 생각해보지는 못했다. 그런데 작가라는 꿈이 내게로 왔고 나는 이미 작가가 되었다.

인생은 나그네의 삶이라고들 한다. 잠시 잠깐 머물렀다 돌아가는 나그네의 삶. 잠시 머무르는 삶이지만 그 삶이 행복하기 위해 여러분들은 이 땅에서의 삶을 어떻게 보낼 것인가? 짧지 않은 인생동안 경치 좋은 곳을 둘러보기도 하고 행복을 누리며 자신의 소망하는 일들을 위해 살 것인가, 아니면 어쩔 수 없이 살아야 하는 인생 매일같이 먹고 사는 문제와 즐거움이 아닌 고통 그 자체로 하루를 버텨가며 살 것인가. 그 선택 또한 여러분들의 몫이다.

자신이 정말 좋아하는 것을 선택하라. 그러면 저절로 그것과 관련된 꿈들이 여러분들을 찾아와 새로운 문으로 안내할 것이다.

"똑똑똑."

자신이 좋아하는 것과 꿈이 연결되는 순간이다. 너무 황홀하지 않은가? 내 자신의 인생이.

04

누구든
모든 일을
잘할 수 없다

"잘 할 수 있어요. 열심히 연습하면 저처럼 잘하게 될 거예요~"

언젠가는….

모두가 잘 할 수 있다고 응원하고 격려해도 모든 것을 하기에 인생은 너무 짧다.

즉 누구든 모든 일을 잘할 수 없을뿐더러 모든 일을 잘할 필요도 없다는 것이다. 인스타그램 활동을 하다 보면 수많은 다양한 사람들을 만난다. 또한 각기 다양한 재능을 가진 친구들을 만나게 된다. 어쩌면 그렇게 재주가 좋은지. 이전에는 내 주변에서 보지 못했던 그림 재주꾼, 독서광, 가죽공예가, 문장력이 뛰어나고 기획력이 좋은 친구, 장사하기를 타고난 거상님, 집안 수납 정리가, 요리 솜씨와 예술 같은 플레이팅까지 겸비한 능력자….

전문가가 아닌 나와 함께 시작한 인린이였던 동기들이 점점 본인들의 솜씨들을 뽐내가며 온라인 빌딩을 세우고 자리를 탄탄히 세워가는 모습을 오늘도 나는 보고 감탄한다. 그들 중 그림을 참 잘 그리는 인스타 친구가 있다. 이전에 어린이집 운영을 했고 우당탕 쿵쾅 다둥맘인 그녀는 '행복한 그림으로 세상을 힐링'하는 행복 그림 힐링 작가이다. 피드에서도 그림 그리기를 선보이지만, 실시간 라이브 방송을 통해 하나하나 그림 그리는 과정을 보여주고 마음을 따뜻하게 해주는 이야기들을 풀어낸다.

스삭스삭 도깨비방망이로 뚝딱뚝딱 만들어내는 작품들을 보며 나도 무척 따라 그리고 싶다고 생각하게 됐다. 나도 글로 무언가 표현해내는 예술인이니 그림으로 맘껏 사물을 표현해낼 수 있다는 것이 무척 매력 있어 보였다. 백지와 샤프 연필을 준비하고 라방에 참여했다. 손쉬워 보여 함께 따라서 샤샤샥~! 손이 가는 대로 눈에 보이는 대로 샤샤샥~! 그런데 나타나는 그림은 전혀 딴판이다. 저리 쉬워 보이는데 이리 어려울 줄이야.

센터에서 아이들과 그림 그리기 놀이를 할 때도 백지와 샤프 연필을 준비하고 눈에 보이는 것을 닥치는 대로 그려보았다. 백합이며 동화책 속의 상어 그림이며, 앞에 놓인 연필까지. 그리고서 나는 내게는 굉장히 많은 연습과 시간이 필요하리라는 것을 알았다.

'그녀의 머릿속에는 내가 생각하지 못하는 구상과 그림이 이미 그려져 있는 것이 분명해. 그건 타고난 감각이 있어야 하는 거야.'라는 결론에 이르렀다.

할 수 있다고 했다. 계속 관찰하고 연습하면 곧 할 수 있다고 했다. 그러나 곧 나는 나의 우선순위에서 내려놓았다.

"엄마~ 이거 그림이 너무 다르잖아요."

11살 첫째 아들이 뚝딱 몇 분 만에 전혀 다른 살아있는 상어 그림을 내 눈앞에 내려놓았기 때문이다. 그림을 배운 적도 없는데 저 아이는 어떻게 저렇게 그려내는 것일까 의아하기만 하다.

내가 하고 싶다고 모든 일을 할 수도 없고 잘할 수도 없다. 만약 그림에도 불구하고 내가 그림을 잘 그리기 위해 끝까지 붙들고 연습하기를 선택했다면 내가 오히려 잘하는 것에 시간과 에너지를 쏟는 것보다 더 많은 에너지를 들입다 부어야 했을 것이다. 온통 그림 그리기에 말이다. 그러기에는 내가 더 하고 싶은 것이 있었다. 더 잘하는 것이 있었다. 그래서 나는 그림 그리기를 접고 내가 더 하고 싶은, 더 잘하는 것을 집중해서 하기로 했다.

"꿈 코치님, 저는 하고 싶은 것이 너무 많아요. 그런데 뭘 해야 할지 모르겠어요. 특별히 뭘 잘하는지도 모르겠고 이것도 하고 싶고, 저것도 하고 싶고…."

최근 인스타를 통해 만나는 성인들에게 진로 검사와 1:1 미팅을 줌으로 진행했다. 연령대도 60대에 이르기까지 다양하다. 간절한 꿈과 비전을 가지고 인스타를 하고 있는 그들은 이전에 오프라인에서 만나던 일반적인 사람들과는 열정이 굉장히 남다르다. 그들은 자신의 온라인 빌딩을 세우고 키워가기 위해 콘텐츠를 늘 고민한다.

그래서 우선 '나 자신을 제대로 알고 찾기 위해' 나를 찾아오는 것이다. 그들 중 '하고 싶은 것은 너무 많은데 그렇다고 내가 뭘 제대로 잘하는 것일까?'

이러한 고민을 하는 사람들이 많다. 이들의 주된 공통점이 무엇인지 아는가? 강점 지능이 여러 개라는 것이다. 강점 지능이라는 것은 누구에게는 하나일 수도 있고, 두세 개 또는 여러 개일 수도 있다. 강점 지능이 여러 개라고 어깨 가득 힘이 들어가는가? 오히려 강점 지능이 하나인 사람은 고민할 필요조차 없다. 스스로가 자신이 무엇을 잘하는지 명확히 알고 있는 경우가 많다.

그러나 강점 지능이 여러 개인 사람은 대체로 잘하는 것이 많다. 좋아하는 것도 많다. 주변 사람들로부터 재주가 많다는 이야기도 종종 듣는다. 그런데 본인은 답답하다. 못하는 것은 아닌데 그렇다고 특별히 잘하는 것도 없다고 느끼기 때문이다. 이러한 경우 하고 싶다고 다 할 수도, 잘한다고 모든 것을 다 잘하려고 애쓸 필요가 없다.

1:1 미팅을 하며 진로 검사 결과들을 통합적으로 분석해 코칭을 해준다. 강점 지능뿐만이 아닌, 현재의 내면 상태, 인성, 성격 유형, SQ 지능 결과와 함께 강점 지능을 분석하고 설명한다. 충분히 상대와 이야기를 나눈 후 최종적으로 한 두 개의 강점 지능에 초점을 맞추고 집중할 수 있도록 돕는다. 나머지 강점 지능과 하고 싶은 것들을 버리라는 것이 아니라 우선순위를 정하게 되는 것이다. 훨씬 명확해진다. 횡설수설 조급하기가 앞섰던 그들의 생각과 마음이 정리되고 가는 길이 더 수월해진다.

강점이란 무엇인가? 사전적 의미로는 '남보다 더 우세하거나 뛰어난 점'이라고 정의한다. 더 쉽게 이야기하자면 무엇인가를 배울 때 남들보다 뛰어나게 습득하는 속도가 빠르다는 것이다. 특별히 힘들게 애쓰지 않아도 쉽게 되어지는 것. 예를 들면 한참 연습해도 살려내지 못하는 그림을 겨우 열한 살인 첫째 아들이 뚝딱 생생하게 그림을 그려내는 것처럼 말이다.

반면 나에게는 언어적인 강점이 있다. 어릴 적 환경들이 나를 한동안 가둬두었지만 나 스스로 한계들을 벗고 나왔을 때 남들보다 급속히 말을 잘하는 것을 경험했다. 검사 결과 나의 강점 지능이 확실함을 확인하고 나서 나는 더욱 자신감 있게 나의 언어들을 계발시키고 있다. 물론 나보다 더 언어가 뛰어난 사람들이 있다. 그러나 나는 확신을 가지고 있다. 나의 확신과 꾸준한 훈련으로 기름칠을 지속적으로 한다면 최고의 강연가로서 전혀 손색이 없으리라는 것을.

누구든 모든 일을 잘할 수 없다. 그렇다면 내가 잘하는 일은 무엇인가? 내가 잘할 수 있는 일은 무엇인가? 이 또한 자신을 알아야 답을 얻을 수 있을 것이다. 자신의 일상생활 속에서 또는 이러한 나를 알아가는 검사를 통해서 자신이 잘할 수 있는 일을 찾아보는 것은 자신의 미래를 위해, 성장하기 위해 굉장히 중요하다.

내가 못 하기 때문에 대리 만족을 느낄 수 있어서 좋아하는 사람들이 있다. 요리 잘하는 사람, 정리 정돈 잘하는 사람, 그림을 잘 그리는 사람. 내게 가장 먼저 친구가 되는 사람들이다.

"어머 요리 정말 잘하시네요. 요리 금손이에요~!"
"와~ 정말 깔끔하고 정갈해서 내 마음이 너무 시원하고 편안해요."
"어쩜 이리 쓱쓱 손이 지나가면 금세 그려지나요."

욕심이 많아서 모든 것을 잘하려고 애썼다. 요리, 정리, 살림도 똑소리 나게, 그림도 열심히 따라서 그려보고, 아기자기하게 소품도 놓아보면서.

직장생활을 하면서도 모든 일을 잘하고 싶은 욕심과 모든 일에 인정받고 싶은 욕심이 있었다. 동료가 칭찬을 받으면 나도 잘할 수 있는데 그것도 이것도 다 해내보려 했다. 번아웃이다. 시간과 에너지의 한계 속에서 스트레스 가득이다. 인정하기로 했다. 모든 것을 잘할 수도 없을뿐더러 모든 것에 인정받으려고 애쓸 필요도 없다는 것을 말이다.

나의 옷이 아닌 것은 과감하게 벗기로 했다. 내가 좋아하고 잘하는 것, 그리고 싫어하고 못 하는 것을 분류하고 정리하기로 했다. 내가 좋아하고 잘하는 것에 좀 더 집중하기로 했다. 그럼에도 불구하고 해야 하는 것들은 즐거운 마음으로 할 수 있도록 나를 훈련하기로 한다.

지금 한번 둘러보자. 자신이 잘하는 것이라기보다, 주변을 둘러보니 좋아 보여서 자신의 것이 아님에도 불구하고 애쓰고 있지는 않은지 말이다. 모든 일을 잘할 수 없는 것이라면 자신이 잘하는 일을 찾아서 집중해보자. 더 많은 가능성들을 열어줄 것이다. 그 가능성들이 이미 자신 안에 누구나 하나쯤은 있다는 것을 기억하기를 바란다. 그 하나로도 자신의 인생을 바꾸기에 충분하다.

05

꿈은
부모님이
찾아줄 수 없다

　1950년에 태어난 그는 육남매 중 첫째 장남이다. 위로 누나가 한 명 있었지만 어릴 적 먼저 하늘나라에 갔다. 그는 초등학교 3학년을 다니다 그만두고 남의 집 일을 다니기 시작했다. 그의 아버지는 하루가 멀다 하고 술을 마시고 논두렁 밭두렁에 누워계시기 일쑤였다. 겨우 12살이었던 그는 친구들과 함께 술 취해 자고 있는 아버지를 부축하여 집으로 모시고 오기를 반복했다. 초등학교를 그만둔 이유도 그 이유이다. 아버지 대신 그가 어머니와 형제들을 위해 가장 노릇을 해야 하는 장남이었기 때문이다.
　산에서 나무를 해왔다. 남의집살이를 하며 받아온 보리를 팔아서 며칠을 버렸다. 그리고 살을 에는 듯한 한겨울에 배 타고 나갔다 돌아와 김 작업하는 일을 했다. 남의집살이를 하며 당한 수모와 서러움도 허다하다. 그렇다고 부모님과 형제들에게 좋은 소리 한번 들어본 적도 없다는 그는

'돈이 없으면 부모에게서든, 형제들에게서든 조차 거지 취급을 당하는 구나.'

뼈저린 아픔을 깊이 새기게 되었다. 나의 아버지이다.

어머니를 만나고서 아버지는 치가 떨릴 정도로 지겹다는 고향 땅의 부모 형제들을 떠나 새로운 곳에 정착하셨다. 그곳에서 또 다른 남의 일을 하며 여러 이사와 직장생활을 하시며 자녀들을 키우셨다. 그리고 자녀들은 대학을 가게 되었다. 언니는 1년 일찍 육지의 4년대를 진학했고 그다음 해에 나는 간호과를 진학했다.

그 꿈은 나의 꿈이 아닌 아버지의 '돈 잘 버는 꿈, 사람들에게 무시당하지 않는 꿈.'이었다. 이미 언니는 아버지의 '돈 잘 버는' 대학도 아니었고 학과도 아니라서 대학 입학금도 없이 집에서 쫓겨나다시피 타지의 4년제 대학을 갔다. 부모 · 자식 간의 인연을 거의 끊은 것이나 마찬가지였다.

비록 내가 원하던 학과가 아니었지만, 그 과정을 지켜본 나는 그저 그럴싸한 대학 문턱을 밟은 것만으로 다행이다 생각하기로 한 것이다. 사

실 그 이전으로 거슬러 올라가 학교 내 육상 선수이기도 했고 노력파였던 언니는 공부도 곧잘 했다. 그러나 성적이 충분히 되는 언니인데도 시내 인문계 고등학교를 가겠다는 고집에 우산대로 맞던 모습을 기억한다.

아마 그 때이지 않았을까 싶다. 나 <u>스스로</u> 꿈을 찾지 않기 시작한 것이.

'내가 갈 수 있는 학교 성적 정도만 공부하고 노력하자.'

딱 이 정도만 생각하게 되었다. 아버지의 '돈 잘 버는 꿈'을 위해 간호과를 갔던 나는 중간에 휴학한 1년을 제외한 3년 동안 학과 공부는 전혀 하지 않고 동아리 활동에만 집중했다. 수능 준비하듯 공부하고 취업을 위해 성적을 올리는 친구들을 볼 때마다 더더욱 동아리 활동에 집중하며 매달렸다. 취업도 희미해진 채 수없는 갈등과 방황들로 헤맸다. 꿈이 없이 20대를 현실과 꿈 사이에서 갈피를 잡지 못한 채 주변만 돌았다.

무엇인가 열심히 최선을 다해 사는 것 같았지만 결국은 가슴 한 켠이 휑하니 비어 있는 듯 꿈과 목적이 없는 삶이 지루하기만 했다. 아버지에게는 자신의 경험에서 비롯된 자신의 자녀가 행복하기를, 무시당하지 않고 사람답게 살기를 바라는 사랑이었겠지만 그 사랑도 나의 꿈을 채워주지는 못하였다. 결국은 나의 꿈을 다시 찾아 나서야만 했던 것이다.

지금 여러분들의 꿈은 누가 찾고 있는가? 자신이 찾고 있는가? 부모님 또는 선생님이 찾고 있는가? 어느 누구에게도 자신의 꿈을 찾는 특권을 빼앗기지 않기를 바란다. 자신의 인생의 꿈은 누구에게도 양보할 수 없는 '나의 미래'이다.

진로 검사는 10대들에게만 필요한 것이 아니었다. 꿈이라는 것은 10대와 20대의 젊은 학생과 청년들의 주된 관심사이기도 하지만 학창 시절에 '나의 꿈 찾기'를 하는 과정 없이 지나왔던 많은 우리 세대들의 한번은 거쳐야 할 필요이기도 했던 것이다.

두 번째 스무 살을 맞이한 40~50대의 성인들이 종종 인스타 DM을 두드렸다. 평범하게 학창 시절을 보내고 졸업을 하고 결혼을 했으며 또래 많은 친구들이 그러했듯이 평범한 주부와 엄마의 삶을 지내왔다.

사연들은 다양했다. 대부분은 코로나19로 인해 어려워진 직장생활과 사업으로 새로운 돌파구를 찾아야만 하는 현실을 맞고 있었다. 그래서 선택한 것이 온라인 세계로의 입성이었다. 디지털 관련 공부들을 시작하면서 우리는 같은 곳에서 만났다. 서로 각기 다양한 꿈을 그리면서 온라인 빌딩을 세워가고 있었던 것이다.

그런데 그들에게 고민이 생겼다. 꼭 짚고 알고 거쳐야 할 피할 수 없는 과제가 생긴 것이다. 자신의 브랜드, 콘텐츠, 코어 콘텐츠의 사업들을 일으켜 세우기 위해 자신을 알아야만 하는 시점에 부딪힌 것이다. 그래서 그들은 나를 심심찮게 찾아왔다. 진로 검사를 하고 1:1 줌 미팅을 하며 한 시간의 상담을 했다.

그 다양한 사람들 중 인스타를 통해 만난 시애틀에 살고 있는 50대 친구가 갑자기 생각이 난다. 그녀의 학창 시절 당시만 해도 진로의 목표는 무조건 성적향상과 일류대학 입학이었다. 적성과 공부 이외의 취미 따위는 사치에 불과했고 아침부터 저녁 늦게까지 이어지는 학교생활 속에서 자신을 돌아보거나 자신의 근본 찾기는 생각해본 적도 없었다고 한다. 대학과 진로는 그녀의 담임선생님과 부모님께서 결정했다.

그렇게 시작된 대학 생활 가운데 다행히 한 번의 기회가 있었다. 자신의 근본과 정체성에 대해 절실한 고민을 하게 되었으니 말이다. 그러나 어머니에 의해 그녀의 의견은 묵살되었고 여러 가지 현실적인 벽을 넘지 못한 채 용기조차 내보지 못하고 20년 이상을 자신의 꿈이 무엇인지 잃어버린 채 살아 지금의 50대가 된 것이다.

처음에는 현실적인 자신의 나이를 떠올리며 자신의 꿈을 위해 사는 것은 다시 태어나야만 가능한 일이라고 생각했단다. 위기가 기회라는 말을 이럴 때 쓰는 것인지, 코로나 락다운 기간 동안 사람들과 소통하지 못하는 답답함 가운데 세상과 소통하고자 인스타를 배우고 새로운 디지털 세상을 공부하게 된 것이다.

그리고 시작되었다. 그녀의 꿈을 꾸는 세상이. 그 와중에 나를 찾아왔다. 자신을 알고 자신의 근본 찾기 과정에서 '내가 정말로 무엇을 좋아하는지, 어떤 것을 할 때 내가 보람을 느끼고 행복한지'를 생각하게 되었다. 두 번째 스무 살이 한참 지나 첫 번째 스무 살이었던 20대 대학생 시절의 꿈을 떠올리게 된 것이다.

지금은 새로운 온라인 세상의 기회 속에서 새롭게 본인의 꿈을 세팅하고 있다. 또한 나이라는 숫자는 지금 만난 세상에 더더욱 크게 상관이 되지 않는다는 것을 감사해하고 있다. 지금과 그때를 비교해보면 물리적이고 현실적인 위치는 크게 바뀌지 않았다. 그러나 우리들의 남은 인생에 새로운 꿈을 꿀 수 있게 되고 노력하고 투자할 수 있는 시간이 주어졌다는 것이 너무 행복하다고 그녀는 이야기한다.

가만히 생각해보면 신은 우리들 각자에게 '꿈'이라는 보물을 깊이 숨겨 놓으신 것 같다. 그 꿈을 꼭 찾아야만 하는 미션을 주시고는 말이다. 인간이라면 누구나 꿈을 소망하게 된다. 그 꿈을 발견하고 일생동안 그 꿈을 이뤄가는 것이 행복이다. 꼭 한번은 돌고 돌아서라도 찾아야 하는 꿈일진대, 10대에 그 꿈을 일찍이 찾을 수 있다면 얼마나 행복인가.

그 꿈을 '지금' 찾아 나서기를 바란다.

선생님, 부모님, 자신의 환경과 사회가 아닌 내 자신이 그 꿈을 찾는 일에 두 발을 벗고 나서기를 바란다. 누군가에게 자신의 꿈을 맡긴다면 결국 그 꿈은 다시금 여러분들을 찾아오게 될 것이다. 오랜 시간이 지나 가난해진 모습으로 말이다. 그러니 자신의 꿈을 소중히 여기는 마음으로 자신의 꿈을 찾는 일에 정성을 쏟자. 그것이 진정한 '나의 꿈'을 사랑하고 존중하는 방식이다.

새벽같이 초등학교 2학년 남자아이가 매기에는 다소 커 보이는 백팩에 가득히 짐을 쌌다. 그 위에 또 두툼한 침낭을 얹었다. 기대 반 걱정 반으로 아침까지 갈까 말까 잘 할 수 있을까 없을까를 계속 되뇌며 상기되어 있는 아들의 모습에 엄마인 나도 약간은 염려가 되었다. 아이들이 밥투정할 때마다 "너희들 TV에서 아프리카 친구들 배고파 힘들어하는 거 봤지? 매일 밥 먹을 수 있는 것에 감사하고 간식까지 챙겨 먹는 것 감사해야지 말이야. 자꾸 그러면 한번 극기 체험 보내야겠어~!"라고 했다.

말이 씨가 됐겠냐만은 첫째 아들은 튀니지를 가기 위해 몇 주 전부터 준비했다. 지인의 소개로 비전 캠프를 함께 참여하게 됐고 마지막 과정으로 튀니지에 봉사활동을 하러 갈 기회가 생긴 것이다. 이미 내게는 중고등학생이 되면 넓은 세상을 경험시켜주고 좁은 시야를 넓혀주기 위해 다른 나라를 경험시켜주고 싶은 마음이 이미 있었다. 생각보다 너무 일찍 그 기회가 왔지만 놓치고 싶지 않았다.

그래서 아이에게 물었다. 두려워하기는 했지만 기대 반 설렘 반으로 흔쾌히 아들은 가겠다고 했다. 물론 그 이후 자주 결정이 왔다 갔다 했지만 결국은 긴 여행의 비행길에 올랐다.

아무리 사랑하는 자녀들이라도 자녀들의 꿈을 부모님이 찾아줄 수 없다. 부모인 내가 자녀들에게 해줄 수 있는 것은 무엇일까?

첫째, 다양한 경험을 할 수 있도록 기회로 도와라.

둘째, 스스로 꿈을 찾을 수 있도록 질문으로 도와라.

셋째, 먼저 도전하는 언행을 직접 실행하여 그들이 자연스럽게 보고 배울 수 있도록 도와라.

자신의 비전과 미래를 스스로 고민하고 찾아가야만 10대들은 행복하다. 그것을 부모들과 10대들이 꼭 기억했으면 좋겠다.

06

꿈에 대한
간절함은
꿈을 성취하게 한다

'꿈이 없이 되는대로 살다 보면 어떻게 되겠지, 나는 아직 어리니까. 앞으로 사는 날들이 많으니 언젠가는 생기겠지.'

막연한 오늘을 지내며 시간을 허투루 보내고 있지는 않을까? 스마트폰 게임과 틱톡, 유튜브 재밌는 영상들을 보고 킥킥거리며 말이다. 40대가 지나고 나니 하루가 정말 빠르게 지나가고 일주일, 한 달은 더 빠르게 지나간다. 1년은 말할 것도 없다.

반면 10대의 시간은 너무 길게만 느껴진다. 얼른 어른이 되었으면 좋겠단다.

나 또한 그랬다. 10대의 시간이 너무 지루하게만 느껴졌다.

빨리 어른이 되어 내가 하고 싶은 대로 내 뜻대로 살고 싶었다. 그러나 막상 어른이 되어보니 꿈이 없이 10대를 보냈다는 것은 똑같이 꿈이 없는 20대, 30대의 어른을 살아야 함을 의미했다.

어느 순간 꿈이라는 것이 생길 것이라 기대했는데 오늘도 역시나 꿈에 대해 막연하다. 오히려 당장 처해진 상황들에 급급하여 돈 벌고 먹고 자고 쓰고 매일 같은 일상의 반복이다. 결혼하고 아이를 낳고 보니 현실은 더욱 치열하다. 현실 육아와 직장생활, 가정을 돌봐야 하는 처절한 몸부림에 책 한 장 읽는 시간, 자기 계발할 시간조차 허락되지 않는다. 그렇게 별반 다를 것 없이 공장에서 기계로 상품 찍어내듯 남들이 가는 길을 그대로 답습하며 오늘 내일을 살았다.

그러다 어느 순간 깨달았다.

'내가 이러한 일상들을 너무 답답해하고 괴로워하고 있구나.'라는 것을 말이다. 이제는 너무 익숙해져서 '이렇게 편하게 돈을 벌 수도 있네?' 싶으면서도 시간이 지날수록 아침에 출근하여 종일 남의 손에 묶여 있다 시간이 되면 퇴근하는 직장의 일상이 너무 견디기가 힘들어졌다.

'누구에게나 오는 주기적인 권태기일 테지.'라고 무시했다. 그럴수록 더욱 무거워지는 몸과 마음은 친절하게도 내 안에 원하는 꿈이 더 간절해지고 있다는 것을 반증해주었다. 결국 나는 나의 꿈을 선택하기로 했다. 직장을 그만두는 것이 두렵기도 했다. 하루에도 몇 번씩 갈등이 되었다. 여섯 식구가 함께 생활하기 위해서는 나의 수입이 크게 도움을 주고 있었으니 그 수입이 중단된다는 것은 염려가 될 수밖에 없었다.

'간절함'은 직장을 그만둘 수 있는 용기를 내기에 충분했다. 사실 어느 때부터인가 이런 생각을 했다.

'내가 하고 싶은 것을 위해 언젠가는 직장을 그만둬야 하지 않을까? 그 시기는 언제가 적절할까?'

다만 그만두겠다는 이야기를 꺼내기를 한두 달 미뤄가고 있을 뿐이었다. 결국 그 간절함이 최고치가 되었을 때, 꿈을 향한 답답함이 최고 정점을 찍었을 때 나는 결단했다. 아직도 염려는 되지만 직장을 그만두기로 결정하고 실행한 것이다. 그리고 새롭게 도전한 나의 꿈을 위한 일에 두세 시간 자면서도 열정을 쏟았다. 죽을힘을 다해 어려운 일들을 감당하기 시작했다. 그 또한 간절했던 이유이다.

그 간절함 덕분으로 나는 지금 작가로서 더 많은 꿈을 품게 되었다. 이미 성취된 미래의 꿈들을 머릿속으로 상상하며 오늘 아침도 일어난다. 글을 쓰다, 아이들을 돌보다, 책을 읽고 사람들을 만나다가도 나의 꿈들을 그리면 웃음이 막을 틈도 없이 살살 새어 나온다.

삼성 갤럭시S8 광고인 '하늘을 나는 타조' 감동적인 이야기가 있다. 수많은 무리 중에 한 타조가 우연히 음식을 집어 먹다 VR기기를 장착하게 된다. 구름에 휩싸인 하늘이 보인다. 높고 푸르른 하늘을 날고 있다는 착각이 들 정도로 꿈같은 비행을 체험하게 된 것이다. 자신이 하늘을 날지 못하는 타조인 것을 생각지 못한 채 하늘을 나는 꿈만 같은 세상을 밤이 되고 낮이 지나도록 보게 된다.

곧 타조는 자신이 스스로 하늘을 나는 타조라고 믿게 된다. 넘어지고 땅에 고꾸라져도 다시 일어나 하늘을 향해 날개를 퍼덕인다. 다른 타조들의 염려 섞인 시선과 야유 소리에도 아랑곳하지 않고 오로지 하늘을 나는 모습에만 집중한다. 하루가 지나고 며칠이 지나도 결코 포기하거나 좌절하는 법이 없다.

그러기를 수십 번 반복한 타조는 어느 날 갑자기 달리기 시작하더니 다른 타조들의 시선을 한 몸에 받으며 하늘을 향해 그대로 날아오른다. 이때 아마 모든 이들이 "와~~~!!!" 환호성과 감격의 손뼉을 쳤으리라. 타조의 비행을 보며 많은 이들이 진한 감동을 느꼈다. 이 광고는 무려 7개의 광고제에서 수상하는 영광을 안았다.

비록 광고일 뿐인데 많은 이들이 이 광고에서 큰 감동을 느낄 수 있었던 이유는 무엇일까?

'하늘을 날고 싶다.'

이런 타조의 간절함이 결국 하늘을 날게 했던 타조의 모습을 통해서 자신들 또한 간절함이 있다면 꿈을 이룰 수 있다는 희망을 보았기 때문이 아닐까? 누군가에게는 대단한 것으로 보이지 않는 꿈일 수도 있다. 그러나 자신에게 간절히 이루고 싶은 꿈이라면 그것은 자신에게 소중한 꿈이다.

셋째 딸에게는 이루고 싶은 작은 꿈이 있다.

"엄마 아빠는 생일 때 나에게 비싸고 좋은 선물을 해주잖아요. 저도 엄마 아빠에게 비싼 선물 해드리고 싶어요."

금방 사라지는 약속이 아니었다. 딸아이는 용돈이 천 원이든, 만원이든 생길 때마다 절대 용돈을 쓰지 않고 통장에 고이 모으기 시작했다.

첫째는 장난감을 사는 것에 둘째는 맛있는 간식을 사서 먹는 데에 용돈을 모두 사용한다. 특히나 둘째는 용돈이 생기면 무조건 당장 써야 직성이 풀리는 아이인 듯싶다. 그러나 셋째는 그들과 다른 작은 자신만의 꿈을 가지고 있다. 하루에도 수십 번 사고 싶은 것, 먹고 싶은 것이 없겠느냐마는 몇 개월이 지나 1년이 다 되어가는데도 이 아이는 쓰고 싶은 마음을 용케도 참아낸다.

곧 다가오는 엄마의 생일 때 엄마가 좋아하는 예쁘고 비싼 귀걸이를 사줄 모습을 상상하면서 말이다. 이 아이에게 '꼭 나도 좋은 것을 사드려야지.'라는 간절함이 없었더라면 쓰고 싶은 마음을 참아낼 수 있었을까?

2008년 스웨덴 예테보리 하프마라톤에 참가한 19세 어린 선수 미카엘 에크발 마라톤 선수가 있다. 그는 4만여 명이 참가한 세계 최고의 하프마라톤 대회에 출전했으며 이 소년에게는 첫 국제 대회 진출이기도 했다.

그런데 2km 지점에서 10km가 넘는 거리 동안 설사를 한 이야기와 함께 '똥 싼 남자'로 유명해졌다. 그 장면이 찍힌 사진을 보고 있노라면 다리 사이로 흘러내리는 설사에 나도 모르게 '으악' 눈살을 찌푸리게 된다. 그 당시에도 이 모습은 세계 곳곳으로 생중계되었으며 전 세계 인터넷으로 퍼져나갔다. 많은 이들이 눈살을 찌푸리고 비웃었지만, 미카엘은 끝까지 포기하지 않고 21위로 마라톤을 완주하였다.

경기가 끝난 뒤 한 기자가 물었다.
"당신은 왜 중간에 포기하고 씻으러 갈 생각을 하지 않았습니까?"

그의 대답이다.

"한번 멈추면 다음에 또, 다음에 또 힘든 순간마다 멈추게 될 것 같았어요."

한번 멈추면 계속 멈추게 되고 그러면 습관이 된다는 그의 이야기이다. 이후에도 포기하지 않고 도전하였던 미카엘 선수는 1년 후 스웨덴 국가 대표 선수로 선정되었고 결국 6년이 지난 2014년 덴마크 코펜하겐 하프 마라톤에서 1시간 2분 29초를 기록하며 스웨덴 신기록을 세운 주인공이 되었다. 그의 꿈에 대해 간절함이 결국 꿈을 성취하게 한 것이다.

누구에게나 바라고 원하는 것들이 있다. 평범한 일상 속에서의 바람이든 크고 작은 자신의 미래를 그리는 그 어떤 꿈이든지 간에 누구에게나 이루고 싶은 것이 있기 마련이다. 그런데 어떤가? 남은 시간으로 적당히 자신이 원하는 것을 얻을 수 있는가? 자신에게 멋진 꿈과 미래가 있다고 할지라도 자신이 간절히 원하지 않으면 그저 흘러가는 꿈일 뿐이다.

결국은 '간절함'이 자신의 꿈을 이루는 데 중요한 3가지의 이유가 있다. 하나, '간절함'은 시간과 노력을 투자하게 한다.

늘 시간이 없다는 핑계 대신 자투리 시간이라도 쪼개고 없는 시간이라도 만들어내는 집중하게 하는 힘이다.

둘, 방향을 잡아주고 긴장의 각을 잡아준다.
몸이 하나라도 여러 역할들과 업무들, 그리고 중요하지 않은 일들로 바쁘고 분주한 일상을 보내고 있지 않은가? '간절함'은 흐트러졌던 시선

을 정확한 방향으로 고정케 하며 또다시 흐트러지지 않도록 자세를 잡아
줄 것이다.

셋, 빠르게 꿈을 끌어당기는 힘이다.

간절한 만큼 나의 꿈을 성취하는 시기를 앞당긴다.

꼭 이루어야 할 꿈이 있는가?

'지독한 간절함'을 가지라.
그렇다면 이미 이루어진 자신의 꿈을 발견하게 될 것이다.

07

내가 잘하는 일은
꿈과
가까워지게 한다

"어디에서부터 시작해야 할까요?"

항상 인생에 있어서 중요한 것들은 내부에 그 답이 있다. 그동안 자신의 시선이 외부를 향해 있었다면 내부에 시선을 고정하고 자신이 무엇을 원하는지, 자신이 잘하는 것은 무엇인지 고민해보자.

부모님들은 자신이 원하는 것만 보고 기대하는 경우가 많다. 자신의 자녀가 잘하는 것이 없다고 걱정하는 부모님이 있다. 그런데 정작 아이는 잘하는 것이 수준급일 때를 종종 보게 되기도 한다. '공부만이 현실인가?'라는 생각을 하게 된다. 최종적인 목표 입시를 위해 공부하는 것만이 현실적인 것만 같다. 공부 이외의 특기와 재능들은 취미생활 정도로만 치부하는 것만 같다. 자신이 원하는 것, 좋아하는 것, 잘하는 것을 둘러볼 겨를도 없이 또다시 하루가 시작되고 반복되는 것이다.

나 또한 성장기, 한창 나의 진로들을 고민할 때 내가 잘하는 것이 무엇인지 내가 좋아하는 일은 무엇인지 고민해보지 않고 남들과 똑같이 학교생활을 하고 점수에 맞춰 대학을 진학했던 듯하다. 지금에 와서야 한번 생각해보게 된다. 내가 어릴 적 잘했던 일이 무엇이었던가? 관심 있어 하고 좋아했던 일이 무엇이었던가 하고 말이다.

나의 유아 시절 내가 잘했던 일을 한번 떠올려본다.

산속을 뛰어다니며 친구들과 칡 줄기 타고 타잔 놀이하기, 눈에 덮인 묘지 위에서 미끄럼타기, 높은 언덕에 비료 비닐 깔고 슝슝 달리기, 시키지도 않은 산속으로 들어가 지게에 나무 주워오기. 이때는 매우 활발하고 활동 에너지가 과하게 넘쳐났던 듯하다. 새로운 시도와 도전, 모험을 아끼지 않았다.

조금 더 자란 초등시절에는 책 읽기, 길 가다 주운 낙서 된 미미 인형을 돌보며 작아진 옷 헝겊 잘라 인형 옷 만들기, 빈 노트 모두 모아다 종이 인형 옷 디자인하기, 패턴 그림 그리기. 집에서 조용히 시간 보내는 것을 좋아했다. 친구들과 어울리는 것을 불편해했기 때문이다. 어쩌면 이때 가장 가정 환경의 영향을 많이 흡수하던 때였던 것 같기도 하다.

그리고 청년이 되어 어른이 되어가면서 나의 자아가 다시 회복되면서 내가 잘하는 것들이 활성화되기 시작했다. 글쓰기, 말하기, 책 읽기, 새로운 아이디어 생각하고 도전해보기, 새로운 방법으로 시도해보기, 열정 쏟기, 주도하기, 꿈과 비전 찾기, 동기부여 하기, 발표하기 이러한 역동적인 것들이 내가 좋아하고 잘하는 일들이었다. 결국 지금의 내 꿈과 가까워지도록 나를 여기까지 실어 온 원동력이 되었다.

디지털 활동들을 하면서 만나고 알게 된 친구들이 많다. 이제는 나이가 같아서 친구인 것이 아니라 나와 함께 남은 인생을 걸어가는 이들은 모두 친구가 된다. 대부분 30대에서 60대에 이르기까지 다양한 친구들, 그들을 보고 있으면 참 대단하고 존경스럽다는 생각들을 많이 하게 된다. 첫 번째 스무 살에는 나이도 어렸지만, 사회적으로도 제약들이 많았다.

여자들은 '시집 잘 가서 아이들 낳고 남편과 오순도순 사는 것이 최고이다.'라는 분위기 속에서 주도적으로 자신의 꿈을 주장하고 도전한다는 것이 일상적이지는 않았으니 평범하게 그렇게 살아왔다. 사실은 자신이 무엇을 하고 싶어 하는지 꿈이 무엇인지 생각해보아야 한다는 것조차 알지 못하고 순리대로 직장 다니다 결혼하고 아이를 낳고 지금까지 살아온 것이다.

그러다 어느 날 나이가 들고 또 다른 세상을 만나

'꿈을 꾸어라. 꿈을 꾸어야 한다. 나의 꿈을 나 자신에게 물어라. 도전하라'는 소리를 듣고 보니 그동안 '나 자신' 없이 살아온 자신의 인생들이 선명히 보이기 시작한 것이다. 그리고 가족들을 위한 희생과 헌신, 직장에서 특별한 꿈도 없이 살다 그것조차도 내려놓고 보니 살아온 자신의 인생들이 우울하고 슬프다. 허무한 마음이 가득한 꿈을 잃어버린 자신의 모습을 돌아보게 된 것이다. 그래서 그들에게는 두 번째 스무 살이 너무 특별한 의미가 있다.

처음에는 자신들이 하고 싶은 것들을 하나씩 올리는 것이 전부였다. 그림 솜씨가 좋은 친구는 그림을 올리고, 사람들과 소통하는 것을 좋아하는 친구는 찐 소통의 진면목을 보여주고, 영어, 중국어, 일본어와 같이 언어를 잘하는 친구들은 별것 없이 간단한 하루하루의 문장을 올리며 그렇게 시작했다.

요리를 잘하는 친구들은 하루 한 끼 가족들과 함께 먹는 요리를 사진에 담아 올렸고, 말하는 것을 좋아하는 친구들은 부담 없이 라이브 방송을 통해 소소한 일상을 서로 나눈다. 책을 좋아하는 친구들은 자신이 오늘 하루 읽은 책들을 소개하고 좋은 글귀들을 올리며 서로에게 동기를 부여하여 보람을 갖는다.

그러던 것이 점점 형태를 갖추어가기 시작했다. 본인들 각자가 잘하는 일들에 꿈이라는 목적과 가치를 부여하기 시작한 것이다. 의미를 만들어 서로에게 재능 기부를 하기도 하고 좀 더 그럴싸하게 모양새를 갖추어 체계적으로 콘텐츠를 만들어간다. 더 나아가서 자신의 콘텐츠들, 즉 좋아하고 잘하는 일들을 지속시키기 위해서는 수익화가 필요하다는 것을 깨닫고 좀 더 전문성을 더한 상품과 가치들을 창출해내기 시작했다.

이 얼마나 멋진 일인가.

'이제 와서 꿈은 무슨…. 그냥 그렇게 사는 거지.'

이렇게 다들 생각하게 되는 마흔이 넘어서 말이다. 마흔이라는 것은 우리에게 진심으로 숫자에 불과한 것이 되어버린 지 오래다. 우리는 모두가 '두 번째 스무 살을 살기'에 첫 번째 스무 살 못지않은 아니 그보다 더한 꿈과 열정을 가지고 있다.

『내가 잘하는 건 뭘까』의 저자 구스노키 시게노리 작가의 말이 인상 깊게 다가온다.

"소타는 자신이 잘하는 게 무엇인지 아무리 생각해도 떠오르지 않았어요. 친구들이 잘하는 건 얼마든지 생각이 나는데 말이에요. 소타는 그만 눈물이 날 것만 같았어요. 그런데 소타가 잘하는 걸 선생님이 발견해주었어요. 그건 바로 '친구들이 잘하는 걸 아주 잘 찾아내는 것'이었지요. 우린 모두 누구나 잘하는 것 한 가지는 있어요. 여러분도 자기가 가장 잘하는 걸 꼭 찾을 수 있을 거예요."

여러분에게 있는 '가장 잘하는 것', 누구나 한 가지씩은 가지고 있는 자신만의 가장 잘하는 것 한 가지를 꼭 찾아내기를 바란다. 누군가 나의 글에 댓글을 남겼다.

"신은 내 안의 보물들을 왜 숨겨놓은 것일까요?"

누구나 쉽게 찾을 수 있다면 그것이 귀하디 귀한 보물일 수가 있을까? 남이 찾지 못해서, 찾는 자만이 찾을 수 있어서 보물인 것을.

누구나 이 땅에 태어날 때 이유 없이 태어난 사람은 없다. 우리들의 스치는 인연이 단 하나도 의미 없는 만남이 없는 것처럼 우리에게 주어진 잘하는 것, 재능이라는 것도 이유 없이 우리 손에 쥐어진 것이 아니지 않겠는가? 이 땅에서 우리에게 사용하라고 주신 선물이 분명한데 그 선물이 자신의 간절한 소망과 꿈과 아무런 상관이 없을 리가 없다. 거침없이 자신의 꿈을 위해 사용하자.

종종 이러한 질문들을 많이 접하게 된다.

"좋아하는 일이 우선일까요? 잘하는 일이 우선일까요?"

어떻게 생각하는가? 필자는 좋아하는 일과 잘하는 일이 따로 명확하게 구분되는 일이 없다고 생각한다. 자신이 좋아하는 일은 잘하게 되어 있다. 자신이 잘하는 일은 좋아하게 되어 있다. 자신에게 있는 강점 지능이라는 것이 단 한 가지만 있는 것이 아니기 때문에 이러한 고민이 일어나기도 한다.

단 한 가지의 강점 지능이 곧 자신의 진로와 꿈을 결정할 수 있는 것도 아니다. 자신의 성향과 좋아하고 잘하는 것이 강점 지능과 하나의 통합적인 결론을 이루어야 한다는 것을 기억해야 한다. 통합적으로 분석을 하고 보면 결국 자신이 좋아하는 것과 잘하는 것, 잘하는 것과 좋아하는 것은 한 방향을 향하게 되어 있다. 그렇기 때문에 진로 검사를 한 이후에 결과지만 달랑 받는 것이 아니라 전문가의 상담과 코칭이 충분히 이루어져야 하는 이유이기도 하다.

자신이 잘하는 일은 결국 진로를 결정하는 데에 결정적인 단서가 되고 자신의 꿈과 가까워지도록 한다. 아직도 자신이 잘하는 것이 없다고 생각한다면 자신에 대해 새로운 발견을 해보겠노라고 결단하기를 바란다. 자신에게 잘하는 것이 없어서가 아니라 그동안 내가 나를 돌아보지 않았던 이유이기 때문이다.

하나씩 자신의 잘하는 것들을 숨겨놓은 보물 쪽지를 찾듯이 찾아보자.

자신 스스로에게 '가장 잘하는 것 한 가지'의 숙제를 내보자. 한 가지일 필요가 무엇이랴. 생각나는 대로 맘껏 적어보자. 아침에 일찍 일어나는 것, 숨 오래 참는 것, 낙서를 잘하는 것, 뜬금없이 가방을 싸매고 어디론가 떠나는 것, 버스를 타고 그냥 종점을 찍고 오는 것, 계획하고 정리하는 것, 요리하는 것, 생각하는 것 등등 아주 사소해 보이는 것까지 말이다.

유독 특별하게 잘하는 것들을 모두 적어보자. 자신의 잘하는 것들을 적다 보면 이미 충분히 멋진 자신의 모습이 보일 것이다. 그리고 멋지고 잘난 그 자신의 모습은 자신을 더 꿈과 가까워지게 할 것이다.

08

꿈을 위해
자기 자신과의
싸움을 하라

'우리는 결코 잊으면 안 된다. 모든 시작이 그저 생쥐 한 마리에 불과했다는 것을.'

'기운 내자. 최후에는 우리가 웃게 될 거야. 그때의 웃음이야말로 최고의 웃음이지.'

월트디즈니의 『월트디즈니의 꿈과 성공의 메시지 100』의 일부이다. '월트디즈니'는 애니메이션하면 바로 떠오르는 대표적인 브랜드이기도 하지만 회사 이름이기도 하고 사람 이름이기도 하다. 세계적으로 널리 알려진 '미키마우스, 도널드 덕, 플루토, 구피, 아기돼지 삼 형제, 백설 공주와

일곱 난쟁이' 등. 우리가 익히 알고 있는 캐릭터들과 동화 또는 애니메이션들이 그에게서 나왔다. 거기에 디즈니랜드까지 건설하면서 그는 어린이들이 상상하고 꿈꾸던 것들을 현실로 만들어냈다.

그는 어떻게 이러한 꿈을 이루게 되었을까?

1901년 미국 시카고에서 태어났다. 상당히 엄격하고 냉정했던 아버지 탓에 두 형은 집을 나가고 월트디즈니는 아버지의 신문 판매업을 위해 아침저녁, 눈이 오나 비가 오나 용돈 한 푼 없이 신문 배달을 했다. 1차 세계대전을 맞으며 여러 시련 끝에 평생의 친구이자 동업자가 될 아이웍스를 만나게 되었고 함께 애니메이션 사업을 시작하게 된다.

20세가 되기도 전에 파산 직전의 위기가 있었지만, 할리우드에 입성하여 디즈니의 작품에 관심을 가진 배급사로 인해 스튜디오는 번창하기 시작했다. 그러나 그것도 잠시, 곧 배급업자가 바뀌면서 제작권과 판권이 넘겨지고 갈등과 문제들이 생겼다. 결국 디즈니 곁에는 아이웍스만 남고 모든 동료들이 떠나가는 아픔 또한 겪게 되었다.

그러나 결코 그는 최악의 상황에서도 포기하지 않았다. 좌절하거나 절망하는 대신 더욱 집요하게 캐릭터 구상과 목소리 더빙, 갖가지 애니메이션의 새로운 실험들을 통해 디즈니 브랜드를 세계적으로 구축해나갔다. 끊임없이 자신의 꿈을 시도하고 새로이 개척했다. 결국 그는 자신이 꿈꾸던 세상을 만들고자 일생을 바쳤던 '디즈니랜드'를 현실로 만들어냈다. 그는 현실에 안주하고자 했던 마음이 전혀 없었다.

'단순한 돈벌이하기를 거절하고 무언가를 하고 싶다. 무언가를 만들어내고 싶다. 무언가를 시작하고 싶다.'

이렇게 생각했던 꿈과 그 꿈을 위한 자기 자신과의 싸움을 포기하지 않았던 것이다. 미키마우스의 아버지라고 불리는 월트디즈니는 수없이 많은 실패와 어려운 환경 가운데서도 수없이 작품을 만들어냈으며 늘 새로운 도전을 멈추지 않았다. 결국 그의 끈기와 인내가 전 세계의 아이들을 꿈과 환상의 세계로 인도했으며 현재까지도 사랑받는 디즈니 왕국을 만들어낸 것이다.

"야~ 빨리와~ 빨리와~ 우리 뛰어서 가자~! 엄마~ 우리 먼저 갈게요~!!!"

아이들은 신나게 뛰어간다. 곧 헥헥 거리며 주저앉을 것을 예상하지 못하고서 말이다.

'아이고~ 어디만치 가나 보자~'

역시나 오래지 않아 지쳐서 내게 끌려가고 있다. 자꾸 물만 마시면서 이제는 배까지 아프다고 징징대면서 말이다. 자꾸 뒤처진다. 결국은 정상이 아닌 그 아래에서 놀다 돌아가기로 한다. 아직은 어리니 그러려니 한다.

한참 오르다 보면 어른이라 할지라도 힘든 시점이 누구에게나 온다. 잠깐씩 숨을 고르고 몇 번 쉬기도 했는데 이제 더 이상 내 다리가 내 다리 아닌 것 같고 몸이 천근만근이라 멈춰 서고 싶은 그 시점 말이다. 그때 꼭 기억할 것이 있다.

'절대 멈추지 않을 것, 속도를 크게 늦추지 않을 것, 뒤처지지 않을 것.'

처음부터 무리하지 않고 천천히 일정한 속도와 거리를 유지하는 것이 가장 중요하지만 힘들어서 주저앉고 싶은 그 시점이 왔을 때는 더더욱 정신을 집중하여 일정한 속도와 보폭을 유지해야만 한다. 물론 약간의 생수로 메마른 입안을 헹궈내고, 멈춰서서 힘들어진 호흡을 잠시 가다듬어야 할 때도 있다. 그런데 단순히 쉼을 잠깐 주는 이유가 아니라,

'아, 힘들어. 이제 그만 오르고 싶다. 여기에 앉아서 조금만 더 쉬었다가고 싶다.'

이런 시점이 찾아온다면 그때는 어김없이 자신과 싸움을 해야만 하는

때이다. 그래야 정상까지 오를 수 있다.

산 정상에 올라 뻥 뚫린 하늘과 솟아오른 산봉우리들을 내려다보며 시원한 바람을 맞기를 원하는가? 자신의 인생의 꿈을 향해 성공적인 가도를 달리며 그 정상 끝에서 시원한 공기를 마시고 싶은가? 그렇다면 그 정상을 오르기 위해 자신의 육체와 정신을 이겨내야 한다. 자신의 꿈을 이루기 위해 '나 자신'을 이겨내야 한다. 정상에 도착하는 그 순간, 꿈을 이루는 그 순간까지 멈추지 않고서 말이다.

코로나 19시대에 나의 꿈을 더욱 확장시키기 위해 온라인 빌딩을 세우기 시작했다. 블로그를 시작했고, 인스타를 시작했다. 블로그는 현재 재정비를 하고 있는 상태이지만 당시에는 나의 일상과 이웃들이 혹할 만한 정보들을 심심찮게 올렸다. '나만의 100일 실천' 미션을 실행하기 위해 1일 1포스팅을 하는 것은 정말 쉽지 않은 도전이었다. 100일 실천을 이루어 내기 위해 어느 날은 하루 종일 직장생활을 하고 아이들을 챙기다 잠들었다가도 12시 자정 이전에 벌떡 일어나 포스팅을 했을 정도이니 말이다.

인스타 또한 활동하기 시작해 현재 9개월이 되었다. 팔로워 6,000명이 넘은 지 오래다. 거짓말이 아니라 육아와 직장생활을 하며 블로그 1일 1포스팅과 인스타 계정 키우기를 미친 듯이 했다. 하루 두세 시간을 자면서 열심히 온라인 건물을 세우기 시작했고 그 두세 시간 자는 시간도 선잠 자듯 몇 번이고 일어나 휴대전화를 집어 들고 어둠 속에서 손가락 운동을 열심히 했다. 댓글 달고 글을 쓰고 사진을 올리고 팔로우 신청을 하고….

때때로 남편과 아이들에게 많은 시간을 들이지 못하고 책상과 컴퓨터, 스마트폰 앞에만 얼굴을 파묻고 예민한 엄마 노릇을 했으니 미안한 맘이 들기도 했다. 그러나 한참 가게를 일으켜 세우는 시점이니 당분간 가족들에게 함께 도와줄 것을 요청했다. 폐인 각이었지만 나 자신도 결코 목적을 위해 멈추지 않은 것이다. 꿈을 위해 직장을 그만두고 온라인 활동에 올인했다. 책을 소개하는 라이브 방송도 하고, SNS를 통해 가까워진 친구들에게 진로 검사를 진행하기도 했다. 기꺼이 나의 꿈을 위해 나의 열악했던 환경들과 나 자신과의 싸움을 치열하게 한 것이다.

인스타의 계정을 한창 키우며 처음에는 내가 하고 싶은 대로 이것저것 우선 다 해보았다. 처음부터 어떤 틀에 나를 끼워 넣지 않고 내가 하고 싶은 것을 맘껏 해보며 나 자신을 찾자는 의도였다. 시간이 흘러가면서 책에 관심도가 유독 큰 나 자신을 객관적으로 알게 되었다. 책과 관련된 피드들이 많이 올라가다 보니 자연스럽게 독서를 더 깊이 많이 하게 되었고 그럴수록 책을 써야겠다는 생각을 막연하게나마 하게 되었다.

몇 권의 책 쓰기 관련 책을 읽었지만, 책을 쓰겠다는 용기를 내기에는 항상 한방이 부족했다. 책에 관심이 많았던 터이기도 했고 책값도 무시할 만한 것이 아니었으니 도서 서평 모집 소식은 내게 반가웠다. 그러던 중 우연히 책을 쓰는 주제의 책 한 권이 내 눈에 쏙 들어왔다. 마침 도서 서평단 모집 이벤트 중이었고 놓칠세라 응모하고 당첨이 되었다.

그리고 책을 읽는 과정 가운데 '책을 써서 성공하는 것이 아니라 성공하기 위해 책을 써야 한다.'라는 문구에 이끌려 '아, 이제 책을 써야겠다. 지금 당장!'이라는 굉장히 강한 뜨거움이 올라오는 것을 느꼈다. 그리고 책을 쓰자고 결심하게 되었다. '언젠가'는 이 아니라 '지금 바로' 말이다. 주제를 정하고 제목을 정하고 목차를 정했다.

너무 설레기도 하고 부담감이 한꺼번에 몰려오기도 했다. 하루하루가 더디게 지나가는 듯도 하면서 너무 빨리 지나갔다. 그리고 어느 순간 작가의 일상과 삶을 살고 있는 나의 모습을 발견하고 감사하게 된다. 이제는 너무 익숙해진 모습이기도 하다. 이제는 더 나아가 그다음의 행보들을 기대하고 꿈을 꾸고 있다.

절대 쉽지 않았다.

책을 쓰기로 결단하고 모든 일과 생활을 책 쓰기에만 집중하기로 한 것도, 그리고 원고를 투고하고 집필하는 과정까지도. 거저 되는 것은 없다. 꿈을 위한 나 자신과의 싸움은 지금, 이 순간에도 진행되고 있다. 이 밤에 원고를 쓰는 과정 또한 나의 의식과의 싸움, 환경과 조건과의 싸움, 잠을 이겨내고 일어나 앉아 있는 내 육체와의 싸움. 그리고 내 머리와의 싸움을 하고 있으니 말이다.

그러나 나는 나의 꿈을 바라보고 있다. 이미 꿈속에서 헤엄치고 있다. 다만 덤으로 신나게 나와의 싸움을 즐기고 있을 뿐이다.

나의 꿈을 위해 나 자신과의 싸움을 해라. 그리고 그 싸움을 피할 수 없다면 즐겨라~!

3장

4차 산업,
미래를
디자인하라

4차 산업,
미래를
디자인하라

4차 산업!

제일 먼저 어떤 생각, 감정이 떠오르는가?

학교에서 또는 미디어에서 익히 들어 자연스럽게 4차 산업의 정의를 떠올리는 학생도 있겠다. AI, 로봇, 드론과 날아다니는 자동차와 같이 어떤 대표적인 이미지를 떠올릴 수도 있다.

'그게 뭐야? 어려워. 기계가 나오고 사람들의 일자리가 사라진다는데? 두려운 세상이 왔어.'

이런 감정들을 먼저 느끼지는 않을까? 4차 산업이라는 이야기가 언제부턴가 공공연히 들려오기는 하는데 정작 정의해보려 하면 말문이 막히는 것이 사실이다.

내가 진로 교육을 시작했을 당시 내게도 처음에는 생소한 개념이기도 했으니 말이다. 그때에는 4차 산업에 관심을 보이는 주변 사람들이 전혀 없었다. 한 해 두 해가 지나면서 그리고 코로나19가 닥치면서 사람들은 심심치 않게 4차 산업이라는 말을 귀로 듣게 되었다.

'4차 산업이라는 것을 배우나 보다 그게 뭐지? 애들 진로와 관련이 있나? 아이들의 질문에 그럴싸한 대답이라도 해주려면 나도 알아야겠어.'

자녀들에게는 이렇게 시작되었을 관심이 일반인들에게도 시작되고 있는 것을 내 눈으로 직접 경험하게 된다.

초·중·고등학교에 진로 강의를 다니다 보면 참 재미있는 사실이 있다. 4차 산업에 대해서는 초등학생들이 가장 잘 안다는 것이다. 중학생, 고등학생으로 올라갈수록 4차 산업과 관련된 내용에 관해 관심이 없고 전혀 알지 못하는 학생들도 다수이다. 그런데 강의 수업을 하면서 질문을 던지면 이미 경험도 해보고 배운 지식들도 있어 자신 있게 오고 가는 열린 대화들을 할 수 있는 곳은 초등학생들이 가득한 교실이다. 프린터로 집도 뽑아서 짓는다는 그 3D프린팅을 초등학교 수업 중 체험을 했다니 확실히 교육의 방향이 4차 산업에 있는 것이다.

약간 어려울 수 있겠지만 4차 산업의 미래를 준비하려면 이 정도의 정보 지식을 갖추어야 한다는 생각에 쉽게 설명해보겠다.

우선 4차 산업을 이해하기 위해 그 이전 산업들을 간략하게 소개한다.

먼저 1차 산업, 증기기관을 통해서 생산성이 향상되었다. 2차 산업, 전기를 통해 대량 생산이 가능해졌고 급진적으로 생존 문제를 해결하게 된 '전기 혁명' 산업 시대라 할 수 있다. 이 두 산업의 공통점은 현실을 기반으로 한 산업이라는 것이다. 3차 산업, 내 또래라면 처음과 끝을 경험했을 인터넷, 정보화 산업. 컴퓨터 자동화 시스템으로 인해 처음으로 가상 공간이라는 것이 생겼다는 것이 가장 중요한 포인트이다.

그렇다면 4차 산업은 무엇일까?

바로 1, 2, 3차 산업이 모두 융합된다는 것이 아주 중요하다. 실제와 가상 공간이 모두 연결된다. 현실을 기반으로 했던 1, 2차 산업에다가 가상 공간을 만들었던 3차 산업이 융합된다. 가장 쉽게 예를 들자면, 내가 가지고 있는 휴대전화에 "지니야 에어컨 틀어줘~"라고 이야기 하면 집에 에어컨이 켜지는 등 실제와 가상 공간이 인간과 연결되는 것이다. 이미 현재 초등학생들은 4차 산업이 익숙하다. 새로운 시대 4차 산업과 관련된 교육과 체험들을 적극적으로 진행하고 있으니 말이다. 우리 또한 앞으로 펼쳐질 시대를 미리 알고 준비할 필요가 있다.

지금은 돌아가셨지만, 카이스트 이민화 교수님은 4차 산업을 이렇게 정의했다.

'4차 산업 혁명은 인간을 위한 현실과 가상의 세계가 하나로 합쳐지는 시대를 말합니다. 또한 인공지능, 빅데이터, 사물 인터넷 등을 핵심기술로 하죠.'

혹자는 이야기한다. 4차 산업 시대가 이미 시작은 되었지만 제대로 시작되려면 앞으로 20년은 지나야 하니 준비할 시간이 충분하다고 말이다. 어쩌면 그랬을 수도 있다. 그렇게 충분히 준비하고서도 맞이할 수 있었던 미래였을 수도 말이다.

그러나 우리에게 예상치 못한 변수가 있었다. 코로나19로 인해 5년, 10년의 다가올 미래가 당겨졌으며 지금 또한 급속히 변하고 있다. 조급할 필요는 없겠지만 발 빠르게 이미 급속도로 진행되고 있는 4차 산업 시대의 파도에 몸을 스스로 실어 미래를 준비해야 한다는 이야기다. 4차 산업 시대에 우리가 어떻게 살아가야 할지, 무엇을 갖추어야 이 시대를 이끌어 갈 리더가 될 수 있을지 우리가 가져야 할 능력을 생각해보아야겠다.

"일어나~~!!! 7시 넘었어~!"
"으응···. 엄마 나 5분만 더 잘게."

"무슨 소리야~ 얼른 일어나서 씻어야 밥이라도 먹고 가지~! 당장 일어나~!"

"아 1분만 더~"

엄마와 자녀들의 일상적인 아침 모습이다. 심지어는 몸을 일으키기 힘들어 짜증내는 아이와 그 모습을 매일같이 보는 엄마의 짜증에 서로 언성이 높아져 하루 아침을 불쾌하게 시작하기도 한다. 곧 나의 아침 일상이기도 하다.

이럴 때 2030년 나의 하루를 상상해보는 것은 어떨까?

'저절로 숙면 모드로 바뀌는 스마트 침대에서 자다가 가사 도우미 로봇이 나를 깨웠다. 오늘 일어나는 나의 몸과 기분 컨디션에 가장 듣기 좋은 음악과 함께 말이다. 도우미 로봇이 아침밥을 만들어주어 아침밥을 먹었다. 그리고 욕실 로봇이 나를 깨끗하게 씻겨주었고 뷰티 로봇이 오늘 일정에 따라 어울리는 옷을 골라주었다. 다 챙기고 난 후 자율 주행 자동차를 타고 대학교로 향했다.

로봇 교수님이 하시는 강의를 들으며 홀로그램 교재를 통해 공부했다. 학교를 마치고 친구들을 만나 콘서트장으로 향했다. 그곳에는 홀로그램 아이돌이 있었고 악수도 할 수 있었다. 악수를 하니 진짜 만져져서 신기했다. 일정을 다 끝내고 이번에는 드론 택시를 타고 집으로 돌아왔다.

쉬고 있는데 TV에 나오고 있는 맛집의 음식이 먹고 싶어 가사 도우미 로봇에게 만들어 달라고 하였다. 직접 가지 않아도 먹을 수 있어서 너무 좋았다. 그래도 직접 로봇 식당에 가서 먹는 것이 더 맛있는 것 같다. 저녁을 다 먹고 또다시 욕실 로봇이 나를 씻겨 주었고 마사지도 해주었다. 몸이 나른해져서 스마트 침대에 눕자마자 잠이 들었다. 자동으로 전등 빛이 꺼졌다. 이렇게 하루를 끝냈다.'

중학교에서 1차시 찾아가는 진로 교육 강의 후 활동 시간에 적은 학생의 〈2030년 나의 하루일기〉 글이다.

4차 산업 시대와 기술들이 조금이나마 와닿는가? 사실, 내 중고등학교 시절에 심심찮게 등장하던 하늘을 나는 자동차 이야기이기도 하다. 그러나 그 당시에는 미래의 모습이라고 하기에는 전혀 비현실적인 공상 과학이었고 맘껏 펼쳐진 상상의 나래 정도에 불과했었다.

현재는 어떤가? 드론 택시는 이미 나왔으며 하이퍼루프는 300km를 달리는 KTX의 4배나 빠른 속도이다. 곧 특별한 열차인 진공관트레인캡슐 하이퍼루프의 주행이 현실화 되어 서울과 부산을 16분이면 간다는 얘기가 된다. 중학생의 8년 후인 2030년 하루 일기를 보았듯이 우리 일상은 로봇이 늘 함께한다. 아침에 친절히 뇌를 깨우는 음악을 틀어주며 따뜻한 모닝커피나 허브향이 가득한 차를 건네며 일어나라고 속삭여준다.

오늘의 날씨와 나의 기분을 미리 체크하여 옷의 스타일을 최상으로 추천해준다. 나는 서울에서 살지만, 제주에 사는 친구와 방금 점심을 같이 먹자고 통화를 하고 나갈 준비를 한다. 이십분이면 가기 때문이다. 얼마 전까지만 해도 음식은 엄마의 손맛이라고 했던 유행 광고가 무색해질 정도로 로봇은 우리들의 입맛에 맞게 굉장히 요리를 잘한다. 내 몸에 적절한 영양이 듬뿍 들어간 구성으로 말이다.

어떤가? 곧 우리 현실로 다가온 모습이다. 10대들의 미래이기도 하고 40대인 나의 미래이기도 하다.

그렇다면 이제 10대들은 4차 산업 시대의 살아갈 주인공으로서 '미래를 어떻게 디자인할 것인가?'라는 질문을 던져보아야 하지 않겠는가? 내 인생의 주인공일뿐더러 4차 산업 시대를 살아갈 주인공으로서 4차 산업과 함께 자신의 인생을 디자인해보아야 한다. 이제는 자신이 물리학을 전공하더라도 철학, 역사, 음악에도 관심을 가져야 하는 시대가 되었다. 모든 분야를 다 잘 해내어야 한다는 부담을 품으라는 것이 아니다. 자신의 전공과 동시에 다양한 기회들이 여러 분야에서 흘러 들어오고 나갈 수 있다는 것이다. 4차 산업의 새로운 신기술들은 우리들에게 새로운 경험들을 가져온다.

현실과 가상이 함께하는 과학과 상상이 혼재하는 이때 새로운 자신의 미래의 청사진을 그려보고 4차 산업과 더불어 자신의 미래를 디자인해보는 것은 어떨까.

어떤 진로를
선택하든
모두 '융합'된다

'음악의 기술 : Tune made with Art and Technology'

얼마 전 특별 기획 전시가 부평아트센터에서 개최되었었다. 시각과 청각의 예술인 '음악'과 '미술'이 기술로 만나는 전시라고 정의해도 되지 않을까? 단순히 눈으로만 보는 미술, 귀로만 듣는 음악, 예술의 각기 다른 분야가 이제는 아니다. 미술을 하는 예술가들은 아름다운 리듬과 멜로디, 조화로운 하모니의 음악적인 요소들을 시각적인 예술로 승화시킨다. 음악을 몸으로 표현하거나, 회화적이고 생동적인 그림으로 표현해낸다. 음악과 함께 떠오르는 이미지를 어떠한 기술의 매체를 이용해 새롭게 창조해내기도 한다.

또한 음악가들은 눈에 보이는 시각적인 예술들에 다채롭고 신비한 소리들을 입힌다. 아름다운 음악으로 상황들을 연출하기도 하고 선율들로 예술의 공간을 하나로 연결하여 가득 채운다. 단조롭게 미술관에서 미술 작품만 감상하고 음악관에서 음악만 귀로 듣던 시대는 이제 지났다. 진로 또한 이제는 단순하게 그림을 잘 그리니 오직 미대만 선택해야 하는 하나뿐인 길이 아니라는 것을 의미하기도 한다. 반면 그림 하나로 여러 개의 진로 또는 학과를 선택할 수도 있다는 것을 의미한다.

이것은 이미 이야기했던 4차 산업과도 매우 밀접한 관련이 있다. 4차 산업의 융합기술이 이러한 것들을 가능케 한 것이니 말이다. 현실과 가상 공간의 융합 그리고 인간과의 연결이 4차 산업을 대표하는 기술이다.

최근 들어 뇌 과학이 21세기 산업의 핵심 분야로 떠오르고 있다. 뇌 과학을 쉽게 정의하자면, '뇌의 구조와 기능의 원리를 과학적으로 규명해내는 학문.' 최근 뇌의 기본적인 원리들을 파악해 다양한 여러 산업 분야에 응용하고 활용하고 있다. 덩달아 뇌 과학과 심리학이라는 주제로 쓰여지는 책들도 심심찮게 볼 수 있다. 뇌의 신호에 따라 사람의 부정적, 긍정적인 다양한 감정들이 생겨나고 발달한다는 것이 핵심이다. 심지어는 우리의 무기력함까지 뇌와 관련이 있다고 이야기하기도 한다. 이처럼 과학과 심리학도 따로 떼어놓을 수 없는 부분임에 틀림이 없다.

스포츠와 음악의 융합은 어떤가? 거창하게 스포츠와 음악의 융합이라고 지칭하지 않아도 이미 우리 일상 가운데 실천해오고 있는 경험이 아닌가 한다. 가벼운 운동을 할 때조차 귀에 블루투스 이어폰을 꽂고 신나게 몸을 움직이고 있으니 말이다. 헬스장에서 러닝머신을 뛸 때, 요가 매트를 깔아놓고 홈트 할 때, 얕게 노을 내린 저녁에 동네 운동장을 뛰면서도 말이다. 음악 하나로 운동이 지루하지가 않다. 체력의 한계를 살짝 넘어서야 할 때 힘듦을 크게 덜어준다. 그야말로 스포츠와 음악은 환상의 콤비이다.

2002년 월드컵 경기 시즌을 기억하는가? 〈오 필승 코리아〉 음악 하나로 온 세계의 우리나라 국민이 하나가 되었고 2002년 월드컵을 잊지 못할 기억으로 가슴에 깊이 새기게 되었다. 피겨의 여왕 김연아 선수가 나비가 훨훨 날아오르듯 발레를 하는 듯한 스케이팅을 할 때 음악이 빠진다면 어떨까 상상해보자. 아름다운 그 섬세한 움직임과 카리스마 있는 연기를 보면서도 진한 감동을 음악으로 채색한 만큼 감상할 수 없었을 것이다.

이러한 것들이 4차 산업을 대표하는 융합의 모습이다. 이것은 또 무엇을 의미하는가? 내가 좋아하고 잘하는 것, 자신의 관심과 재능들이 결국 하나로 결정되지 않는다는 것을 의미한다. 어쩌면 우리들에게 큰 기회이고 좀 더 넓은 진로 선택의 폭이기도 하다.

오늘 아침 그녀의 성장 스토리를 들여다보며 괜스레 훌쩍이고 있다. 아직 알아간 지는 1년이 채 되지 않았지만 사는 일상이 궁금하고 밝은 궁

정의 에너지를 느끼고 싶을 때 생각이 나서 한 번씩 전화하게 되는 친구. 그녀의 어릴 적 꿈이 무엇이었는지 정확히 기억은 나지 않지만 오래전 어린이집을 운영하며 아이들과 함께했다. 그러던 중 갑작스럽게 온 허리 디스크 탈출로 병원 생활을 하게 되었고 병원 생활은 생각보다 길어졌다. 그 때문에 어린이집 운영을 내려놓아야 하는 시점에서 또 한 번의 인간관계의 큰 어려움을 겪게 되어 몸과 마음의 어두운 터널이 길어졌다.

그리고서 찾아가는 그녀의 꿈 이야기. 손글씨도 무척 이쁘지만 손 그림을 참 잘 그린다. 샤프 연필, 색연필, 물감을 연하게 묻힌 붓 그 어떤 것이라도 그녀의 손에 쥐어 있으면 부드럽게 그려져 가는 미술작품이 탄생한다. 처음에는 여러 그림책을 따라 그리는 것에서부터 시작했다. 그 다음에는 함께 하는 친구들이 좋아하는 아이스크림, 꽃들을 그려주었다. 그리고 사진을 받아 인물을 주제로 그림을 그려 선물해주기도 했다. 자기 사진, 가족사진, 아이들 사진, 오래전 가슴에 남기고 싶은 빛이 바랜 사진 등 말이다.

점차 시간이 지나가며 더욱 디테일해지고 성장해 가는구나 싶더니, 언제부터인가 디지털 드로잉을 새로이 배우기 시작했고, 라이브 방송을 통해 힐링 카운슬러로 자신의 이야기들을 나누며 행복을 나눠주기 시작한다. 오프라인 장소 공방이라는 곳에서 비슷한 재능을 가진 사람들이 모여 디자인을 하고 수제 작업을 하는 사람들을 온라인이라는 공간으로 연결시켜 소개하기도 했다. 지금은 이전에 원하던 그림을 끝까지 그리지 못하고 배우지 못했던 아쉬움을 채우기 위해 편입을 준비하고 있다는 소식을 들었다. 하던 활동들을 조정해야 하는 아쉬움은 있지만 아무리 재능이 있다 해도 부딪히는 지식과 기술의 한계가 있다는 것을 스스로 느끼고 선택한 공부의 길이다. 세 아이의 엄마가 말이다.

그림을 그리는 한 가지의 재능이지만 이 한 가지의 재능으로 여러 진로를 선택할 수 있다. 여러 가지의 진로 선택으로 다양한 색깔과 모양으로 나의 삶을 펼쳐낼 수 있다는 이야기다. 그림을 좋아하고 잘 그린다고 꼭 미대를 가서 동양화 서양화를 정하고 화가가 되어야 한다는 생각은 이제 고리타분한 고정관념일 뿐이다. 이제는 점점 각자의 재능은 여러 가지 첨단 기술들의 융합을 필요로 하는 시대가 되었다. 어쩌면 새로운 직업들이 다양하게 생겨나고 우리들의 재능들을 다양하게 활용해낼 수 있는 기회의 시대인 것이다.

"넌 문과야? 이과야?"

고등학교 2학년이 되면 문과 이과 계열로 나뉘었다. 나는 숫자라면 손사래를 쳤던 이유로 문과를 선택했다. 이미 국어 작문과 관련된 문과 계열이 내게는 확실히 맞기도 했지만 말이다. 한번 집중해서 풀기 시작하면 은근 재미나기도 했던 수학이었지만 그만큼 궁둥이를 붙이고 앉아있을 만한 이유가 내게는 그다지 없었기 때문에 수학은 이미 포기한 지 오래였다. 일명 '수포자'인 것이다. 그러고 보니 벌써 문과 이과의 역사가

20년이 족히 넘었구나 싶다.

그 오랜 수능 역사를 끝으로 2022년부터 문·이과가 통합 개편이 된다. 2015년에 개정된 교육이 드디어 지각변동을 일으키고 있는 것이다. 물론 목표하는 대학, 전공과마다 요구하는 응시 과목들이 존재하기 때문에 100% 학생들이 맘대로 자유롭게 선택할 수만은 없는 것이 사실이다. 그런 관점으로 본다면 표면적으로 문·이과가 통합되었다 해도 아직 문·이과의 구분이 존재한다는 것이다.

그러나 그럼에도 불구하고 선택의 영역이 넓어졌고 문·이과의 경계를 허물어가고 있다는 것에 그 의미를 둔다면 자신이 선택하는 진로의 부분에서도 조금은 더 넓은 문이 준비되고 있다는 것만은 확실하다.

문·이과, 예체능이 통합되어야 하는 이유는 4차 산업 시대가 융합의 시대인 것과도 긴밀한 연관이 있다. 그렇기 때문에 문·이과를 구분하고 자신이 고교 시절 선택한 그 구분의 테두리 안에서 자신을 제한하지 않도록 해야 한다. 문·이과 소속 계열을 넘나들며 다양한 지식과 경험을 폭넓게 쌓아야 할 필요를 시대가 요구하고 있다.

창의 융합 시대, 디지털 융합 시대, 인공지능 융합 시대, 방송 IT 융합 시대. 이제는 전혀 낯설지 않은 4차 산업 융합 시대를 우리는 살고 있다. 나는 흔히 이야기하던 X세대였고 Y세대였다. 지금은 밀레니얼세대의 자녀세대로, 2011년 이후 출생한 '알파세대(∞)'에 이르기까지 왔다. 이들은 태어날 때부터 디지털 환경에서 자란 세대이다. 자연스럽게 가상과 현실을 오고 간다.

'인간을 위한 현실과 가상의 세계가 하나로 합쳐지는 시대'

10대들이 어떤 진로를 선택하든 이 또한 모두 '융합'될 것이다. 이것은 예체능, 문과, 이과가 모두 융합이 되듯이 자신이 어떠한 대학의 전공을 선택하든 4차 산업의 기술과 산업을 이해하여 융합해야 함을 의미한다.

03

지금은 직업이 아닌
진로 역량을
키워야 하는 시대이다

2021년 6월 26일부터 나는 MKYU '평생 열정 대학생'이 되었다.

작년 나는 7월쯤 김미경 현재 학장님의 『김미경의 리부트』 책을 읽고 8월 중순 MKYU 온라인 대학에 입학을 하고 열정 대학생이 되었다. 열정 우등생, 수석 장학생도 도전해보고픈 욕심도 났지만, 직장생활도 하고 있었고 네 아이들을 육아하느라 온전히 집중할 수 없었으니 진도를 따라가는 것에 의미를 두기로 했다. 지금도 눈에 전혀 띄지는 않지만, 꾸준히 강의와 과제들을 해가며 나름의 공부를 탄탄히 해나가고 있다. TV에서 종종 뵙던 유명 강사로서 멀리서 지켜보고 있었다. 우연히 책을 접하고 나의 세상을 보는 관점과 방향이 송두리째 바뀌었다.

일상과 주변 일반 사람들에게서 어떠한 변화도 느껴지지 않았지만 보이지 않는 세계가 피부로 느껴졌다. 나만 느끼고 알고 있는 것만 같았다. 어느 누구도 관심을 두지 않았고 열성적으로 이야기하는 내 얘기들에 반응하는 사람들이 없었으니 말이다. 발 빠르게 움직여야만 한다는 심장 쫄깃한 긴장이 내 안에서 크게 소용돌이쳤다. 학장님의 유튜브 강의를 듣고 꼬리에 꼬리를 물고 공부를 시작했다. 오프라인 강의들이 모두 닫히고 '0'부터 다시 시작하게 되었다는 이야기는 나에게 희망이 되었다. 학장님께서 직접 제시해주시는 미래 또한 나에게 디지털 세상을 세워가는 장을 마련해주었다. 그렇게 시작된 '내 인생 세 번째의 공부'이다.

지금의 10대들은 인생 첫 번째 공부일 것이다. 내게도 10대의 공부는 스무 살이 되어 첫 직장을 갖기 위한 첫 번째 공부였다. 사회에 첫발을 디뎠을 때 안정적인 직업을 가지고 안정적인 수입을 얻으며 평생 직업으로 삼을 것을 기대했던 공부. 그리고 첫 번째 직업을 가짐과 동시에 두 번째 공부가 시작됐다. 직장생활 가운데 업무를 익히기 위한 실무공부이기도 했고 함께 일하는 동료들과 경쟁하여 인정받고 우위에 서기 원했던 진급과 자아실현을 위한 공부이기도 했다. 직장생활을 하며 채워지지 않는 마음의 공간 때문에 주마다 영어와 피아노 학원에 다니며 자기 계발을 하기도 했다. 이 모든 것들이 나의 인생 두 번째 공부이다.

그리고 나는 지금 세 번째 공부를 하고 있다. 두 번째 스무 살이 되어 시작한 남은 인생을 화려하게 빛내줄 공부이기도 하지만 이제야 결국 나의 꿈을 위한 공부인 셈이다. 어느 누가 시키지 않아도 나 스스로 열정을 쏟게 되는 공부. 그 공부는 디지털국가 시민으로서 살아가기 위한 공부이기도 하다. 현재 메타버스에서 현실과 디지털 가상 세계를 오가고 있다. 즉 온라인과 오프라인을 오고 가며 디지털 국가 시민으로서 살아가고 있는 것이다.

처음에는 혼란스럽기도 했다. 온라인과 오프라인의 세계의 균형을 이루어야 내 삶의 균형을 잡을 수가 있었다. 그러나 지금 나는 전혀 부자연스럽지 않게 온·오프를 오가고 있다. 그리고 나의 시간과 노력 그리고 물질을 과감하게 투자하고 있다. 그것은 당연한 것이다. 처음에는 너무 조급하기만 했다. 온라인 세상과 기술들을 공부하며 당장 눈에 보이지 않는 결과들과 완벽하지 않은 나의 능력들이 상대적으로 다른 이들에게서 느껴지는 속도감에 한없이 불안하고 부족해 보이기만 한 것이다.

스스로 다독였다. 대학에 들어가 전공을 하려면 최소 2년~4년간의 시간과 돈, 성실한 노력이 필요했던 것처럼 말이다.

'새로운 디지털 공부들을 하는 것에도 당장 보여지는 앞서간 선배들의 결과물에만 초점을 맞추지 말자. 시간이 필요하다.'

아이들을 양육하며 쓰기에도 빠듯한 살림이었지만 배우는 것에 돈을 들이는 노력도 같은 이유였다. 세상의 변화 속도는 더 빨라지고 변화의 간격은 더 짧아지고 진화하고 있다. 그 변화 속에서 나는 하나의 직업이 아닌 나의 진로와 꿈을 위한 역량을 키우고 있는 것이다. 시대의 변화가 일어날 때마다 새로운 기술이 등장했다. 새로운 기술은 새로운 산업을 일으켰고 새로운 산업은 사회에 새로운 일상의 변화를 몰고 오지 않는가.

그렇다면 그 새로운 변화에 어떻게 대응하고 적응할 것이냐. 사라지고 생겨나고 또 금세 사라지는 직업이 아닌 피보팅할 수 있는 나의 역량을 키워야만 하는 것이다.

한번 취업하면 평생 다녀야 하는 줄로 알고 자랐다. 그렇게 20대에 직장생활을 시작했고 어떤 어려움과 힘듦이 있어도 꽤나 충성스럽게 그 시기들을 견뎠다. 특별히 지역을 옮기게 된다든지 결혼과 양육 문제로 어쩔 수 없는 상황이 아니고서 말이다. 심지어는 한 직장에서 다른 직장으로 몇 번이고 옮긴다는 것은 사회에 부적응자로 여겨 '무언가 문제가 있는 사람이다.'라고 생각하기도 했다.

우리 부모님 세대를 '베이비붐 세대'라고 한다. 그들의 자녀인 우리 세대만 해도 독립적이고 안정된 삶을 살려면 번듯한 직장이 있어야 한다고 가르침을 받고 자랐다. 회사에 취직해야 비로소 결혼하고 한 가정을 꾸려 인간다운 삶을 살아갈 수 있다고 말이다. 그들 또한 어떠한 직업에 종사했든지 간에 평생직장으로 여기고 충성스럽게 그 한 곳에 목숨을 걸었던 이유이다.

그러나 자녀 세대인 '밀레니얼 세대'들은 연령대가 낮아질수록 더욱 뚜렷이 평생직장이라는 개념이 이미 부질없는 이야기가 돼버린 지 오래다. 나 또한 80년생으로서 밀레니얼 세대에 들어서 있긴 하지만 직장생활을 하며 느꼈던 것은 90년생, 00년생은 독특하다는 것이다. 직장에 대한 개념도 마찬가지지만 직장생활 하면서의 태도와 조직 내에서 가지는 그들만의 생각과 행동의 구조 자체가 매우 다르다는 것을 알게 되었다.

시대가 변화하는 만큼 직장과 일의 의미와 형태도 변한다는 것을 우리 10대들은 알아야 한다. 실제로 〈이코노미스트〉는 말했다.

'10년 후 세계인구 절반이 프리랜서로 살아가게 될 것이다.'

비정규직들의 많은 노조들이 파업을 단행하고 시위를 하지만 사실은 앞으로 점점 정규직과 풀타임이라는 일자리가 사라져가는 시대가 왔다는 것을 알아야 한다. 극단적으로 이야기하자면 '직장이 없어지는 시대'가 온 것이다.

그렇다면 이러한 새로운 세상의 주역이 될 10대들은 어떻게 이 시대를 맞이할 것인가? 직업에 초점을 맞추던 자신의 시야를 넓혀야 한다. 자신의 꿈과 미래를 직업에 맞출 것이 아니라 꿈과 미래를 위한 '역량'에 초점을 맞추어 실력과 재량을 키워가야만 하는 것이다. 무언가 복잡해 보이지만 간단하다. 새로운 시대와 기술, 산업과 변화들이 온 것처럼 그에 맞는 미래의 역량을 키우면 된다. 자신의 진로의 방향을 확실하게 정하고 3차 산업이 아닌 4차 산업 시대가 요구하는 역량을 말이다.

4차 산업 시대는 학력보다 실력이 중요한 시대이다. 학벌이 부족해도 실력이 뒷받침해준다면 인정받고 성공하는 시대 말이다. 이 시대와 기업이 원하는 역량을 갖추는 것이 10대들이 새로운 시대를 살아가야 할 방법과 지혜이다.

'두 번째 스무 살.' 김미경 학장님과 함께 열정 대학생이라면 누구나 함께 공감하는 찐한 감동의 메시지가 있다. 첫 번째 스무 살은 자신의 꿈을 모른 채 누구의 아들과 딸로, 누군가의 아내와 엄마로 살아왔다. 정신없이 자신의 인생이 아닌 누군가의 인생을 살다 보니 40대가 된 것이다. 그 40을 우리는 '두 번째 스무 살'이라고 부른다. 같은 동시대를 동일한 고민과 아픔으로 살아온 사람들이 학생이라는 본분으로 한 곳에서 만났다.

우리와 함께 공감하며 자신의 인생을 풀어낸 학장님의 그 메시지 하나에 울고 웃고를 함께 했다. 어느 누구보다 강렬한 각자의 사연과 메시지를 가지고 있는 우리는 제 인생 2막, 3막을 준비하는 사람들이다. 그들만한 열정과 의지를 가진 사람들을 만나기가 흔치 않았다. 책 한 권을 읽더라도 고등학생들이 입시를 준비하듯이 읽는다. 본인들의 코어 콘텐츠를 목숨 걸고 고민하고 찾아가며 자신의 온라인 빌딩들을 탄탄히 세워간다.

처음에는 허술한 판자 몇 개 얹어놓은 모습이었다. 그래도 좋았다. 판 잣집에 불과했던 건물이 지금은 제법 모양을 갖춘 건물이 되었다. 그들의 퍼스널 브랜딩과 콘텐츠의 모습들은 각자 다르다. 그럼에도 그들을 하나로 묶는 고리가 하나 있다. 새로 온 세상, 코로나19로 인해 이전의 삶의 희망들이 희미해지고 변해버린 일터 속에서 디지털 세상을 준비하고 있다는 것이다. 그들 스스로가 자신의 역량을 키워가고 있다.

지금의 10대들은 새롭게 펼쳐지는 세상에서, 많은 선택을 할 수 있는 기회들이 있다. 어쩌면 가로 세로가 정해진 틀 안에서 그것이 정답이라고 살아온 우리 세대들과는 전혀 다른 열린 기회들 앞에서 말이다. 눈앞에 거저 있는 이 기회들을 굳이 애쓰지 않아도 잡히는 이 기회들을 놓치지 않기를 바란다.

'두 번째 스무 살'들이 이전에는 누구를 위해, 누군가에 의해 해야만 했던 공부를 뒤늦게나마 자신을 위해 자신이 선택한 공부를 하듯이 말이다.

'절대 놓치지 않으리라.' 꼭 부여잡은 것처럼.

10대들이 그러한 절실함으로 각자의 역량을 키워가기를 소망해본다.

04

미래 유망
직업이
뭐가 있을까요?

"○○○ 아버지는 똥 퍼요~ 그렇게 잘 풀 수가 없어요~ 한 번만 펐다 하면~ 한 번만 펐다 하면 국물도 안 남기고 싹 퍼요~"

"○○○ 아버지는 똥 퍼요~ 그렇게 잘 풀 수가 없어요~ 100원만 더 주면은 100원만 더 주면은 건더기 하나 없이 싹 퍼요~"

60년대, 70년대에 한참 유행했다는 아이들의 입에서 입으로 건너다니던 노래다. 지역마다 조금씩 다른 가사들이지만 전국적으로 있었던 똥푸장수노래로 알려져 있다. 80년대인 나에게도 너무 익숙한, 어릴 적 동네친구들 놀려먹는 재미로 아이들과 너도나도 유쾌하게 불렀던 노래이기도 하다. 똥 장수 지금은 사라진 직업이지만 아직도 이 노래가 반가운 것은 어릴 적 향수가 물씬하게 그 시절을 떠올리게 하기 때문이리라.

18세기부터 19세기 말에 이르기까지 독일, 프랑스, 유럽 일대에 한참 유행하던 직업이 있다. 바로 "제가 준비한 양동이에 볼일을 더 보세요~", '이동 변소꾼'이다.

고대 이집트인과 로마인은 집에 화장실을 두었지만, 중세 유럽 도시 사람들의 집에는 집집마다 화장실이 없었다. 그래서 창밖으로 버린 배설물들이 거리마다 쌓이니 그로 인한 냄새와 질병들이 큰 위생 문제가 되면서 생겨난 직업이다.

양손에 두 개의 양동이를 끼워 걸고 기다란 천을 씌워 길거리를 다닌다. 사람들은 천으로 몸을 가리고 얼굴만 내민 채 공공장소에서 쉽게 볼일을 본다. 이 직업은 19세기 말까지 호황을 누리다가 공중화장실이 생기면서 사라진 직업이다.

로마를 배경으로 한 영화를 보면 고대 로마 귀족들이 유난히 하얀 옷을 즐겨 입었다는 것을 알 수 있다. 지금도 흰옷은 관리하기가 어려워 엄마들도, 아이들에게도 꺼리게 되는 옷인데 세탁기술이 지금처럼 발달하지 않았던 그 당시에는 흰옷을 어떻게 관리를 했을까? 그 답은 '소변 세탁부'에 있다.

로마 시에는 곳곳에 소변을 모으는 암포라 하는 항아리가 비치되어 있었다. 그 용기에 소변을 모아 가득 차면 소변 세탁부들이 세탁 공장으로 운반한다. 소변을 오랫동안 놓아두면 화학적인 변화가 일어나 암모니아라고 하는 물질이 생기는 것을 잘 알 것이다. 그 암모니아가 세탁 효과가 좋아 세탁 세제로 사용되는 것이다. 물론 냄새 때문에 천시받았던 직업이기는 했으나 고위직 관리인들의 흰옷을 청결하게 관리하기 위해서는 꼭 필요한 직업이었다.

그 외에도 촛불 관리인, 전화 교환원, 버스안내원, 지하철 검표원 등 사라진 직업들이다. 그중에서도 '지하관 우편 배달부' 전문성을 인정받는 인기 직업이기도 했다. 병처럼 생긴 작은 캡슐을 지상 투입구에 넣고 압력을 가하면 지하관을 타고 날아가는 것이다. 이 직업은 영국, 프랑스, 독일에서 꽤나 유망한 직업이었다.

이렇게 다양한 직업들이 시대마다 생겨나고 사라졌다. 그리고 그 시대에 맞춰 인기 있고 유망한 직업들이 있었고 아무리 유망한 직업이었다 하더라도 시대가 바뀌면 또 사라지기도 한다. 그렇다면 앞으로의 유망 직업들에는 어떠한 것들이 있을까?

2019년 우리나라 전국 초·중·고등학생들의 희망 직업순위를 조사한 결과이다.

학생 희망직업 변화(상위 10위)

학생 2만4783명 대상, 6월18일 ~ 7월26일 학교급별 온라인 조사

순위	초등학생		중학생		고등학생	
	2015년 ▶	2019년	2015년 ▶	2019년	2015년 ▶	2019년
1	선생님(교사)	운동선수	선생님(교사)	교사	선생님(교사)	교사
2	운동선수	교사	경찰	의사	연구원, 기계공학 기술자	경찰관
3	요리사	크리에이터	요리사	경찰관	경찰	간호사
4	의사	의사	의사	운동선수	정보시스템 및 보안 전문가	컴퓨터공학자, 소프트웨어개발자
5	경찰	조리사(요리사)	운동선수	뷰티디자이너	간호사	군인
6	판사, 검사 변호사	프로게이머	정보시스템 및 보안 전문가	조리사(요리사)	생명·자연 과학자	생명·자연 과학자
7	가수	경찰관	건축가, 건축디자이너	군인	군인	건축가, 건축디자이너
8	과학자	법률전문가	공무원	공무원	요리사	항공기승무원
9	제빵원, 제과원	가수	간호사	컴퓨터공학자, 소프트웨어개발자	공무원	공무원
10	아나운서, 방송인	뷰티디자이너	군인	간호사	건축가, 건축디자이너	경영자(CEO)

(출처 : "장래희망 초등생 1위 운동선수·3위 크리에이터 … 중고생은 교사", 〈뉴시스〉, 2019.12.10.)

　최근에는 직업 세계 또한 빠르게 변화하고 있다. 스마트폰이 등장하면서 우리들이 일상생활이 빠르게 변화했듯이 4차 산업 기술의 변화와 함께 직업의 세계 또한 여러 변수를 겪어내며 달라지고 있는 것이다. '직업'이라는 생각을 하게 되면 우리는 크게 2가지를 생각한다.

연봉이 어느 정도 되는가? 그리고 내가 만족할 수 있는가?

따라서 2가지의 관점을 알아보기 위해 먼저 연봉이 높은 직업 BEST 20순위를 소개해본다.

연봉이 높은 직업 BEST 20순위

출처 : 한국고용 정보원

순위	직업명	연봉 (만 원)
1	기업 고위 임원 (CEO)	15,763
2	도선사	13,310
3	국회의원	12,127
4	성형외과 의사	10,500
5	항공기 조종사	10,471
6	변호사	9,881
7	외과 의사	9,437
8	치과 의사	9,399
9	대학교 총장 및 학장	9,211
10	행정부 고위 공무원	8,444
11	정신과 의사	8,397
12	의약계열 교수	8,394
13	산부인과 의사	8,224
14	프로야구 선수	8,167
15	안과 의사	8,163
16	피부과 의사	8,112
17	공학계열 교수	8,022
18	비뇨기과 의사	8,010
19	소아과 의사	7,922
20	회계사	7,903

우리나라에서 연봉이 제일 높은 직업들의 순위를 보여주고 있다.

CEO, 국회의원, 이 중에서 의사가 7개의 순위를 차지하고 있다.

만족도 높은 직업 BEST 20순위

출처 : 한국고용 정보원

순위	직업명	연봉 (만 원)
1	사회계열 교수	6321
2	교육계열 교수	6241
3	초등학교 교장 및 교감	5923
4	인문계열 교수	6259
5	성우	4248
6	학예사 (큐레이터)	3668
7	상담 전문가	2762
8	작곡가	2591
9	신부	1971
10	아나운서	5262
11	기술지원 전문가	3473
12	국악인	2959
13	도선사	10539
14	대학교 총장 및 학장	8040
15	한의사	6790
16	방사선과 의사	6580
17	자연계열 교수	6123
18	심리학 연구원	3142
19	놀이치료사	2577
20	성형외과 의사	9278

직업의 만족도를 높여주는 직업들의 순위를 살펴보면 대부분이 가르치거나 사람들을 돌보는 직업들이 만족도가 높다는 것을 알 수 있다. 그런데 이러한 직업들이 앞으로도 계속 존재할 수 있을까? 미래에는 어떠한 직업들이 유망 직업이 될까? 이것들을 예측하자면 4차 산업과 인공지능을 빼놓을 수 없기 때문에 다음과 같은 내용을 먼저 이해해야 한다.

4차 산업 시대의 주요 기술들을 알아야 한다.

1. 인공지능과 로봇
2. 3D프린터 (3D 바이오 프린터)
3. 사물 인터넷
4. 드론
5. 빅데이터

유엔 미래보고서에 따른 미래 사회 대표 10대 트렌드를 알아야 한다.

1. 인간 4.0 : 인간 스스로 신체를 분석하며 인간의 생물학적 한계를 뛰어넘는다.
2. 국가 해체 : 디지털 국가라는 새로운 개념이 생겼다.
3. 인터넷 대기업 : 1인 기업이 활성화되고 페이스북, 구글, 아마존과 같은 플랫폼 기업들이 성장한다.

4. 디지털 화폐 : 디지털 통화나 화폐가 일반화되어 사용될 것이다.

5. 브레인 업로드 : 초지능 시대로서 나의 정보와 지식을 클라우드 상
　　　　　　　　에 올려 가상 공간에서 정보와 경험 등을 판매하게
　　　　　　　　될 것이다.

6. 몰입 인생 : 현실과 가상 세계를 결합한 증강 현실을 살게 된다.

7. 인공지능 로봇 : 사람과 매우 흡사한 인공지능 로봇이 우리들의 삶
　　　　　　　　속에서 일상화될 것이다.

8. 사물 인터넷 : 모든 사물에 인공지능 센서와 칩이 장착되어 사물끼
　　　　　　　리 소통하고 제어하게 될 것이다.

9. 합성 생물학 : 모든 동식물의 융합이 가능하며 유전자 가위를 통해
　　　　　　　질병 유전자를 잘라내고 정상 유전자를 붙여 사람의
　　　　　　　유전자를 조작할 수 있다.

10. 가족 해체 : 1인 가구 중심이 될 것이다.

그렇다면 이와 같은 사회의 변화 속에서 미래에 유망한 직업들은 어떤
것이 있을까? 크게 6가지 분야로 미래 유망직종을 나눈다.

IT/로봇 분야 : 홀로그래피 전문가, 증강현실 전문가, 인공지능 전문가,
　　　　　　무인자동차 엔지니어, 로봇기술자, 정보보호 전문가.

경제경영 분야 : 브레인퀀트, 금융기술 전문가, 대안화폐 전문가, 인재 관
　　　　　　리자, 세계지원 관리자, 최고경험 관리자. 인도 전문가.

의료 복지 분야 : 복제 전문가, 유전자 상담사, 치매 치료사, 임종 설계
사, 두뇌 시뮬레이션 전문가, 기억 수술 전문 외과의.
환경에너지 분야 : 우주관리인, 미세조류 전문가, 탄소배출권 거래중개
인, 수소연료전지 전문가, 극초음속 비행기 기술자.
문화 예술 분야 : 특수효과 전문가, 나노 섬유 의류 전문가, 내로 캐스
터, 캐릭터 MD, 디지털 고고학자, 미래 예술가.
생활 여가 분야 : 우주여행 가이드, 세계윤리 관리자, 아바타관계 관리
자. 결혼 및 동거 강화 전문가, 미래가이드, 식료품구
매 대행 등.

4차 산업 시대의 주요 기술들과 미래 사회를 대표하는 10대 트렌드를
소개하며 유망한 직업들을 예로 제시해보았다. 사실은 이외에도 새로운
직업들, 그리고 앞으로 더 생겨날 직업들은 무수히 많다. 그럼에도 불구
하고 몇 가지의 직업들을 나열한 것은 4차 산업을 선두해갈 직업들이 너
무 생소하게 느껴지지 않도록 하는 바람이다.

직업보다 더 중요한 것은 새로운 산업의 방향과 기술의 흐름을 파악하
는 것이다. 그 파도 가운데 일어나고 사라지는 수많은 직업이 앞으로는
더 짧은 주기로 바뀌리라는 것을 알고 주도적으로 자신 인생의 파도를
타기를 바란다.

05

미래에
사라지는 직업,
생겨나는 직업

"선생님, 저는 아나운서가 되고 싶어요~!"
"아나운서? 과연…. 그게 가능할까?"

꿈이 없다면서도 공부를 제법 잘하는 반장 학생이다.

"공부가 재미있니?"
"좋아하는 것은 아닌데…. 그냥 하는 거죠. 엄마가 하라고 해서."

어떠한 목적은 없지만, 부모님이 열심히 학원도 보내주고 잘 키워주시니 그것에 대한 보답인가 보다.

　　나는 학창 시절, 늘 꼴찌 주변을 맴돌았으니 이러한 친구들이 늘 부러움의 대상이었다. 옆에 가서 말을 시키는 것도 같은 반 친구라도 조금은 어려운 그런 대상 말이다. 지금은 아무것도 아닌데 그 당시에는 왜 그리 높아 보였던지 나의 열등감이었을까?

　　친구를 사귀는 것이 내게 쉬운 일이 아니었지만, 그중에서도 다가가기 어려웠던 두 부류가 있었다. 키가 큰 친구, 공부 잘하는 친구. 나는 키도 작고 공부도 못했으니 말이다. 하여튼 근접하기 어려웠던 공부 잘하는 아이들도 내게는 이제 학생들이 되어 진로에 관한 코칭을 해줄 수 있으니 이 또한 내게 재미나는 기쁨이다.

　　6차에 걸친 진로 동아리 수업 동안에 3차시 방문이었다. 25명 정도의 학생 중 첫 만남에 자신의 꿈이 있다고 손들었던 친구들은 5명 정도에 지나지 않았다. 그것조차도 특별한 이유도 없고 구체적인 내용도 전혀 없이 말 그대로 그냥 '선생님, 아나운서, 요리사, CEO'였을 뿐이다.

　　그런데 작은 변화들이 일어나기 시작했다. 특별한 것은 없었다. 단지 '꿈 이야기'를 했을 뿐이다.

　　'너의 꿈은 뭐니?'

　　라고 매주 마다 질문을 던져주었고 방향을 제시했다. 그 이전에 생각해보지 않았던 꿈들을 아이들은 생각하기 시작했다. 하나같이 이렇게 대답하던 아이들이었다.

"몰라요…. 모르겠어요…."

그랬던 아이들이 조금은 지끈거리지만, 생각이라는 것을 한 줄, 두 줄 더 하게 된 것이다.

6차시가 되었을 때, 아나운서가 꿈이라고 이야기했던 반장은 4차 산업이라는 새로운 시대 앞에서 본인의 진로를 수정하였다. '브랜드 스페셜리스트'를 향해 준비하고 도전해보기로 한 것이다. 물론 과정 가운데 또다시 원하는 직업과 진로가 바뀔 수도 있다. 자신의 생각이 자라가고 새로운 정보와 지식이 확장되면서 충분히 그래야만 하는 과정이기도 하다. 그럼에도 지금 내게 한 걸음 내딛을만한 이유와 목표가 생겼다는 것은 매우 중요한 미래를 향한 디딤돌이다.

모든 학생이 본인의 미래를 상상하면서 자신의 명함을 만들었다. 첫날에는 멀뚱거리며

"꿈이요? 글쎄요…."

본인들의 꿈조차 이야기하지 못했던 아이들이다. 중학생이든, 고등학생이든 별반 크게 다를 것이 없다. 초등학생은 도리어 과감하게 본인들

의 꿈을 마구라도 던지지만 말이다. 청년들은 어떤가? 사실 성인이 된 20대들도 동일한 고민이 많은 것을 흔히 접하게 된다. 50~60대에 이르는 성인들도 '나의 근본 찾기, 나의 꿈 찾기'라는 명목으로 종종 나에게 연락을 해오시는 것을 보면 말이다.

"꿈이라고요? 글쎄 생각해본 적 없는데요? 몰라요."

그렇게 자신의 좋아하는 것과 취미조차 이야기하지 못했던 아이들이 한 주가 지나고 두 주가 지나면서 자신의 꿈을 희미하게나마 그리는 시늉이라도 하게 됐다. 그리고 이제는 10년 후의 자신의 모습을 글로 또박또박 쓰고 이렇게 이미 이루어진 미래를 명함으로 표현해냈다. 자신의 미래에 대한 진로와 직업이라는 작은 목표를 그리게 된 것은 몇 주간의 큰 발전이었다.

2016년 3월 구글의 인공지능 컴퓨터 알파고와 이세돌의 바둑 대결을 아는가?
솔직히 나는 그다지 스포츠에 관심이 없었기 때문에 특별히 내용을 알고 있지 않았다. 스쳐 지나는 정도로만 여겼을 뿐이다. 그러나 4차 산업 시대를 맞이하고 인공지능 AI 관련된 정보들을 접하게 되면서 대표적으로 떠오르는 인공지능이 인간의 지능을 넘어서는 과정들에 관심을 가지게 되었다. 그중 세계적으로 떠들썩한 사건이 곧 이것이다. 천재적인 바둑기사 이세돌과 알파고와의 바둑 대결. 두뇌 스포츠의 최고라고 할 수 있는 바둑의 경기였다.

몇 대 몇으로 이겼을까? 알파고의 4승 1패. 물론 이세돌 기사가 1승을 하기는 했지만, 이 바둑 대결을 보면서 수많은 사람이 깜짝 놀랐다. 왜냐하면 아무리 인공지능이 발달한다고 해도 바둑은 인간을 이길 수 없다는 것이 대부분의 일반적인 생각이었기 때문이다. 즉 바둑이라는 것은 단순히 외우고 입력한다고 해서 이길 수 있는 분야가 아니었다. 수많은 변수와 인간의 직감과 통찰력이 있어야 하는 분야가 바둑인데 그 상식을 컴퓨터가 깨뜨려버린 것이다.

이세돌과 알파고의 대결에서 이세돌 기사 또한 자신이 4승 또는 5승을 할 것이라고 확신했다. 이세돌 기사의 어록, 명언이 많이 있다.

'자신이 없어요. 질 자신이. 무조건 이긴다고 생각하지요.'

중에서도 알 수 있듯 그는 시작 전에 이미 우승을 확신하는 당당한 승부사였다. 그런 그에게 알파고와의 결과는 큰 충격을 안겨주기에 충분했다. 어디 그뿐만이겠는가? 전 세계의 바둑인들과 많은 사람을 충격에 빠뜨렸다.

사실 이전에도 1997년경 인공지능이 체스 프로기사를 이긴 기록이 있기는 하지만 바둑은 인공지능이 인간의 지능을 넘어설 수 있음을 충분히 보여주는 사례였기에 우리에게 큰 의미가 있다. 알파고는 바둑의 규칙만 가르쳐주고 그 이후는 스스로 학습하게 한 똑똑한 인공지능이었다. 그 이후 알파고 제로가 등장했다. 알파고 제로는 바둑 규칙도 스스로 학습한다. 이전 기존 알파고보다 훨씬 진화된 인공지능인 것이다.

현재는 세계 최고의 기사들도 인공지능으로 공부를 하고 있다. 즉 인공지능이 인간의 지능을 넘어서는 초지능의 시대가 이미 코앞으로 다가와 있는 것이다. 이세돌과 알파고의 바둑 대결에서 봤듯이 인공지능이 인간의 능력을 넘어서고 있으며 인간의 고유한 영역이라고 생각했던 부분까지 깊이 들어와 있다.

이것은 곧 또 다른 변화를 의미한다. 이제는 사람의 직업까지 로봇으로 대체되고 있다. 2016년 1월 전 세계 정치인, 기업인, 경제학자들이 모인 세계 경제 포럼에서 〈직업의 미래〉라는 보고서가 발표되었다. 2020년까지 기존의 일자리 중 500만 개가 사라질 것이라는 충격적인 분석이었다. AI 로봇이 인간의 직업을 사라지게 하는 주원인이며 앞으로 5년~10년 뒤에 직업 62.5%가 사라진다. 이미 코로나19로 인해 그 속도는 더욱 가속화되고 있다.

한국도로공사가 하이패스와 비슷한 스마트 톨링 전자 시스템을 도입하고 인공지능이 탑재된 무인 자동차(자율주행차)가 운행을 시작한다. 여러분들이 공항에서 쉽게 볼 수 있는 환경미화원과 경비인력, 보안 검색 인력 등이 인공지능을 가진 로봇으로 이미 대체되고 있다. 드론이 산골 마을의 택배를 배달하고 있으며 캠퍼스 내 맥도날드 배달 음식들을 직접 고객들에게 전달하고 있다.

단 한 번의 실수 없이 약을 제조하는 약 제조 기계가 약사를 대체하고 있으며 일본에서는 초밥을 만드는 기계가 사람의 5배의 속도로 초밥을 만들고 있다. 그뿐인가 요리하는 기계 요리사만 있을 뿐 아르바이트생은 단순 필요 작업만 한다. 세계 초고속 경제 성장 국가로 떠오른 중국은 어떤가? 매해 경제 성장률은 급속도로 증가하고 있지만, 고용 증가율은 매우 낮다. 효율성과 생산성을 극대화하기 위해 기계가 일자리를 대체하고 있는 것이다. 인공지능 남녀 아나운서가 방송을 진행한다. 특별한 카메라, 방송 장비, 조명이 필요 없으며 메이크업 또는 사전 원고 준비도 없이 바로 기사 원고만 주면 자동으로 뉴스를 진행한다.

현재 코로나19 사태로 줌(Zoom) 수업을 하던 중 학생들과의 소통이 아쉬워 온라인 기반 교육 시스템 '에버클래스'를 창업한 서울대 장대익 교수가 있다. 진화학자이자 진화생물학자이기도 한 그는 KBS 〈명견만리 Q100〉에서 사라질 직업들을 소개했다.

한동안 최고의 대세였던 요리사라는 직업 사라질 확률 96%, 매년 응시생만 1만 명이 넘는 인기 있는 회계사 94%. 실제로 회계 분야의 상당이 자동화되어가고 있다. 학생들의 선망의 대상인 아나운서는 어떤가? 사라질 확률 72%. 배우, 변호사, 법무사, 교사, 약사, 의사, 공무원에 이르기까지 시간차가 있을 뿐이지 사라지지 않을 직업이 없어 보인다.

그러나 절망할 필요는 없다. 직업은 늘 사라지고 생겨나기를 반복했으니 말이다. 머리를 쓰거나 단순한 육체를 쓰는 일은 로봇이나 AI로 모두 대체될 것이다. 반면 심리학자와 같이 인간의 마음이나 정신을 다루는 영역은 사라질 확률이 매우 낮다. 음악을 하는 가수나 그림을 그리는 화가 그리고 예술을 하는 사람들도 사라질 확률은 낮다.

새로 생겨날 직업들 또한 분야별로 다양하다. 이미 4장에서 미래의 유망 직업군과 직업들에 관하여 소개했듯이 또다시 새로운 직업들에 대해 세세하게 나열하지는 않겠다.

다만 미래 직업들의 특징을 살펴보자면 최첨단 과학기술을 이용한 전문 기술들과 사람의 마음과 정신을 다루는 직업, 창조적인 직업들이라는 것을 알 수가 있다.

현재 10대들은 앞으로 이전과 전혀 다른 새롭고도 다양한 직업들을 가지게 될 것이다. 미리 사라지는 직업들과 생겨나는 직업들을 예상하고 차근차근 현재를 준비해나간다면 충분히 자신의 꿈꾸는 미래를 그려나갈 수 있을 것이라 확신한다.

06

IQ, EQ,
이제는 SQ 지능
시대이다

초등학교 때 IQ 검사를 했던 기억이 있다. 중학생 때 한 번 더 했던 기억도 난다. 결과들은 비밀리에 붙였지만 지금 나의 기억으로는 IQ가 높은 친구들은 따로 조용히 불러 결과를 이야기해주었던 것 같다.

내 IQ는 몇이었을까? 따로 담임선생님께서 부르지 않았으니 그리 높지는 않았으리라. 두 자리이지는 않았을까? 돌고래를 훈련하면 IQ가 80~90까지 된다고 한다. 코끼리의 IQ는 70 정도이다. 그림을 그리는 코끼리도 있다.

"좋아 좋아~"

말하는 코끼리 코식이도 있다. 우리가 생각하는 것보다 훨씬 IQ가 높은 동물들이 많다는 것을 알게 된다.

한때 IQ 다음으로 EQ가 한창이었다. IQ 높은 사람보다 EQ가 높은 사람이 더 성공한다는 이야기들로 많은 사람이 EQ에 관심을 가지기 시작했다.

그렇다면 동물에게도 EQ가 있을까? 어린 새끼 호랑이를 키우다 호랑이의 야성 본능을 위해 자연으로 돌려보낸 사람이 있다. 4년 후 많은 주변 지인들의 염려 섞인 만류가 있었지만 그럼에도 불구하고 자신이 키우던 호랑이를 만나기 위해 찾아간 그 사람은 결국 호랑이를 만나게 된다. 달려오는 호랑이의 모습을 보며 옆에 있던 사람들은 숨을 죽이고 긴장했다. 그러나 하나의 감동적인 사진이 찍혔다. 커다란 맹수 호랑이와 키워주었던 주인의 포옹하는 장면이다. 즉 동물에게도 인간과 똑같이 IQ, EQ가 있다는 것을 알 수 있다.

그렇다면 우리가 더 나아가 이야기하고 싶었던 인공지능 AI는 어떨까? IQ, EQ가 있을까? 우리는 지금 4차 산업 시대의 미래를 그려가고 있다. 핵심 키워드가 되고 있는 로봇과 AI에 지능 지수인 IQ와 감성 지수인 EQ가 있을까 말이다.

AI란 정확히 Artifitial Intelligence, 즉 인공지능의 약어로서 백과사전에서는 이렇게 정의한다.

'컴퓨터에서 인간과 같이 사고하고 생각하고 학습하고 판단하는 논리적인 방식을 사용하는 인간지능을 본뜬 고급 컴퓨터 프로그램'

쉽게 이야기하자면 인간처럼 스스로 생각하며 학습하고 판단하는 기술이 곧 AI라는 것이다. 이전 이세돌 바둑기사와의 대국을 통해서도 AI의 IQ를 확인할 수 있겠다.

또한 인공지능 로봇에게 EQ는 있을까? 일본의 자동차회사가 만든 로봇이 있다. 혼다가 만든 휴머노이드 로봇 '아시모', 토요타가 만든 말하는 로봇 '키로보'를 소형화한 '키로보 미니'이다. 두 기업이 만든 로봇 모두 다 인간을 위한, 인간과 함께 하는 로봇이기는 하지만 목적의 방향이 조금 다르다. '아시모'는 사람처럼 걷고 뛸 수 있으며 한발로 뜀뛰기를 할 수도 있다. 계단 오르기, 공차기, 장애물 감지, 수화, 여러 사람의 목소리 인식 등. 인간의 일을 돕는 로봇으로 최적화되어 있다.

또한 키로보 미니는 인간과 감성적인 교감을 할 수 있도록 만들어진 앉은키 10cm가량의 소형 로봇이다. 작고 귀여운 사이즈로 가방에 넣어 휴대가 가능하고 자동차의 컵홀더에 꽂고 대화를 할 수도 있다. 가벼운 대화로부터 시작해 사람의 표정이나 행동을 인식하여 그에 맞춰 다양한 반응을 하기도 한다. 사람의 얼굴을 따라 고개를 움직이기까지 하며 표정까지 인식한다. 운전 중 돌발 급정거에 "깜짝 놀랐다. 무서워요." 또는 사람이 하차 시 "저를 두고 가지 말아주세요."라는 감정적인 모습을 보이기까지 한다.

어떤가? 우리 일상 속에 깊이 들어온 인공지능 AI, 사람과 동일하게 IQ, EQ도 있다는 것이다. 왜 이러한 내용들을 살피는지 그 이유를 알아차렸는지 모르겠다. 4차 산업 기술의 발달로 인공지능 AI가 우리들의 IQ, EQ를 넘어서는 시대가 다가왔음을 우리는 알아야 한다. 그렇다면 이제 우리는 어떻게 해야 할까?

미래를 연구하고 예측하는 〈세계미래학회〉에서 "'영성'이 이성과 지식의 다음으로 떠오를 것이라고 미래를 예상했다. 곧 2050년부터 '영성 시대'가 열릴 것이다."라고 전망을 제시한 것이다. 과학기술이 발달하고 물질적으로 풍요하지만 메말라버린 인간성 즉 정신적, 영적인 것들을 다시 회복하고자 하는 시대가 온다는 것이다.

심지어 워싱턴 대학 윌리엄 하랄 교수는 예견했다.

"2020년 정보 시대가 끝나고 지식 이상의 가치와 목표를 중시하는 영성 시대가 올 것이다."
우리는 이미 영성 시대를 살아가고 있다는 것을 우리들의 변화된 일상을 통해 알 수 있다. 이러한 내용들이 10대들의 진로, 미래와 무슨 상관이 있겠느냐? 미처 보지 못했던 미래의 정보들을 미리 알고 시대의 흐름을 알아야 하기 때문이다. 정보화 시대, 인터넷 시대의 성공한 사람들이 시대를 꿰뚫어 보고 그 시대 성공자의 길을 걸었듯이 4차 산업 시대의 정보와 흐름을 잘 이해하고 적용한다면 이 시대의 리더로 성공하는 데 큰 도움을 얻게 될 것이다.

현재 나는 글로벌 SQ 연구소 소속 SQ 진로 강사, 전문 강사로 활동하고 있다. 초중고등학교를 방문하고 1:1 진로 코칭을 하며 SQ를 소개하고 있다.

SQ란 무엇인가?

IQ, EQ에 대응해 새로운 개념으로 떠오른 영성 지수라고 하는 SQ는 '의미와 가치의 문제를 다루고 해결하기 위한 창조적 지능 지수이다'라고 정의하고 있다. SQ : Spiritual Quotient 하워드 가드너의 교육학에서 나왔고 교육학자들은 실존 지능, 사회학자들은 영성 지능이라고 한다. SQ는 또한 인간만이 가진, 인간 고유의 지능이기도 하다.

"영성이라고? 종교 아니야?"

영성이라고 하면 대부분의 반응이 그렇다. 그러나 여기에서 말하는 영성은 보편적인 영성을 이야기한다.

4차 산업 시대에는 IQ, EQ만으로 인공지능을 앞서갈 수가 없다. 이미 인공지능이 사람의 IQ, EQ를 넘어서고 있으니 말이다. 따라서 인간만이 가진 지능을 계발해야만 하는데 그것이 'SQ' 학자들이 이야기한 '영성 지능'인 것이다. 인간의 실존 문제나 초월, 영적인 영역을 다루는 지능. 쉽게 이야기하자면

'나는 누구인가? 나는 왜 사는가? 나는 행복한가?'

등등 인간의 존재와 삶, 행복 등에 대한 근원적인 가치를 추구하는 정신적인 능력을 이야기한다.

이미 전 세계적으로 SQ에 관련하여 많은 연구들이 활발히 진행되고 있다. 이베이, 아마존 등 전문 서적도 많이 출판되고 있다. 또한 최근 충남 대학과 글로벌 SQ 연구소의 공동 연구 결과에서는 SQ가 높아지면 IQ가 높아져 성적이 높아진다는 사실이 입증되기도 했다. 또한 EQ가 높아져서 행복감도 높아진다. SQ는 IQ와 EQ에 영향을 미쳐 SQ를 계발하면 IQ, EQ도 자연스럽게 계발되고 좋아지기 때문이다.

옥스퍼드 브룩스 대학교 도너 조하 교수는 말했다.

"SQ가 높은 사람은 다른 사람을 해치는 일이 자신을 해치는 것임을 알고, 쓰레기를 버리거나 환경을 오염시키는 것이 곧 자신을 망친다는 사

실을 인식할 수 있다. 또한 현실의 모순을 인식하는 데 그치지 않고, 자신의 깨달음을 세상과 나누기 위해 실천한다. 오늘날 인류는 삶의 방향 감각을 상실했다. 가족과 공동체는 붕괴되고, 선과 악의 경계는 모호해져 사람들은 무엇을 위해 어떻게 살아야 하는가라는 지표를 잃었다. SQ는 더 풍부하고 의미 있는 삶을 사는 데 필요한 지각을 제공하는 힘이자 실천의 원동력이기 때문에, 이 혼란스러운 시대를 극복할 힘이 된다."

성공하는 사람들의 패러다임이 바뀌고 있다. 이제는 SQ 지능 시대이다.

수많은 10대와 성인들이 SQ 지능 지수 검사를 진행했다. SQ 지능 지수는 6가지의 지능을 기반으로 분석해낸다. 하워드 가드너가 추가한 9번째 지능이 뛰어난 사람은 누구일까? 인류역사상 위대한 영적 지도자였던 간디, 마더 테레사, 마틴 루터킹과 같은 사람들이 이에 해당한다. 어떻게 보면 그들은 영적 천재라고도 할 수 있다. 이들의 특징들은 자신이 살고 있는 세상은 물론 역사의 흐름마저 바꾸어놓는 대표적인 SQ 지능이 높은 영적 천재들이라는 것이다.

영국인들에게 가장 존경하는 사람이 누구이냐라고 묻는다면 거의 예외 없이 "윌리엄 윌버포스"라고 대답한다. 그는 단순히 영국 노예해방 운동가가 아니라 미국의 노예해방과 인도의 영향을 미친 영국의 정신 그 자체이기 때문이다. 그 또한 인류의 실존적 가치와 영적인 가치에 눈을 뜨지 못했다면 영국의 부유한 하원의원으로 이름 없이 역사에서 사라졌을 것이다. 이와 같은 예들은 우리가 왜 영성 지능(실존지능) SQ 지능에 관심을 가져야 하는지를 충분히 말해주고 있다.

IQ, EQ만으로는 4차 산업, 새로운 시대의 리더가 될 수 없다.
이제는 SQ 지능 시대이다.

이 시대의 10대들은 인간 고유의 지능인 SQ 지능의 필요성을 알고 자신의 SQ 지능 지수에 관한 관심을 가져야 한다. 또한 SQ 지능 지수를 확인함으로 SQ 지능을 향상시켜야 한다. 이것이 인공지능 AI와 구분되는 인간으로서의 남과 더불어 지내며 사회적인 가치를 실현해내는 방법이다.

07

상상력 가득한
인재가 되기 위해
노력하라

"엄마~"

"응~왜?"

"엄마, 나는 상상으로 뭐든 할 수 있다~?"

"그래? 어떻게?"

"응~ 머리로 상상하면 뭐든 될 수 있고, 내가 가고 싶은 곳 어디든 다녀올 수가 있어~ 방금도 공룡들이 사는 곳에 다녀왔어."

　지금은 초등학생 4학년이 되었지만, 7살 때 했던 첫째 아이의 이야기다. 그때 이 아이의 이야기를 들으며 새삼 놀랐던 기억이 있다. 내가 생각했던 것보다 훨씬 많은 생각들을 하고 훨씬 더 다양한 상상들을 하고 있다는 것을 느꼈기 때문이다.

나는 첫째 아이가 만 3세가 될 때까지 집에 TV를 놓지 않았다. 둘째, 셋째가 생기며 아이가 떼를 쓰거나, 나만의 시간과 공간을 필요로 할 때 끊임없이 갈등도 되었다. 하지만 TV가 생기고서도 짧은 시간 동안만 시간을 정해놓고 미디어 접하는 시간을 조절했다. 심지어 아이에게 휴대전화를 오래도록 잡고 무엇을 하는 것조차도 보이지 않으려고 신경을 썼다. 낮에는 실컷 몸으로 놀고 저녁에는 보통 아홉시 이전으로 일찍 취침했다. 때로는 너무 보고 싶은 엄마만의 TV 프로그램이 있었지만, 그것조차 모두 포기하고 아이들과 함께 불 끄고 누워 도란도란 이야기를 한 시간 정도 나누다 잠이 들었다.

물론 이러한 교육 방법과 미디어에 관한 생각들이 모든 부모와 교육자들에게 서로 다른 것을 존중하지만 내게는 그랬다. TV, 휴대전화, 게임 등 미디어를 접하는 시간이 길수록 확실히 아이들은 미디어를 하다 끝냈을 때 유독 신경질적이고 짜증을 낸다는 것을 느꼈다. 책을 멀리하게 되고 스스로 놀이를 하지 않는다는 것을 경험했다. 조금은 심심한 환경에 놓였을 때 아이들은 '무엇을 하고 놀까?' 생각하고 스스로 놀이 방법을 찾으며 그것을 통한 성취감을 또한 경험해간다는 것을 알게 된 것이다.

요즘은 수많은 나라의 아이들이 미디어에 가득 쌓인 세상에서 태어나 자연스럽게 미디어를 접하게 된다. 더군다나 미디어를 통해 영어 공부를 하고 그림을 그리며 노래를 배운다. 학습과 놀이시간에도 미디어의 활용은 유용하다. 여러 방면으로 미디어를 활용하고 있으므로 이미 우리 실생활에 깊이 스며들어와 있는 미디어를 떼어놓는다는 것은 불가능에 가깝다. 그러나 아이들이 어릴수록 미디어의 사용은 상상력과 창의력을 저해하는 요인이 되는 것은 확실하다. 미디어에 장시간 노출될수록 시각중추가 과하게 자극이 되고 사고를 담당하는 전두엽은 활성화되지 않기 때문에 합리적인 사고와 대인관계, 실행 능력을 담당하는 뇌의 기능은 떨어지게 된다.

인간을 인간답게 만들고 인공지능과 구분 짓는 공감력과 상상력, 창조력을 발휘해내는 뇌 일부가 제 기능을 발휘해내지 못한다면 어떨까?

아는 만큼 보고 사랑하며 이해할 수 있다고 한다. 새로운 것, 익숙한 것, 신기한 것 등 다양한 것들을 보고 경험하게 된다면 10대들의 호기심과 상상력은 날로 다르게 성장해 갈 것이다. 일상 속에서 보지 못한 새롭고 낯선, 평상시에 흔히 보지 못했던 활동들 10대들의 호기심을 자극하기에 더없이 좋다. 일상, 경험, 도전, 여행, 문화생활, 책등을 통해 자신의 호기심과 상상력을 자극할 수 있는 활동들을 적극적으로 해보자. 자신이 평상시에 흥미를 느끼고 있던 분야들부터 시작해 확장해나가는 방법도 좋은 방법이다.

'운동하는 상상이라도 해보세요.'

2015년 서울신문에 기재된 내용 일부를 소개한다. 미국 오하이오 주립대에서 두 팀으로 나누어 실험했다. 모두 손목에 깁스를 하고 한 팀에게는 한달 동안 매주 5일씩 11분 정도 상상으로만 근육 운동을 하게 했다. 그리고 또 다른 한 팀에게는 아무것도 시키지 않았다. 한 달이 지난 후 결과는 매우 흥미롭다. 매주 5일씩 11분 동안 상상으로만 근육 운동을 한 팀의 손목 근육 힘이 아무것도 하지 않은 근육의 힘에 비해 두 배나 더 강한 것으로 나타났기 때문이다.

생각만 해도 상상만 해도 근육이 강해질 수 있음을 증명한 실험 결과이다. 운동하는 상상만으로도 우리의 근육을 강화시키고 몸을 얼마든지 달라질 수 있게 할 수 있다는 것이다.

그 이유가 무엇일까? 우리의 뇌는 직접 외부를 보는 것과 상상하고 생각하는 것을 구별하지 못한다고 한다. 실제로 운동할 때 반응하는 신경망과 생각하고 상상할 때 반응하는 신경망이 동일하다는 것이다. 그렇기 때문에 생각하는 것만으로도 운동하는 것과 같은 효과를 낸다는 것이다. 놀랍지 않은가?

상상은 허상이 아니라 실체인 것이다. 내 생각의 패턴을 바꾸면 나의 뇌세포의 패턴도 바뀌고 나의 행동과 삶의 패턴도 바꿀 수 있다는 결론이다.

뇌에는 천억 개의 세포가 있고 각 하나의 세포는 20만 가지의 가지를 칠 수 있다고 한다. 초당 4천억 회를 연산하고 3억 광년의 기억 공간이 있다. 우리가 오감을 통해 정보를 받아들이고 생각을 할 때 뇌세포는 전기적 자극을 일으키고 전기가 되어 시속 400km를 흘러 다니며 전류를 발생시킨다. 우리의 뇌세포를 변화시키고 유전자를 변화시키는 힘을 가지는 것이다. 유전학에서는 이처럼 생각에 의해 후천적으로 유전자가 변형되어 바뀔 수 있다고 하며 이런 현상을 에피지놈이라고 한다. 즉 어떤 정보를 접하고 어떤 생각을 하느냐에 따라 뇌세포가 바뀔 수 있다는 것을 의미한다.

이렇게 생각은 힘을 갖는다. 김상운 작가가 쓴 『왓칭』이라는 책을 보면 75세 노인들을 대상으로 그들을 20년 전의 환경과 똑같은 곳에서 일주일간 지내도록 하는 실험을 한 내용이 있다. 결과를 이미 예상했을 것이다.

'젊어졌겠죠?'

그런데 그 정도가 아니다. 휠체어를 타던 팔순 여배우는 휠체어를 버리고 걷기 시작했고, 거동이 불편했던 남자 연예인은 무대에 나와 탭댄스를 추었다는 것이다. 의사들이 그들의 몸을 검진한 결과 그들의 몸이 실제로도 젊어졌다는 결과이다. 어떻게 이런 일이 있을 수 있을까? 예상된 대답대로 생각은 힘이 있다. 그러나 우리가 생각하는 것 이상으로 놀랍고 강력한 힘이라는 것이다.

20년 전 똑같은 환경으로 돌아간 그들은 실제로도 본인들이 20년 전으로 돌아갔다고 '생각'하게 된 것이다. '상상하라.' 상상하는 대로, 그리고 믿는 그대로 이루어질 것이다. 창의적인 잠재력을 일으키는 상상력은 오직 신이 주신 인간만이 가진 특권이다.

이미 살펴보았듯이, 4차 산업 시대는 굉장히 편리한 시대이다. 그러나 대다수 학자가 핑크빛 미래만을 그리고 있지는 않다.

구글 엔지니어링의 대표이사 레이 커즈와일은 그의 저서 『특이점이 온다』에서 예측했다.

"10년 후 인공지능은 인간의 지능을 초과할 것이다."
"반세기 내 인간과 AI의 경계가 무너진다."

또한 테슬라의 일론 머스크는 비관적으로 미래를 바라보고 대안을 제시하기도 했다.

"현존하는 인류의 가장 큰 적은 인공지능이다."

우리 인간의 뇌에 초소형 AI 칩을 넣어 모든 컴퓨터와 우리의 뇌가 연결되어야 한다는 것이다. 현재 1조 원을 투자해서 연구하고 있는 뉴럴 링크 회사가 곧 그것을 실현해내기 위한 그의 대안이다.

10년, 20년 전만 해도 라식수술에 대한 두려움이 있었다. 그런데 지금은 어떤가? 가격도 많이 내렸을뿐더러 수술에 대한 두려움도 거의 없다.

하물며 보톡스 맞듯이 주사 한 대면 초소형 칩이 우리 뇌에 들어올 수 있다고 하니 어쩌면 많은 사람이 그 기술을 여러 목적을 이유로 손꼽아 기다리고 있는지도 모르겠다. 그러나 이것이 인공지능 AI의 진정한 경쟁력이 될 수 있을까?

실리콘밸리의 사립학교인 페닌슐라 발도르프 학교에서는 학부모의 대부분이 IT 기업의 임원이거나 직원이다. 그럼에도 불구하고 그들은 자녀들을 위해 스마트기기를 전혀 사용하지 않은 채 아날로그 방식으로 인문과 예술 교육이 주를 이루는 수업을 한다. 또한 자기 자신의 내면에 집중하는 것과 타인과의 관계를 이루는 것에 대해 집중적인 교육을 한다. 컴퓨터를 다루는 기술보다 공감 능력, 조화 능력, 창조적 상상력을 키우는 교육이 주를 이룬다는 사실이다.

『에이트』의 저자 이지성 씨도 그의 책에서 인공지능은 절대 가질 수 없는 인간 고유의 능력으로 공감 능력과 창조적 상상력을 이야기하고 있다. 지식, 정보, 기술 분야에서 인공지능이 인간의 능력을 넘어서고 있지만 모든 면에서 인간을 초월할 수는 없다는 것이다. 공감 능력과 창조적인 상상력은 인공지능이 대체할 수 없는 인간의 고유영역인 것이다.

인간의 뇌에 초소형의 AI 칩을 넣고 AI가 되는 것이 아니라 가장 인간다운 것을 최대한 발휘해야 하는 시대가 되었다. 그중 하나가 상상력이 가득한 인재로 거듭나는 것이다.

08

4차 산업 시대는
창의적인
인재를 원한다

"난 아름다운 쓰레기를 만드는 디자이너였다."

혹시 아는가?

동양인 최초이자 최연소로 세계적인 미국 뉴욕의 파슨스 디자인 스쿨의 교수가 된 디자이너가 있다. 세계 4대 디자인 어워드를 석권하고 세계적으로 권위 있는 디자인상을 47차례나 수상한 그는 『나는 3D다』의 저자 배상민 교수이다.

꿈(Dream), 디자인(Design), 나눔(Donate)을 자신의 정체성이라고 말한다. 소위 성공과 꿈을 이루었다고 생각했을 법한데 그는 어느 순간 자신이 상위 10%만을 위한 디자인을 하는 디자이너라는 사실에 회의를 느끼기 시작했다. 그리고 한국에 돌아와 카이스트 대학의 교수로 학생들을 가르치며 소외되고 도움이 필요한 사람들을 위한 사회적 디자인을 한다. 실질적으로 사회에 기여할 수 있는 사람들에게 도움을 줄 수 있는 디자인을 하기로 한 것이다.

현재 그는 자신의 꿈을 디자인하며 다른 사람들의 꿈을 디자인하고 완성시키는 삶을 살아가고 있다. KBS '수요기획'〈세상을 바꾸는 9번째 지능〉에 방송되었던 배상민 교수님의 이야기이다.

"생존을 위한 필수요건을 정확하게 파악을 하고 그 사람에게 꼭 필요한 것을 해줘야지. 존중! 그들의 사는 방식을 말이야."

학생들을 가르치는 그의 철학이며 방식이다. 방학이면 학생들과 함께 아프리카로 달려간다는 디자이너, 화려한 삶을 꿈꾸었던 학생들의 생각이 배상민 교수님을 통해 달라지고 있다.

"일단 교수님께서 제가 생각하는 디자인의 범위를 넓혀주셨죠. 디자인의 세상을 넓혀주셨어요."
"처음에는 예쁜 거, 재미있는 거 만드는 것만 생각하다 이제는 정말 의미 있는 디자인이 무엇인지 알게 되었죠."

배상민 교수님의 제자 이야기이다. 디자인에 접근하는 시작점과 방법 자체를 바꾸게 되었다는 것이다. 또한 그는 디자인에 대한 자신의 철학을 이야기한다.

"디자이너로서 어떤 디자인을 했을 때 이 사회에 어떤 영향을 미칠 수 있는지를 생각해볼 수 있어야 한다. 그런 것이 좋은 디자인이고 그것이 자신이 공부하는 이유라는 것을 자연스럽게 깨닫게 하는 것이 저의 교육 철학, 원칙입니다."

그는 타고난 재능이 있다. 그러나 그것을 가지고 개인의 성공을 이루는 것에 그치는 것이 아니라 이것이 지구 인류에 어떤 영향을 미칠 수 있는지를 끊임없이 고민한다.

시대는 급변해가고 있는 가운데 우리들의 교육은 어떠한가?

학창 시절에 공부하는 것은 너무도 당연한 일이지만 유독 다른 나라에 비해 수능과 대학진학에 목숨을 거는 학부모들과 학생들을 보면 안타깝다. 대학 입시의 성공이 곧 인생 성공을 의미하며 좋은 대학만 들어가면 다 잘되고 성공해서 행복할 것으로 생각하기 때문이다.

자신을 위한, 학업을 위한 공부가 아니라 대학을 입학하기 위한 현실 앞에서 이전과 크게 달라지지 않은 한국의 교육 제도의 교육 방식을 누가 개혁할 수 있을까 생각하게 된다. 주입식 교육과 대학 입시 위주의 교육은 10대들을 학교에서의 우수 학생으로 만들어내고 있다.

단지 학교 안에서만 말이다.

정해놓은 답을 만들어놓고 암기하며 문학과 예술과 창의성을 발휘해야 하는 부분에도 딱 떨어지는 답을 요구하고 있다. 열심히 공부한 학생들은 좋은 성적을 받는다. 그리고 그 입시 방향에 맞춰진 성적으로 성적에 맞는 대학을 진학한다. 이러한 학생들이 우수한 인재가 될 수 있을까?

구글, 애플, 마이크로소프트 기업을 우리는 너무도 잘 알고 있다. 이 기업은 대한민국 학생들을 잘 뽑지 않는다고 한다. 그 답은 이렇다.

"머리도 좋고 학벌도 좋다. 그러나 뽑고 싶지 않다."

서류 전형에서는 합격률도 높고 명문대 출신에 공인 영어 점수도 높다. 그러나 우리나라 학생들은 이런 질문들에 대답을 잘 하지 못한다는 이유이다.

"꿈이 무엇인가요?"
"목표가 무엇인가요?"
"잘하는 것이 무엇인가요?"

초등학생들에게나 던져질 법한 이 질문들이 초일류 기업의 입사를 원하는 명문대생들에게 던져졌을 때 그들이 대답하지 못한다.

곧 이것은 무엇을 의미할까? 그동안 학교에서 배워온 정답은 너무도 잘 알고 있지만 자기 자신에 대해서는 전혀 모른다는 것이다. 자신에 대한 진지한 생각과 고민을 해보았다면 이러한 결과를 초래하지는 않았을 텐데 말이다.

자신에 대한 정체성, 꿈과 비전, 기업에 입사하고자 하는 구체적인 목표와 확신조차 없는 명문대생의 이야기만이 아니다. 현재 10대들에게도 동일한 질문이며 성인들에게도 동일한 문제이기 때문이다. 명문대에 가기 위해 '대학 입시'를 목표로 삼았을 뿐 자신의 꿈을 이루기 위한 '과정'으로 어떤 대학, 어떤 학과를 진학하겠다는 목표가 애초에 없다. 이러한 교육체제 속에서 세계가 원하는 인재가 될 수 있을까? 글로벌 기업이 요구하는 창의성을 발휘해낼 수 있을까?

그렇다면 창의적인 인재란 무엇을 의미하는 것일까? 혹자는 기업이 원하는 창의적인 인재의 요건을 '공감력, 상상력, 창조적 논쟁, 열정' 이렇게 4가지로 제시하기도 했다.

또한 경영에서는 창의적 인재의 조건을 4Cs로 표현하고 있다.

첫 번째, Compassion(공감력) 말 그대로 공감에 탁월한 인재를 말한다.

두 번째 Conception(구상력) 상상력과는 조금 다른 의미로서 실행 가능한 상상력을 의미한다. 풍부한 구상력이 조건의 한 가지이다.

세 번째, Controversy(소통력) 창의적인 소통을 즐기는 인재를 말한다.

네 번째, Commitment(몰입력) 어떤 일이든지 스스로 온 힘을 다해 일을 마무리해내려는 태도를 말하며 자신의 아이디어를 실행시키기 위해 끊임없이 열정과 몰입을 보이는 인재가 창의적인 인재의 조건 중 하나이다.

최근 나는 생각을 해보게 된다.

'나라는 사람은 창의적인 사람일까?'

어릴 적 버스 안에서든 혼자서 시간을 보낼 때든 공상을 좋아했던 나는 종종 여러 가지 상황들을 머릿속에 그리는 것이 재미였다. 호기심도 많고 상상력도 풍부했던 것 같다. 어쩌면 모든 인간은 신이 그렇게 만들어놓으신 것은 아닐까 하는 생각도 해본다. 모든 아이에게 호기심과 상상력 그리고 창의성이라는 것이 기본적으로 장착되어 있으니 말이다. 어릴수록 더더욱.

성장하면서 점점 생각의 틀이 굳어지고 호기심보다는 당연스레 받아들이게 되는 사회적인 산물들과 다른 사람들의 생각들에 우리들의 생각들은 고착화된다. 나 또한 그랬고 그렇게 40대에 이르기까지 살아왔다. 때로는 직장생활 가운데 그러한 나의 창의성을 발휘해보기도 했다. 새로운 도전과 열정으로 충분히 나의 시간과 에너지를 들이며 말이다. 그러다 어느 순간 생각하게 됐다.

'굳이 왜 그렇게까지 유별나게 굴지? 잘 보이려고 그러나?'

이러한 동료들의 시선이 부담스럽기도 했고 나 또한 그러한 에너지들이 귀찮아지기 시작했다. 열정보다는 편안함과 안일함을 택하게 된 것이다.

새로운 시대를 맞이하며 나는 또다시 내 안에 잠재되어 있는 창의성들을 끊임없이 두드리고 있다. 너무 오랫동안 캄캄한 지하실에 던져놓아서 먼지를 털어내고 반질반질하게 윤활유를 칠하기가 쉽지 않다.

그러나 새로운 시대와 기회 앞에서 '꿈, 열정, 희망, 생명, 삶'이라는 키워드가 나의 열정들을 다시금 이끌어냈다. 10대를 위한 나만의 교육 콘텐츠들과 꿈을 이루기를 원하는 사람들과의 소통, 그리고 4차 산업에 걸맞은 인재가 되기 위해 거침없이 도전하기를 결심한다.

이 시대에 리더로 도전하기 위해 이 시대가 원하는 내 안의 창의성 들을 발휘해내는 중이다. 책을 쓰기를 통해, SNS(블로그, 인스타)와 유튜브를 통해, 온라인 빌딩을 세우는 것을 통해, 10대의 꿈을 위한 1:1 코칭 과정과 일반 성인들의 꿈을 찾아 나서는 곳에도 나의 창의력들을 바탕으로 가치를 만들어가고 부여해가고 있다.

4차 산업 시대는 창의적인 인재를 원하고 있다. 기업에서도 동일하게 창의적으로 문제를 해결할 수 있는 역량이 있는 사람, 협력해서 구성원들의 능력과 잠재력을 최대치로 끌어올릴 수 있는 리더를 요구하고 있다. 이들은 구글, 애플과 같은 기업뿐만이 아니라 4차 산업 시대의 필요로 하는 인재이다.

스마트 기술과 새로운 패러다임 속에서 세상과 기업이 원하는 인재의 역량이 달라지고 있음을 충분히 알았을 테다. 4차 산업으로 인해 인공지능과 로봇이 인간의 일자리를 대신하고 새로운 일의 형태들이 달라지면서 시대가 요구하는 인재상과 역량이 달라지고 있는 것이다. 이 시대가 원하는 리더들이 있다. 글로벌 기업들이 요구하는 인재상이 있다.
우리는 또한 10대들은 이제 새로운 역량들을 미리 준비해야만 한다.

4차 산업 시대가 원하는 창의적인 인재로 말이다.

4장

미래가 현실 되는
'성공 진로 수업
8가지 기술'

눈부신 미래는
철저한 계획과
준비에 있다

14년 동안 길고도 먼 무명 생활을 했다.

지독한 가난으로 육성회비조차 내기가 어려웠던 그는 어머니가 대신 교문 앞을 매일 청소했을 정도다. 고등학교 2학년 때 우연히 방송에 출연하게 된 것이 계기가 되어 소년은 자라서 개그맨이 되겠다는 꿈을 가졌다. 소심한 성격에도 개그맨이 되어 무대 앞에 서겠다는 용기는 대체 어디에서 생긴 것일까.

꿈을 위해 서울예술대학교에 입학하고 1991년 KBS 대학 개그제 장려상을 받아 본격적으로 연예계에 입성하게 된다. 당시 서울예술대학교를 입학할 때만 해도 화려한 꿈을 그렸을 것이다. 대학 개그제에서 장려상을 받을 때만 해도 '이제 모든 일이 술술 풀리는구나.'라고 생각하지 않았을까.

그러나 순탄하게 열릴 것으로 생각했던 그의 기대는 오랫동안의 어려운 무명 생활과 시련들로 무색해지고 말았다.

방송에 대한 울렁증이 있었으며 생각처럼 방송국에서 그를 불러주지 않았다. 예술대학교를 졸업하고 데뷔만 하면 스타가 될 줄 알았는데 현실은 냉혹했던 것이다. 그는 수도 없이 포기하고 싶었을 것이다. 그는 바로 '안티도 없고 항상 동료들을 챙기는 리더십을 발휘하며 끊임없이 자신을 관리하는' 국민 MC 유재석 씨다.

우리나라에서 과연 대중의 인기로 유재석 씨를 뛰어넘을 사람이 있을까 할 정도이다. 50세에 이르렀음에도 불구하고 〈놀면 뭐 하니?〉, 〈유 퀴즈 온 더 블록〉, 〈런닝맨〉 등 '20세기 예능'의 가장 중심에 서 있다고 해도 전혀 이상하지 않다. 대한민국 국민이라면 누구나 다 인정하고 사랑하는 그가 이렇게 국민 MC로 자리매김을 할 수 있었던 이유는 무엇일까?

그는 어느 신문기자와의 인터뷰에서 이와 같이 말했다.

"다양한 소재와 사례를 찾기 위해 나는 PC에 접속하는 것은 기본이고 신문의 주요 기사는 빼놓지 않고 본다."

사실 유재석 씨의 성공을 보고 그를 부러워하는 사람들은 많다. 그러나 그만큼 노력하는 사람은 얼마나 될까? 실제로 여러 프로그램을 통해 유재석 씨의 언행들을 보면 일상 상식을 지나 다방면으로 해박한 지식과 정보들을 가지고 있는 것을 누구나 다 인정할 것이다.

또한 스스로에게도 엄격한 기준을 가지고 꾸준히 자기 계발과 시간을 관리한다. 남이 알아주든 알아주지 않든 자신의 미래를 위해 포기하지 않고 꾸준히 그러나 전략적으로 계획하고 준비해온 것이 국민 MC에서부터 부캐릭터의 끝판왕이 되기까지 그 자리에 설 수 있었던 이유이지 않을까 싶다. 멈추지 않고 묵묵히 꾸준한 계획과 준비함으로 그 길을 걸어온 것이다.

그의 성공 스토리들은 내게 큰 귀감을 준다. 나는 얼마나 계획과 준비에 철저한가? 나의 꿈과 미래를 현실화시키기 위해 얼마나 구체적으로 꿈을 계획하고 준비했는가? 나 스스로 질문하며 아직 그만큼의 준비를 하지 않았다면 해도 해도 안 되는 것이 아니라 이제 준비를 지금보다 더 하면 되니 그것이 다행이라는 안도감을 주기도 한다.

마흔이 지나가며 새로운 꿈과 미래를 그렸다. 새로운 꿈은 부모님을 위한 꿈도 아니었고 남편을 위한 꿈도 아니었다. 심지어 아이들을 위한 꿈도 아닌 오로지 나를 위한 꿈이었다. 그 꿈을 위해 시간을 투자하고 노력을 투자하고 있다.

그런데 명확한 꿈과 미래를 그렸음에도 주변의 속도감에 마음이 조급해질 때가 종종 있다. 나만의 페이스에 집중하여 최선을 다하다가도 다른 사람들의 이미 앞서 시작한 결과물에 나의 현재를 비교하며 불안감과 조급함을 가지게 되는 순간 말이다.

그때마다 자신에게 집중하며 나 자신을 점검하려고 노력한다. 이제 막 출발선을 달리기 시작한 나의 구체적인 계획과 실행의 양을 재어본다. 또한 꿈을 이루기 위한 전략과 준비를 제대로 성실하게 이행하고 있는지 체크한다. 이미 시작점과 노력의 분량이 다른 주변의 사람들과 절대 비교하지 않고 오로지 오늘을 달리는 일에만 온 신경을 집중해야 한다. 그래야 오늘 지금, 이 순간을 집중하여 성실하게 오늘의 분량을 채울 수 있으며 내 꿈의 탑을 차근히 탄탄하게 쌓아갈 수 있다.

얼마 전, MKYU 온라인 대학 김미경 학장님께서 '두 번째 지구로 이주하라'라는 주제로 강의를 하셨다.

"모두가 달라진 세상에서 사회적인 가치를 '기여'하면서 멋진 사람으로 살아가자, 우리 더 나은 세상의 주인공이 되어보자."

그 동일한 꿈을 두 번째 스무 살이 된 시점으로부터 꿈꾸고 있다. 여러 필요한 공부의 과정들과 익혀야 할 기술들에 몸과 마음을 쏟고 있다.

때로는 마음이 요동치고 나의 두 다리 무릎에 힘이 빠져 앉은뱅이처럼 힘없이 앉아있을 때가 있다. 마주하는 현실과 환경이 나의 꿈과 미래보다 너무도 커 보일 때 어김없이 말이다. 그러나 나는 오늘도 나의 미래를 위해 내일을 계획하고 준비한다. 잠시 흐트러진 나의 꿈들을 다시 명확하게 그리고 마음을 굳게 잡아 오늘을 꾸준히 실행한다.

이제 나는 내게 던졌던 질문을 10대들에게 묻는다.

어떤 꿈을 꾸고 있는가? 그 꿈은 얼마나 자신에게 명확한가? 자신의 꿈을 위한 계획과 준비를 얼마큼 하고 있는가? 어떠한 계획과 준비를 실행하고 있는가?

미래는 내가 계획하고 준비한 만큼 그 결과물을 내 품에 안겨다 준다. 너무나 공평하다. 나의 꿈을 위해 내가 쏟은 노력, 시간, 도전, 열정 그리고 인내라는 것이 결국은 나에게 다양한 기회들과 자신의 분야에서 최고가 될 수 있는 티켓을 건네주는 것이다.

현실이 암울한가? 가정 환경이 어렵고 가난이 지독한가? 부모님이 자신의 꿈을 이해하지 못하고 그들만의 방식으로 자신의 미래를 강요하는가? 자신의 인생에 대해 목적 없이 헤매고 있는가? 여러 가지 이유들과 핑계들은 어느 누구에게나 모두 있다.

전직 영어 강사이기도 했던 마윈은 미국행 이후 중국에서도 전자상거래의 시대가 열릴 것이라고 예상하고 각종 인터넷 사업을 시도하고 실패하기를 반복했다. 그리고 그에게 일생일대의 기회가 찾아온다. 베이징을 방문한 손정의 회장에게 중국의 전자상거래시장의 가능성과 기업 알리바바의 비전에 대해 프레젠테이션을 할 기회를 얻게 된 것이다.

그리고 단 6분 만에 손정의 씨는 마윈에게 약 200억 원의 투자를 계약했다. 신생 기업에 200억을 투자한다는 것은 굉장히 큰 리스크를 감행하는 일이었음에도 불구하고 손정의 씨는 마윈의 가능성을 단숨에 꿰뚫어 본 것이다. 마윈이 이러한 기회를 잡을 수 있었던 이유는 분명하다. 계속되는 실패에도 불구하고 포기하지 않고 끈기 있게 자신이 목표한 비전을 향해 철저히 계획하고 준비해왔기 때문이다.

"나는 고시 공부를 1년간 해서 합격했다. 어떻게 가능했느냐? 첫째는 된다고 하는 확신이 있었기 때문이고 둘째는 남보다 더 열심히 노력했기 때문이다. 보통 고시에 합격하려면 봐야 할 책이 50권, 권당 페이지는 500페이지. 그 책을 5번을 봐야 통과한다는 이야기가 있다. 그러나 나는 7번을 봤다. 이를 계산해보면 $50 \times 500 \times 7 = 175,000$페이지를 보아야 한다는 것이다. 이것을 1년 360일로 계산하면 1일 목표량이 나온다. 즉 1일 500페이지 정도를 보아야 한다는 계산이다. 이처럼 목표를 구체적으로 세워야 한다. 막연한 목표는 달성하기가 어렵다."

그는 고승덕 변호사이다. 그는 변호사, 방송인, 1년에 1권씩 책 쓰기를 실현해내고자 하는 작가, 1주 2회의 특강, 신문경제 기사 1주 2회, 증권 분야의 활동과 사이트 운영, 그리고 대학에서 겸임교수 활동까지 하고 있다. 모두들 아마 말만 들어도 벌써부터 포기하고 싶어질 수도 있다.

'와 어떻게 이것을 다하지? 역시 나와 다른 사람이야.'

그러나 그는 모두가 이 모든 것들을 할 수 있다고 이야기한다. 이 중에서 한 가지만 하면서도 힘들다고 하는 사람들이 많다는 것이다.

'모두 가능하다고 생각하면 다 가능하다!'

그래도 '그는 머리가 똑똑했을 거야.'라고 솔직히 이유를 대보고 싶어진다. 그러나 그는 고 2학년 때 수학 45점의 낙제 점수를 받고 선생님으로부터 대학을 가지 못한다는 말에 큰 충격을 받았다. 그리고 자신의 머리가 결코 똑똑하지 않다는 것을 매번 경험하며 남들보다 더 많은 노력을 해야만 남만큼의 결과를 이루어 낼 수 있다는 것을 깨닫게 된 것이다.

하물며 나는 너무 평범한 나의 머리를 가지고 남들보다 적은 시간과 노력을 들이고 그들만큼의 결과 혹은 그들보다 더 좋은 결과를 얻기를 바랐다. 그렇지 못한 결과를 마주했을 때 너무 쉽게 혼자서 자괴감을 가지고 실망하기도 했다. 이 얼마나 허황된 기대였는가 반성하게 된다. 또 한편으로는 다음과 같은 생각에 마음이 편안해지기도 한다.

'그들에게도 이러한 어려움과 고난이 있었고 산고의 고통을 겪는 과정들이 있었구나.'

그들의 과정과 관계없이 결과에만 혹했던 나의 경솔한 조급함을 겸허히 내려놓는다. 그리고 목적지를 향해 여행을 준비하는 여행자처럼 기대와 설렘, 그리고 떨림으로 나의 꿈을 위한 여행길을 다시금 계획하고 준비한다. 철저하게 사전 조사를 하고 지도를 챙긴다. 물도 챙기고 여행에 꼭 필요한 가장 최소한의 물건들을 가방에 넣고 짐을 꾸린다.

이것이 목적지를 놓치지 않고 여행하는 동안 여행의 즐거움을 즐길 수 있는 방법이 아니겠는가. 초조하거나 불안하지 않고 여유롭게 스쳐 지나가는 경치들을 둘러보며 맛있는 먹거리들을 음미하며 기념이 될만한 선물들도 사보고 말이다. 여행을 떠나기 전 이렇게 여행의 목적과 계획들을 정하고 자신에게 필요한 짐들을 모두 쌌다면 이제 떠나면 된다.

여러분의 꿈과 미래를 향한 여행의 목적지를 정했는가? 정했다면 이제 좀 더 구체적으로 계획하고 준비하면 된다. 꿈과 미래를 향해 떠나는 여행이 자신의 인생에 있어서 가장 가치 있는 의미 있고 신이 나는 여행이 될 수 있도록 말이다. 계획하고 준비한 만큼 누릴 수 있다는 것을 꼭 기억하기를 바란다.

그 과정이 없다면 즐길 수도 없을뿐더러 지치고 고단한 여행만 되는 결과를 얻게 될 수도 있으니 말이다.

가장 먼저
'나를 아는 것'이
중요하다

"너를 어떤 사람이라고 이야기할 수 있니?"

궁금하다. 수많은 10대들에게 각자 다른 대답들이 어떻게 나올까 하고 말이다. 너무 대답하기가 광범위하고 추상적이라면 이렇게 질문해보는 것은 어떨까?

"너의 장점은 무엇이고 너의 단점은 무엇이라고 생각하니?"

이러한 질문들은 성장 과정 또는 어떠한 프로그램 중에 적어도 서너

번은 있었을 법한 질문이다. 요새는 굳이 단점이라는 부정적인 표현보다는 약한 부분 정도로 생각하고 질문에 대한 답을 생각해보기도 한다.

"착하다. 편안함을 준다. 잘 참는다. 노래를 잘한다. 센스가 있다. 사람을 좋아한다. 어떤 환경에서도 적응을 잘한다. 개그맨도 아닌데, 잘 웃긴다."

"두려움이 많다. 능동적이지 못하다. 주도적이지 못하다. 살쪘다. 모험심이 없다."

이 정도를 질문에 즉시 답할 수 있다면 꽤나 자신에 대해 생각을 해본 친구이다. 10대들의 대부분은 사실 자신 있게 자신의 장단점을 이야기하기 어려워한다.

자신에 대해 생각과 고민을 해보지 않은 탓도 있겠고 막상 자신에 대해 진지한 이야기를 하는 것에 대해 어색해하는 이유이다.

'나를 아는 것'은 옷을 입는 것과 같다. 자신을 아는 만큼 자신에게 딱 맞는 옷과 편하고 잘 어울리는 옷을 입을 수가 있다. 즉 진로 설정은 자신이 어떤 사람인지 제대로 아는 것으로부터 시작된다. 진로 설정뿐만이 아니라 더 넓고 길게 나아가 자신의 꿈과 미래를 설계하는 것에도 기본이다.

자신의 10대를 무엇이라 정의할 수 있을까?

꼭 정의를 내려야 할 필요는 없지만, 굳이 나의 10대 모습을 떠올려보자면 이렇다.

'내가 전혀 아닌 나였다.'

부모님이 나를 존중해주는 가정 분위기도 아니었고 나 자신도 나를 존중하지 못했다. 그러한 나는 학교에서도 매우 소극적이고 조용한 아이였다. 내 성적표에는 항상 적혀 있었다.

'이 아이는 내성적인 아이로서….'

내성적인 성향이 좋지 않다는 것이 아니다. 내게 맞는 나의 옷이 아니었다는 것을 이야기하고 싶다.

성인이 되고 나서 나 스스로가 나를 사랑하고 존중하게 되었을 때야 비로소 나는 진정으로 나를 알아가기 시작했다. 그리고 시간이 오래 지난 이후 SQ 전문 강사로 활동하며 또한 진로 내면 종합 검사를 통해 현재 나의 내면 상태와 나의 성격 유형과 강점 지능을 확인하게 되었다.
물론 이때는 학생이어서 진로를 선택하기 위함이 아니었지만, 또 다른 나의 꿈과 미래를 디자인하기 위한 '나를 알기'에 너무 적절한 계기가 되었다.

종종 불편함을 느꼈다. 무언가 맞지 않은 옷이 꽉 끼는 것처럼 답답하고 불편했다. 때로는 남의 옷을 입고 출근을 하는 것처럼 내가 아닌 것만 같기도 했다. 나 스스로가 불편한 옷에 나의 몸을 끼워 맞추려 할 때도 있었다. 나의 옷을 입고 있는 친구의 거침없는 행동들이 부러움과 아쉬움이 가슴 한 켠에 그림자처럼 새겨지기도 했다.

'나도 저렇게 할 수 있는데….'

이미 처음부터 내 옷이라고 생각하지 않았기 때문에 입을 용기조차 내보지 못하고서 말이다. 그런데 그 이유를 알게 되었다. 나의 입은 옷이 불편했던 이유를.

SQ 진로 내면 종합 검사 결과 나의 독특한 성향들을 보며 "그래 맞아~" 탁 소리와 함께 가슴 한곳이 시원해지는 것을 느꼈다. 밝은 빛이 소망의 향기를 머금고서 내 품안으로 들어왔다. 내 옷을 찾는 순간이다. '나'라는 사람에 대해 명확히 머리끝부터 발끝까지 새로운 옷이 입혀지듯 실크처럼 부드럽게 입혀지는 경험을 했다.

나는 늘 떨림은 있지만, 앞에 나서서 무엇인가를 주도하는 것을 좋아한다. 매우 진취적이고 수동적인 것을 무척 싫어하는 능동적인 사람이다. 리더로서 사람들을 이끌고 추진하는 것에 매우 큰 보람과 성취감을 느낀다.

토론하는 것을 좋아하며 주장하는 것을 좋아한다. 계획하고 구성하여 실행하는 것을 좋아한다. 도전적이며 실행력이 빠르다. 신중하나 결단력이 있으며 결단하고 나면 뒤돌아보지 않고 돌진한다. 세밀한 것을 하기 이전에 전체를 보고 흐름을 파악해야지만 그다음 구체적인 세미한 것들을 볼 수 있다.

내가 입고 있는 옷의 스타일과 색깔이다. 그런데 이전까지 '조용하고 수동적인 것이 편하다. 항상 소극적으로 뒤에서 나서지 않는다. 자신이 없고 다른 사람들의 의견을 따라가는 편이다.'라는 주변 사람들과 함께 내 스스로가 단정해놓고 맞지 않는 옷을 입고 있었으니 얼마나 안타깝게 살아왔는가 말이다.

모든 성향에 더 좋고 나쁜 것은 없다. 단지 서로 다를 뿐이다. 장단점은 누구에게나 있게 마련이니 말이다. 그럼에도 불구하고 자신의 옷을 제대로 입는다는 것은 신이 내게 주신 자신의 독특한 특징과 장점들을 가지고 자신의 인생을 즐겁게 살아갈 수 있음을 의미한다.

또한 두리뭉실하게 내가 잘하는 것들이 무엇인지를 알고 있다고 생각했는데 SQ 진로 내면 종합 검사를 통해 나의 강점 지능을 명확히 알고 확신을 더하게 되었다. 글을 쓰고 싶었고, 강의를 하고 싶었다. 그리고 더 나아가 유튜버로 활동하고 싶었던 그 시점에서 의구심이 있었다.

'내가 잘할 수 있을까? 나보다 잘하는 사람들이 매우 많은데….'

이제 나는 결코 흔들리지 않는다. 언어지능이 높은 나의 강점 지능을 내가 확신하고 붙잡고 달리고 있기 때문이다.

물론 아직 연습이 더 필요하고 계획적인 훈련이 더 필요할 수 있다. 지금보다 더 많은 시간과 노력이 필요하고 준비가 필요할 수 있다. 그러나 결코 의심치 않는다. 나의 강점 지능에 시간과 노력을 더한다면 그 결과는 배가가 되리라는 것을 확신하기 때문이다. 나의 강점 지능이기에 탁월한 결과를 이루어 낼 수 있음을 기대한다.

나는 관계 지능이 낮은 사람이다. 사람과의 관계를 중시하기보다 일의 성과와 성취를 더 중요하게 여기는 편이다. 20대에는 그래서 항상 조직에서 일을 하다 보면 동료들과 관계가 틀어지기 일쑤였다. 늦잠을 자다 늦거나, 배가 아파 결근을 하거나, 일을 제대로 해내지 못하는 직원들을 보며 이해하기가 참 어려웠다. 그들의 상황을 돌아보고 이해하기보다 업무에 지장을 주는 것들이 불쾌했다. 그렇게 일을 중시하고 일을 좋아했으니 나의 업무 성과들은 그다지 나쁘지는 않았다.

일 운이 좋다고 여길 정도로 직업이든 모임이든 어떤 곳에 소속되더라도 늘 실력을 인정받았고 항상 리더의 자리에 세워졌다. 일 욕심, 일에 대해서만큼은 인정받고자 하는 욕심, 재미, 열정까지 있었으니 어느 때는 일중독이라는 소리도 들을 정도였다. 일이 곧 전부이던 시절도 있었다.

'일을 하려면 사람이 필요하고, 내 주변에 사람이 없어도 굳이 꼭 있어야 하는 것 같지는 않고….'

이런 생각을 가지고 있었다. 그랬던 내가 사회생활을 오래 하며 또한 나이가 들어가고 성숙해져 가며 일도 중요하지만, 사람이 참 중요하다는 생각들을 하게 되었다. 그들과의 관계가 일을 하는 데에도 크게 중요하다는 것까지 경험하며 수긍하게 된 것이다.

이것은 내가 가진 단점이기도 하고 약점이기도 하다. 관계 지능이 낮은 것, 사회성이 그다지 높지 않은 것, 동물과 자연에 대한 관심도가 현저히 낮은 것. 심지어 음악 지능이 높지 않은 것은 정말 아쉽고 안타깝다. 보여지는 것이 너무 좋아 꼭 해보고 싶은 분야이기도 했었으니 말이다. 그러나 음악 지능이 높지는 않더라도 어릴 적부터 나의 벗이 되어주었던 노래에 대한 꿈이 있으니 음반은 꼭 내보리라.

이처럼 자신을 아는 것은 매우 중요하다. 자신에게 맞는 옷을 입었을 때 각자에게, 있는 무한한 가능성과 잠재적인 재능들을 표현해낼 수 있다. 그리고 또 한 가지 기억할 것은 자신을 아는 것에는 자신의 강점뿐만이 아닌 약점까지 포함이라는 것이다. 그것까지의 자신을 알고 인정하고 사랑으로 채울 수 있을 때 비로소 자신의 삶이 행복해지고 자신을 존중할 수 있게 된다.

10대라는 시기를 '인생의 황금기'라고 이야기한다. 진로를 결정하고 꿈과 미래를 계획하기에 너무 적절한 시기이기 때문이리라. 그런데 현실적으로 우리 10대들은 이 시기에 자기 자신에 대해 얼마나 진지하게 생각을 하고 있을까? 나 자신을 차분하게 돌아볼 수 있는 시간 말이다. 피곤함과 시간에 쫓겨 학교 숙제, 학원 숙제해내듯이, 시험지의 정해진 답안들을 순식간에 채워가듯이 그렇게 자신의 직업을 정하고 진로를 정하고 미래를 정하고 있지는 않은지 진지하게 고민해보아야 한다.

학교에서 자신의 적성과 흥미를 으레 적고 지나는 프로그램이 아닌 진정으로 자신을 알아가는 시간이 필요하다. 자기 자신을 성찰하며 내면에 집중할 수 있도록 충분한 시간을 10대들에게 주기를 바란다. 자신을 제대로 알고 스스로에게 맞는 옷을 찾아 입을 수 있도록 어른들이 분위기를 만들어줄 수 있기를 바란다.

SQ 진로 내면
종합 검사로 통합적으로
나를 제대로 알아보기

"어머니~ 어머니도 검사해보시면 참 좋을 것 같네요."

"그래요? 안 그래도 저도 검사해보고 싶네요."

"네. 검사해보시면 왜 제가 권유했는지 아시게 될 거예요."

고등학생 남자아이의 SQ 진로 검사 결과를 손에 들고 미팅 날짜를 잡기 위해 학생의 어머니와 통화를 했다. 단지 일정을 맞추기 위한 통화였는데 한참을 쏟아내는 어머니의 아들 이야기로 통화가 길어졌다.

'너무 사랑하는 아들인데도 불구하고 자꾸 대화가 틀어지는 이야기, 어

쩌면 이리도 내 배 아파 낳은 아이인데 나와 이렇게도 안 맞을 수가 있는
지.'

여러 이야기를 하던 끝에 어머니도 함께 검사해보기를 권유하게 된 것
이다. 서로를 이해하는 데 큰 도움이 될 것으로 생각했기 때문이다.

엄마와 아들이 함께 들어왔다. 학생의 검사 결과에 따라 부모님과 함
께 볼지 각자 따로 볼 것인지를 미리 결정을 한다. 왜냐하면 학생이 편하
게 자신의 이야기를 풀어놓아야 할 경우가 있기 때문이다. 이날은 학생
이 굳이 부모님께 알리고 싶지 않은 내용이 있었던 것도 아니었고 함께
보아야 서로를 이해할 수 있는 연결 고리 역할을 할 수 있을 거라 생각했
기 때문에 함께 보기로 한 것이다.

참 재미있는 결과였고 재미있는 학생이라는 생각이 들었다. 심지어는
제대로 검사에 임했나 싶을 정도로 가볍게 보면 전혀 일관성 없어 보이
는 결과이기도 했다. 검사 결과는 AI가 객관적으로 분석해 결과지를 내
놓지만, 전체적인 통찰로 통합적인 분석은 SQ 전문가가 한다. 들쭉날쭉
한 예측하기 어려운 결과들이지만 자세히 전문가의 안목으로 깊이 들여
다보면 이 학생의 독특한 성향을 알 수 있다. 그의 입장에서는 일관된 질
서가 있고 이유가 있는 결과인 것이다.
결과에 대한 분석과 설명을 들으며 곁눈으로 흘긋흘긋 자신의 결과지

를 본다. 어머니 또한 그동안 잘 알고 있다고 생각했던 아들이지만 조금은 다르다고 느낀다. 이전에 알지 못했던 또 다른 모습들을 함께 듣고 보며 특별한 설명을 하지 않아도 그대로 이해하기 시작한다. 특별히 강조할 필요도 없다. 아들의 수긍하는 모습을 보며 그 자리에서 엄마는 아들을 이해하는 것이다.

"아 정말 그랬어? 이게 너의 모습이라고? 엄마는 몰랐네. 아 그랬구나."

이제는 반대로 아무 말 없이 아들은 엄마의 검사 결과들을 함께 듣는다. 그동안 관심 가지지 못했던 엄마의 현재 내면 상태와 자신과 또 다른 엄마의 성향과 강점 지능들을 들으며 엄마를 이해하기 시작한다. 겉으로 표현하지는 않지만, 무심히 비치는 끄덕임과 결과지를 오고 가는 눈동자를 보며 확신이 전해져온다.

'엄마를 조금이라도 아는 시간, 이해하는 시간이 되고 있구나.'

결론은 그랬다. 세 아이 중 유독 자신과 잘 맞지 않아 시끄러운 소리가 자주 났던 이유는 서로의 성향이 매우 달랐다는 것이다. 아들은 매우 자유분방하고 독립적이며 호기심이 많고 새로운 도전과 모험을 즐기는 개방성이 높고 예민성이 높은 아이였던 것에 반해 엄마는 원칙과 규율을 중요시하고 성실성을 중요시 여기는 도덕성이 높은 사람이었다. 이러한 이유로 종종 함께 생활하는 데에 부딪힘이 컸던 것이다.

잠깐 동안 재미 있는 오고 가는 대화들이 활기를 띠었다. 엄마와 아들이 서로를 겨누며 "아, 이러니까 말이야. 아, 그러니까 말이야~!" 유쾌하게 웃으며 이러니저러니 하고 있으니 말이다. 이 유쾌한 시간이 서로의 그동안 이해하지 못하고 서로가 틀렸다고 질책하고 오해했던 부분의 응어리들을 풀어주었다. 그리고 가벼운 마음으로 그 자리를 떠나갔다. 한동안 어머니는 아들을 머리로만이 아닌 가슴으로 너무도 흠뻑 이해하게 된 것에 대해 큰 고마움을 표현했다.

무엇을 시작할 때마다 항상 그것들은 내게 먼저 질문한다.

'나에 대해 제대로 알고 있느냐?'

나 또한 항상 그들에게 먼저 묻는다. '나'로부터 시작되는 것들의 질문들로 말이다.

SQ 전문 강사로 활동하며 많은 10대들을 검사했다. 성인들 또한 50대에 이르기까지 검사하기를 마다하지 않았다. 그들 또한 꿈꾸기를 원했고 그러기 위해서는 자기 자신을 제대로 아는 것에서부터 출발이라는 것을 너무도 잘 알고 있었기 때문이다.

코로나19로 인해 이제는 원격화상 미팅도 자연스러워졌으니 대한민국 어느 지역에 사는 사람이든 오프라인, 온라인 제한이 없다. 심지어는 방콕, 남아공, 시카고, 일본, 캐나다 할 것 없이 자유롭게 검사를 진행하고 1:1 상담 미팅을 나의 방 한 켠 작업실에서 줌을 통해 만났다. 수많은 10대와 성인들을 검사하며 깨닫게 되는 것은 생각보다 자신에 대해 명확히 알지 못하는 사람들이 대부분이라는 것이다. 10대들이나 20대, 40대 심지어는 50대도 마찬가지로 크게 다를 것이 없다.

SQ 진로 내면 종합 검사는 체계적이면서도 통합적인 검사이다. 객관적으로 자신을 좀 더 이해하고 생각하게 하며 자신에게 맞는 진로를 탐색할 유일한 기회를 제공한다. 또한 개인의 능력을 분석하여 자신의 강점에 맞는 현재의 직업뿐 아니라 미래의 유망 직업군까지 제시한다. 전문성을 인정받은 SQ 전문가에 의해 통합적인 검사와 통합적인 분석과 상담이 이루어진다. 그 진로 검사를 통해 10대들의 진로와 미래를 세워가는 일을 오래도록 SQ 전문가로서 코칭을 하고 있다.

'구슬이 서 말이라도 꿰어야 보배다.'라는 말이 있다.

자신에게 아무리 많은 재능과 강점 지능이 있다고 해도 현재 자신이 잘 알고 사용하지 못한다면 아무런 소용이 없다. 자신의 강점 지능을 알지 못한 채 급변하는 시대의 트렌드를 좇거나 단지 돈을 좇아간다면 허무한 인생을 살게 될 것이다. 또한 자신의 강점 지능이라 할지라도 자신의 성향과 맞지 않는다면 그 또한 많은 시행착오를 겪게 될 것이다. 현재 자신의 내면의 상태도 중요하다. 자신의 내면이 무너져 있는 상태라 한다면 우선 자신의 내면을 바로 세우는 것이 먼저이다.

생각보다 의외로 내면 상태가 어려운 10대들을 많이 만났다. 학교 시험, 친구와의 관계, 전학한 상태, 부모님과 갈등 여러 가지 환경적인 이유로 스트레스 지수가 높은 10대들도 있지만, 일시적인 어려움이 아닌 우울감이 높고 행복감이 낮은 10대들도 종종 보게 된다는 것이다. 대개 그러한 결과들을 보이는 학생들은 자존감도 낮은 경향도 함께 보인다. 그들에게는 행복감을 높이고 자존감을 높일 수 있는 방법을 제시해준다. 듣고 끝나는 것이 아니라 자신의 내면을 위해 직접 실행할 수 있도록 팁을 준다. 그 중 각각 3가지씩만 소개해보고자 한다.

행복감을 높이는 3가지 방법

1. 감사 노트 하루 10가지씩 매일 쓰기

2. 가치 있는 일을 하기(좋은 일, 돕는 일, 봉사)

3. 나는 무엇을 할 때 가장 행복하고 즐거운가? 찾아서 하기

자존감을 높이는 3가지 방법

1. 거울 볼 때마다 나를 구체적으로 칭찬하기

2. 바디 터치(안아주기, 토닥이기, 쓰다듬어주기)

3. 작은 목표, 실행, 실천의 반복으로 성취감 느끼기

성인들 같은 경우에는 자신의 내면 상태를 마주했을 때 예상했던 결과들을 직접 눈으로 확인하며 자신을 위로한다. 그래, 그랬노라고. 엉켜있던 실타래가 술술 풀려가듯 그동안 자신의 아픈 상황들과 내면 속 깊은 이야기들을 또한 스스럼없이 풀어내고 또한 스스로 방법들을 찾기로 결심한다.

반면 10대들 같은 경우 동일하게 자신의 내면 상태를 마주했을 때 대개는 당황스러워 한다. 예상하고 있었을지라도 자신과 솔직하게 마주하는 상황들을 피하고 싶어 하기 때문이다. 누구에게도 들키지 않으려 애써 포장하기도 한다.

SQ 진로 내면 종합 검사가 일반 다른 검사들과 차별성이 있는 것은 검사 결과를 내놓는 그것뿐만이 아닌 결과에 대한 방법을 내놓기 때문이다. SQ 향상 프로그램을 통해 SQ 지능을 높이면 관련 지능들과 강점 지능, 약점 지능 또한 내면에까지 좋은 영향을 미친다는 것이 연구 결과로도 증명되었다.

간혹 내면 상태가 많이 무너져 있는 경우가 있다. 통합적으로 결과들을 분석했을 때 내면과 관련된 모든 지수가 낮고 우울감이 매우 높은 경우도 그 예에 해당하는데 이러한 경우는 진지하게 필요한 상담사와 연계할 수 있도록 돕는다. 스스로 향상시키기 위한 동기부여와 의지조차 어려움에 처한 상태이기 때문이다.

 이처럼 직업을 결정하고 자신의 진로를 찾아가기 위해 자신의 강점 지능 또는 성향의 단면만이 아닌 내 자신을 통합적으로 알고 이해하는 것은 굉장히 중요하다. 또한 자신의 내면에 집중하여 나 자신의 주관적인 모습을 파악하는 것도 필요하지만 이러한 검사 도구와 프로그램을 통해 객관적이고 체계적인 모습을 아는 기회를 갖는 것이 큰 도움이 된다는 것을 많은 검사를 통해 여러 10대들을 만나면서 절실히 느낀다.

04

10년 후
나의 모습을
생생하게 그려라

10년 전 나의 꿈은 '청소년들에게 도움을 줄 수 있는 사업, 가르치는 일, 강사와 같은 활동' 그래서 계획했던 일이 '청소년 상담사'였다. 그중 '강사, 글을 쓰는 것, 책'은 구체적이고 명확한 목표였다기보다는 내가 굉장히 좋아하는 일 중 하나였을 뿐이었다.

차마 꼭 이루리라는 꿈조차 꾸어볼 용기가 없었던 것 같다. 우선 나는 청소년 상담사가 되기 위해 구체적인 계획을 세웠다. 간호학을 전공한 간호사로서 직장생활을 하던 중에서도 일을 하고 아이들을 아침, 저녁으로 양육하면서 무리하게 나를 밀어붙였다. 지금 생각해보면 어떻게 그렇게까지 했을까 싶을 정도이다.

특별한 이유가 있었던 것은 아니었는데 어느 날 갑자기 생각이 들었다.

'아, 이제 나의 제2의 인생이 곧 시작되겠구나. 평생 내가 해야 할 것을 위해 지금 준비해야겠어.'

앞으로 평생을 생각한 일이었으니 당연히 내가 원하고 가슴을 뜨겁게 하는 일이어야 했다. 결심이 서고 나서는 고민 없이 당장 새로운 공부에 뛰어들었다. 그렇게 뒤늦게 사회복지학을 전공하게 되었다. 심리상담 또는 심리치료와 관련된 과목들을 추가적으로 듣기도 했다. 그리고 심리학을 더 깊이 공부해보고자 대학원을 준비하고 있던 찰나 임신한 것을 알게 되었다.

이미 일정이 정해져 있던 해외 교육 봉사 이외에는 모두 취소하게 되었다. 이전에는 해야만 했기 때문에 하는 공부였다면 이제는 내가 원하는 분야의 공부를 하게 된 것이 너무 행복하고 즐거웠다. 그리고 그 공부를 향한 작은 계획으로 잔뜩 부풀어 있던 차였다. 하늘이 무너지고 가슴에서 무엇인가 한참 아래로 훅 내려가 '쿵' 떨어지는 소리가 들렸다. 한동안 아이를 내 마음으로 받아들이고 애정을 갖는 일이 참 어려웠다.

하지만 꿈을 가진 자는 늘 새로운 기회를 또다시 보는 법이다. 지름길과도 같은 새로운 문이 열렸다. 글로벌 SQ 연구소를 통해 SQ 전문 강사를 준비하게 된 것이다. 그리고 초 · 중 · 고등학교에서 진로 지도 및 교육자로 학생들을 만나게 되었다. 한창 활발히 SQ 지도사로 학교와 센터 및 기업을 통해 활동하던 차에 코로나19 사태가 모두를 잠시 주춤하게 했다. 많은 이들이 새로운 기술 앞에 손을 놓기도 했다. 그러나 내게는 그것 또한 기회가 되어 SNS를 통해 온라인으로 전국 각지, 세계 곳곳 경계 없는 활동들을 열게 하는 계기가 되어주었다.

시작은 그랬다. 청소년들을 위한 일일 것, 가르치고 교육하는 일일 것. 그것이 곧 SQ 전문 강사라는 직업을 통해 시작되었지만 지금은 활동들이 굉장히 확장되었다. 지금도 변함없다.

'10대들을 위한 일일 것, 가르치고 교육하며 전달하는 일일 것.'

달라진 것이 있다면 SQ 전문 강사라는 직업을 넘어서서 작가, 강연가, 동기부여가, 코치, 메신저로서 활동들이 더욱 다양하게 되었다는 것이다.

지금 나는 또다시 1년 후, 5년 후, 10년 후의 나의 모습을 머릿속에 그려본다.
어쩌면 이전보다 더 생생하게 그려나가는 중이다. 그동안 내가 원했던 미래의 모습들을 얼마나 생생하게 그리는가에 따라 이루어지는 과정들을 이미 경험했기 때문에 이전보다 더 구체적일 수밖에 없다.

찾아가는 4차 산업과 진로 교육 프로그램과 함께 또 다른 프로그램인 SQ 진로 동아리 활동을 통해 학생들을 만났다. 매 시간마다 강의와 더불어 관련된 진로 활동들을 한다. 중학생들과 함께 10년 후의 나의 미래를 그리며 명함을 만들어보았다. 여학생들이라 그런지 아기자기하고 알록달록하게 다채로운 명함들을 만들어내었다.

〈K.F.M.C〉 한국 판타지 메이크업 청담 대표 강OO이다. 한국 뷰티 고등학교(메이크업전공), 판타지 메이크업 2급, 뷰티 메이크업 1급, 특수분장 3급, 피부미용 2급, 헤어미용 2급, 판타지 헤어 3급의 자격증을 소지한 경력이 화려한 준비된 대표이다. 명함만 살짝 보아도 진취적이고 해내고자 하는 열정이 가득한 학생이라는 것을 쉽게 알 수 있다.

10년 후 인테리어 디자이너가 된 김OO 학생은 자신의 명함 한 켠에 자신이 인테리어하고 있는 건축물의 로고까지 그려 넣었다. 자신의 철학과 가치라 할 수 있는 로고 안에 자신이 원하는 상징적인 마음을 담아 세련되게 로고를 찍어놓았다.

〈라면 먹고 가라〉 가게를 오픈한 라면 먹고 가라 사장 현OO 학생은 유독 친구들을 좋아한다. 가장 행복할 때가 언제이냐는 질문에 스스럼없이 친구들과 맛있는 거 먹고 노래방에 가고 수다 떨 때라고 대답하는 이 학생은 그녀만의 방식으로 여러 다양한 사람들과 이야기를 나누고 정을 나눌 수 있는 가게를 오픈했다.

반듯한 외모에 안경을 쓰고 빨간 드레스를 갖춰 입은 자신의 모습을 그려 넣은 진○○ 학생. 이 학생은 행복, 인생, 꿈이라는 인생 키워드를 명함에 또박또박 이쁜 글씨체로 새겨 넣었다. 그리고 그 키워드를 토대로 아나운서라는 직업을 가지고 싶다는 바람을 담아 10년 후의 날짜까지 정확히 기입한 명함을 자신 있게 내게 내밀었다.

많은 10대들이 한 번도 구체적으로 상상해보지 않았던 10년 후 자신의 모습들을 표현해봤다. 처음에는 자신에 대해 아무것도 자신 있게 대답하지 못했던 친구들이 이제는 제법 선명하게 자신의 직업과 진로를 나누어 보기도 하고 꿈을 상세히 그려보기도 한다. 이것이 한 발짝 그들의 미래를 향해 내디딘 소중한 한 걸음이다.

우리들의 10대들은 많은 가능성이 열려 있다는 것을 우리는 잘 알고 있다. 호기심도 많고 상상력도 풍부하며 때로는 엉뚱한 생각과 아이디어들도 가득하다. 아무 생각 없이 책상에 턱을 괴고 앉아 있는 것 같지만 그들만의 하루를 살아내는 생각들을 그들만의 방식으로 하고 있는 것이다. 그런 아이들에게 우리의 생각과 선입견으로 '쓸데없는 생각'이라고 등짝 스매싱을 날리고 있지는 않은지 생각해보자.

10년 후 어떤 곳에서 어떤 일을 하고 싶은지, 어디에서 어떤 모습으로 살고 싶은지 이미 자신이 그리는 미래가 이루어진 나의 모습이라고 상상하며 그려보자. 곧 10년 후, 5년 후 그리고 1년 후의 자신의 모습들이 점점 선명히 다가오게 될 것이다. 그렇게 자신의 모습을 구체화시키다 보면 자신의 생각과 오늘을 대하는 자신의 자세가 달라져 있음을 경험하며 스스로 자신의 변화된 의식과 모습에 놀라게 될 것이다.

10년 후 나의 모습을 미리 소개한다. 50대에 들어선 나는 변함없이 '가르치고 교육하는 전달자의 삶'을 살고 있다. 그것이 내가 진정 원하는 삶이다. 10대를 위한 청소년 교육 사업을 일으켰으며 수백 명의 10대들에게 '꿈, 열정, 희망, 생명, 삶'의 메시지로 그들의 꿈을 일깨워주고 있다. 또한 어떻게 자신의 꿈을 이루어가야 할지 막막해하는 그들에게 성공 자기 계발 메신저로서 스스로 꿈을 향해, 성공을 향해 길을 찾아갈 수 있도록 이끈다.

더 나아가 '성인들을 위한 꿈 찾기 프로젝트'에 뛰어들었다. 누군가의 꿈을 위하고 동시에 꿈을 통해 누군가의 삶을 살려내는 일이라면 남녀노소 가릴 것이 없다. 나이를 먹어가면서 스스로 꿈을 포기하는 것은 이제 지난 옛이야기일 뿐이다. 끊임없이 그들의 꿈들을 일으켜 세운다. 그 분야의 권위자가 되어 있다.

지금도 나는 70%는 '디지털 노마드의 삶'이다. 스마트폰과 블루투스 자판, 노트북, 삼각대만 있으면 어디서든 온라인 미팅도 가능하고 영상 제작과 영상 업데이트를 하는 등 모든 작업이 가능하기 때문이다. 그럼에도 불구하고 완전한 디지털 노마드의 삶이 아닌 것은 아직은 경제적 자유에 이르지 못했기 때문이다. 그러나 '10년 후에는 아니, 그 이전에 디지털 노마드로서 완전해졌다.'라고 선포한다. '경제적 자유인'이 되었노라!

『백만장자 메신저』는 나의 인생 교과서이다. 이 책에서 이야기 하고 있는 메신저의 삶이 사실은 나의 최종적인 삶의 방향이라고 해도 과언이 아니다. 10년이 지난 50대에 이른 나의 모습을 이렇게 정리할 수 있다.

'나는 나의 경험과 지식으로 남을 돕는 일을 직업으로 삼아 평생 스스로 성장하는 의미 있는 삶과 물질적인 만족을 동시에 얻는 메신저의 삶을 살고 있다.'

미국 정치 과학자이자 하버드대학 에드워드 밴필드 교수는 '장기간 전망'이라는 개념을 제시하며 말했다.

"연구 결과 우리 사회에서 가장 성공적인 사람은 장기적인 시각을 가진 사람들이었다. 성공한 사람들은 10년, 20년 후의 미래를 줄곧 생각해 왔으며 이러한 긴 시간적 수평선 위에서 필요한 의사결정을 해온 사람들이다."

즉 장기적인 관점에서 계획을 세우는 것이야말로 인생에서 성공을 결정하는 가장 중요한 요소라는 것이다. 반대로 사회적인 지위가 상대적으로 낮은 사람들은 어떨까? 당장 눈앞에 놓인 현실과 조건에 초점을 맞춰서 계획을 세우는 경향을 보인다는 것이다. 결국은 장기적인 관점으로 보게 되었을 때 그들은 성과가 낮을 수밖에 없다.

5년 후 10년, 20년 후 어디에 자신이 서 있기를 원하는가? 무엇을 하고 어떤 모습으로 서 있기를 원하는가? 10년 후의 자신이 원하는 모습을 머릿속에 그려보자. 그리고 자신이 그린 그림에 명확한 목표를 세워보고 그 목표로부터 꿈과 계획을 세부적으로 설정해보자. 대부분 사람들은 당장 자신 눈앞의 상황들에 묻혀 살아간다. 나 자신도 순간순간 정신을 차려보면 나도 모르는 새에 현실에 매몰되어 있는 모습을 발견하기도 한다.

이제 자신의 눈을 들어, 상상력을 최대한 발휘하여 10년 후의 자신의 미래 모습을 생생하게, 그리고 구체적으로 그려보기를 바란다. 10년 후의 모습을 시각화하는 것은 현재의 나를 역동적으로 움직이게 하는 데 큰 도움을 줄 것이다.

아주 '최고로 기분 좋게' 상상해보기를 권유한다.

05

나의 강점을
생각해서
미래를 만들어가기

"넵 고맙습니다!!! 진짜 많은 도움 됐어요~!!! 상담해주신 거 바탕으로
열심히 준비하도록 하겠습니다!!!"

"진작 알았더라면 너무 좋았을 텐데….."

우연히 지인을 통해 잠시 휴학을 하고 수능을 다시 준비하고 있는 재
수생 학생을 만나게 되었다. 처음에는 단지 SQ 진로 검사를 해주고 싶은
마음에 만났던 친구였는데 조금만 더 일찍 만났더라면 입시컨설팅까지
해줄 수 있었을 텐데 하는 아쉬움과 안타까움이 컸던 학생이다.

학생이 중학생이었을 때부터 몇 개월에 한 번씩 잠깐잠깐 멀리서 보던

친구였다. 이렇게 키가 훤칠하니 나보다도 한참 커버린 학생을 새삼스럽게 느끼며 검사결과지를 들고 이리 가까이서 이야기를 나눈다는 것이 매우 반갑기도 했다.

'검사 정확하게 한 거겠지? 정말 이랬다고? 전혀 예상하지 못했는데?'

나의 첫 반응이었다.

'역시 사람은 겉을 보고 알지 못하는 거구나.'

사실 검사를 하고 결과를 보면서 새삼스레 놀래게 되는 경우가 심심찮게 있다. 이 학생 또한 그 중 한 명이다. 몇 년을 보면서도 조용히 늘 그 자리에 앉아 있던 학생이라 보는 대로 성실하고 조용한 내향적인 학생일 것으로 생각했었다.

그런데 웬걸. 결과는 나의 예상과 전혀 반대였다. 매우 외향적이며 사람을 아주 좋아하고 관계 지향적인 학생이었다. 친구들에게 인기도 좋고 사회성도 아주 높은 학생이기도 했다. 멀리서 오랫동안 보아온 학생은 매우 조용한 학생이었지만 지금 내 옆에서 결과를 나누는 학생은 굉장히 예의 바르면서도 유쾌하고 호탕한 목소리가 큰 학생이었다.

처음 만났을 때 중학생이었던 그 학생은 현재 정치외교학을 전공하고 있었다. 선택한 이 학과도 크게 불만이 있는 것은 아니었다. 그러나 그럼에도 불구하고 원래 체육 교사를 하고 싶었던 학생은 한번 시도해보지 않고 간다면 나중에 너무 후회될 것 같아 도전했다며 잠시 휴학을 하고 수능 준비 중이라고 했다. 나를 찾은 시기가 수능을 앞둔 10월 말이었다.

자신에 대해 두리뭉실하게 알고는 있었으나 이리 명확하게 자신을 알고 이해할 수 있게 되어 너무 신기해하고 좋아했던 것으로 기억한다. 자신의 강점 지능 또한 자신이 좋아하고 원하는 것과 일치하는 것을 눈으로 확인하며 더없는 확신을 하기도 했다. 일찍 나를 만났더라면 더 좋았을 텐데 라는 안타까움을 학생이 크게 표현했다.

1:1 미팅을 진행하며 모의고사 성적을 가져오면 입시 컨설팅을 해주겠노라고 했다. 학원에 다니지 않고 혼자서 수능 공부를 해오던 친구라서 한 번쯤은 확인과 점검이 필요했으리라. 거창하게 AI와 빅데이터를 활용한 입시 분석이 이루어졌다. 현재 가능한 대학들의 분석과 수능 과목들의 문제 분석까지, 자주 틀리는 학생의 부족한 부분까지 짚어주었다. 그리고 성적을 올릴 수 있는 객관적인 분석까지 아낌없는 도움을 주었다.

결론적으로 수능이 끝난 이후 연락이 왔다. 수능 점수가 너무 좋지 않아 다니던 학교 학과로 복학한다는 소식이었다. 두 가지의 내용을 전해왔다. 하나는 비록 체육 교사의 길을 가지는 않지만 나 자신을 명확히 알 수 있었던 것과 후회 없이 시도해보았던 것에 대한 고마움이었다. 그리고 나머지 하나는 "제가 선생님을 더 일찍 만났으면 너무 좋았을 텐데…."라는 깊은 아쉬움이었다.

강점 지능이 내게 꼭 하나만 있는 것은 아니다. 하나인 사람도 있지만, 대개는 두 개 이상을 가지고 있는 경우도 흔하다. 이 학생의 경우도 '신체 운동 능력'이 가장 높게 나왔지만 '대인 관계 능력, 언어 능력, 자기 성찰 능력'도 굉장히 높게 나왔다. 자신의 높은 강점 지능이 직업과 진로를 결정하는 것은 아니다. 학생의 성향과 그 외 지능들을 통합적으로 정확히 분석한 결과 정치외교학과 또한 학생에게 매우 적합함을 함께 확인했다.

학생은 미련이 있었던 전공에 도전해보았음에 의미를 두고 정치외교학 전공을 선택했다. 그리고 그 선택한 전공을 통한 자신의 꿈과 미래를 확신을 가지고 상상하기 시작했다. 이제 맘껏 자신이 선택한 또 다른 꿈에 대한 확신을 두고 마음과 열정을 쏟고 더 나아가 사회적 가치까지 더하게 된 것이다.

자신의 강점 지능을 확인한다는 것은 매우 중요한 의미가 있다. 첫 번째, 자신에 대해 명확한 인식을 하게 된다. 두 번째, 자신의 강점에 대한 자신감과 확신을 가지게 된다. 세 번째, 빠르게 습득하고 효율적인 결과를 경험한다. 자신의 인생을 당당하고 멋지게 만들어가려면 숨어 있는 자신만의 강점들을 찾아내야 한다. 강점 지능은 남들보다 더 흥미를 보이며 해당 영역의 지식을 더 빠르게 습득할 수 있는 지능이라고 정의하고 있다. 본인에게 관심을 가진다면 스스로 얼마든지 찾아낼 수도 있다.

키러닝 스쿨 교장인 크리스 컨켈은 말했다.

"하루에 정말로 좋아하는 수업이 단 하나라도 있다면 거기서부터 시작할 수 있습니다."

나와 같은 경우에는 주변에서 종종 듣는 이야기와 칭찬들이 강점을 찾는 데 도움이 되기도 했다.

"글을 참 잘 쓴다. 가르치는 재능이 있네요. 어려운 내용인데 쉽게 귀에 쏙쏙 들어와요."

한두 번은 스쳐 지나갔다.

'나보다 더 잘 쓰고 잘 가르치는 사람들이 많은데 뭘….'

가벼운 칭찬이겠거니 귀담아듣지 않았다. 그런데 오랜 시간이 지나도록 반복해서 듣는 이야기들이 나의 강점임을 인정하게 되었다.
그리고 결정적이었던 것은 내게도 시행한 SQ 진로 내면 종합 검사 덕분이었다. 희미한 안갯속에 약간 걸힐 듯 말 듯한 상태 속에서 형상이 보였다.
하지만 명확하게 색깔들이 드러나지 않았던 나에 대한 정리들이 검사를 통해 한순간 빨주노초파남보 무지갯빛처럼 하나하나가 모두 선명해졌다. 그리고 그대로 나를 인정하고 당당해지기 시작했다. 때때로 자신이 없을 때는 '나'를 기억해내었다.

"그래~! 나 이런 사람이야. 내게 이러한 강점들이 있어~!"

선포하고 용기가 가득해졌다. 오늘도 나는 나의 꿈과 미래를 위한 설계된 내 진로들을 열정과 꾸준함으로 당당히 달리고 있다.

이러한 과정들이 10대들에게 절실히 필요하다. 보통 부모님들은 자신의 자녀가 이 정도 컸으니 스스로 알아서 하기를 바란다. 그리고 그럴 것이라고 합리화시키며 마음을 안정시킨다. 정작 이미 성인이 된 본인도 자신에 대해 막연하면서 말이다. 부모님의 바람처럼 그렇게 호락호락하지 않다.

10대들은 두 부류로 나눠볼 수 있다.
하나, 부모님의 그늘 안에서 오늘을 그냥 사는 10대.
특별히 미래에 대한 고민과 걱정 없이 학교, 학원, 집을 오가며 오늘을 그냥 산다. 그렇게 10대를 시간 따라 흘려보낸다.

둘, '내가 누구인가'라는 실존적인 질문을 하며 사는 10대.

이들은 자신의 인생에 대한 많은 생각과 고민한다. 이들 중 목적의식이 뛰어난 학생들은 일찍부터 그 면모를 드러낸다. 초등학생 때부터 이미 자신의 로드맵이 명확하다. 그러나 이런 경우는 극소수에 불과하다. 나머지는 막연한 자신의 꿈에 대해 답답해하고 불안해한다. 그 답답하고 막연한 불안함을 대개는 자신의 부모들에게 잘 드러내지 않는다는 것을 아는가? '내가 알아서 할게.'라고 큰소리는 치지만 사실은 휩쓸려가는 사회적인 분위기 속에서, 많은 어려움을 겪고 있다는 것을 어른들이 알았으면 하는 마음이 크다.

응답자 약 2,700명 정도의 〈직업과 적성에 대한 설문조사〉 결과가 있다. 직업과 적성이 맞는다고 생각하는 사람 49%, 그렇지 않다 51%. 직업을 바꿔볼 생각을 해봤는가? 그렇다 54% 그렇지 않다 46% 절반 이상의 결과이다. 그리고 자신의 직업에 불만을 갖고 있는 사람 중 8명을 초대했다. 이들은 자신의 직업에 대해 심각하게 고민을 하고 있고 늘 이직을 생각하고 있다고 대답했다.

그런데 의외로 이들의 직업은 누구나 한 번쯤은 꿈꿔봤을 직업이라는 것이다. '의대생, 영어 교사, 인터넷 쇼핑몰 운영, 연구원' 누구나 쉽게 가질 수 없는 부러워하는 직업이다. 그럼에도 이들은 왜 현장에서의 만족감을 느끼지 못하고 힘들어하는 것일까? 이들은 각각 다른 직업을 희망했다. '방송작가, 수의사, 성우, 쇼호스트'. 이들을 대상으로 다중 지능 검

사를 해보았다. 결과는 어떠했을까? 신기하게도 이들의 강점 지능 결과
는 자신들의 희망 직업과 일치했다.

이번에는 반대로 자신의 분야에서 성공했다고 평가되는 사람들을 검
사해보았다. '패션디자이너, 가수, 발레리나, 외과 의사' 이들의 성공과
지능 사이에 어떤 관련이 있을까? 다중 지능 검사 결과 직업에 큰 불만을
가지고 있었던 이들과 전혀 다른 결과였다. 놀랍게도 모두 자신의 강점
지능과 직업이 정확하게 일치한 것이다.

10대들이 자신의 강점을 알지 못한다면 자신의 인생을 주도적으로 만
들어나가기가 어렵다. 환경과 조건에 의해 끌려가듯 수동적인 과정을 지
나다 시행착오를 겪는 데 많은 시간들이 소비될 것이다. 또한 자신의 강
점을 알지 못한다면 자신이 하고 있는 일이 너무 고단하고 힘들 수밖에
없다. 반면 자신의 강점 지능을 알게 된다면 자신의 가치를 이해하고 자
신과 자신의 인생에 대해 자신감을 가지게 될 것이다.

어느 누구에게나 강점 지능은 있다. 그것을 어떻게 발견하고 활용할
것이냐에 따라 창의적인 삶과 즐기며 사는 삶에 대한 방향이 정해질 것
이다.

자신의 강점으로 자신의 미래를 직접 만들어가는 일들에 부모님들과
10대들이 함께 관심을 바르게 두기를 바란다.

06

지금의 조건으로
목표를 세우는
바보가 되지 마라

내가 살고 싶은 모습과 지금 현재 나의 사는 모습 사이에 커다란 공간이 있었다.

때로는 나의 시선을 끊임없이 위로 향하도록 의식을 향상 시켜주는 역할을 했지만 때로는 현실과 꿈 사이의 그 괴리감이 나의 현실을 더 비참하게 보이도록 하기도 했다. 나의 의식을 머리끝까지 향상시키고 현실을 바라보다가도 피부로 직접 닿는 현실 속에서의 환경과 조건들 그리고 함께 하는 사람들이 나의 의식을 끌어내릴 때 너무 큰 상실감과 절망감이 생기기도 했다.

아무 생각 없이 살아갈 때보다 더 큰 절망감이었다. 그래서 때로는

'그냥 꿈 없이 미래 없이 오늘을 편하게 살까? 다들 그렇게 사는 것 같은데 나도 그렇게 살면 되는 것이 아닌가?'

라는 고민을 하기도 했다. 왜냐하면 끌어올린 의식대로 살아내기에 나 자신이 아직은 많이 부족했기 때문이다. 환경과 외부의 자극들에 쉽게 흔들렸으며 꿈과 미래보다는 당장의 나의 현실들이 더 선명히 눈에 들어왔기 때문이다.

항상 도전 가운데는 커다란 저항이 있다. 도전하는 자인 나는 항상 그 저항까지도 즐길 줄 아는 사람이었다. 그러나 언제부턴가 나이가 들고 남편과 아이들이 생기며 그 저항들이 나를 피로하게 하고 지치게 하고 있다는 것을 알게 되었다. 그렇다면 이제 한 단계 올라서기 위한 돌파가 필요한 시점이다. 다시 그 저항들을 단숨에 꺾어내고 즐겨버릴 수 있는 돌파 시점.

우리들 모두에게 각자 자신만의 조건이 있다. 그리고 그 조건을 향하는 우리들의 시각은 대개 부정적인 면을 더 잘 보게 되어 있다. 이제는 그 시각을 의지적으로 거절해야 한다. 더 나은 꿈과 삶을 위해 지금의 조건과 한계가 아닌 훨씬 더 나은 꿈과 미래를 그려야 하기 때문이다. 지금의 조건이 그다지 나쁘지 않아 보일 수도 있다. 그러나 우리는 오늘보다

내일 더 성장하기를 원하지 않는가? 그렇다면 지금의 조건으로부터의 출발이 아니라 자신이 계획한 꿈과 미래로부터 하나씩 하나씩 계획들을 채우고 내용들을 차곡이 쌓아 현재에 도착하는 것이 더 나은 삶을 위한 방법인 것이다.

나는 미련한 듯 지금도 어김없이 꿈을 위해 쉬지 않고 도전하고 있다. 그 이유가 무엇일까? 생각해보니 도전 없이 지금 나의 조건으로는 내 인생이 먹고사는 일뿐임을 알기 때문이다. 터널이 길어 보인다. 무엇인가 항상 애써 이루어 내야만 하는 애씀들이 너무 길어 보인다. 지금 당장 먹고사는 문제를 해결하기 위해, 조금 더 좋은 것을 먹기 위해 그리고 남들과 같이 좋은 자동차를 사고 집을 마련하기 위해 작정하면 얼마든지 그 정도는 이루어낼 수 있다.

하지만 그것은 내가 꿈꾸는 원하는 삶이 아니다. 나에게는 이미 내 인생의 목적과 사명이 있으며 그것을 향해 달려가는 중이다. 이제 한 줄기의 빛이 새어 들어오는 것을 보고 있다. 빛이 비치면 어둠이 순식간에 사라지듯이 점점 그 빛줄기가 여러 갈래가 되고 커진다면 어느 순간 성큼 성취되어진 나의 꿈들을 보게 되리라.

'유리 천장'이라는 말이 있다. 여성에게 더 연관성이 있는 것이 사실이나 유리 천장이라는 말은 여성에게만 적용되는 것은 아니다. 자격이나 능력과 관계없이 회사의 승진 사다리에 올라갈 수 없도록 막는, 보이지도 깨뜨릴 수도 없는 장벽을 의미한다. 특히나 고위직으로 갈수록 이런 현상은 더 심화되는 경향이 있고 어느 조직에서나 충분한 자질과 능력이 있음에도 불구하고 조직 내의 문화처럼 스며들어 있는 것이 사실이다.

'유리 천장'이라는 말은 경제용어로 사용되고 있지만 나에게 적용해보자면, 눈에 보이지도 깨뜨릴 수도 없는 장벽으로써 나 스스로가 나에게 씌워놓고 있지는 않은지 생각해볼 필요가 있다. 사회적으로 만들어진 유리 천장이 아닌 내가 나 스스로 만들어놓은 '불가능해, 할 수 없어.'라고 나를 더 나아가지 못하게 막는 한계 말이다.

내가 자신에게 스스로 씌워놓은 유리 천장은 무엇일까?

실패한 과거의 경험, 틀어졌던 인간관계, 경험으로 습득된 고정관념, 눈에 보이지 않게 쌓여진 부정적인 생각과 습관, 환경과 조건들에 익숙해진 핑계들이지 않을까 생각해보게 된다. 누구에게나 자신이 만들어놓은 유리 천장이 있을 것이다. 나 또한 이러한 유리 천장은 태어나서부터 지금까지 주욱 있어왔다. 때로는 깨어지기도 했다. 애벌레가 번데기가 되어 나비가 되듯이 나 자신의 의식이 탈피할 때마다 유리 천장이 깨어지고 한 단계 더 성장하는 나의 모습을 경험했다.

그럼에도 불구하고 지금 또 다른 보이지 않는 유리 천장이 있으리라 생각한다. 어쩌면 인생을 다하고 죽음 앞에 가 멈추어 설 때까지 또 다른 유리 천장은 늘 우리들의 의식속에 있지 않을까. 우리는 이 유리 천장을 매일 깨뜨리는 작업을 해야만 한다. 가장 첫 번째 시도로 지금 현재의 나의 조건이 지금의 내 가능성의 전부라 생각하지 말자는 것이다.

10대 시절, 나는 나의 환경과 현실 속에 나를 그대로 내버려두었다. 내가 얼마나 소중하고 특별한 존재인지 알지 못하고 말이다. 그 공간을 깨뜨릴 용기도 없었고 깨뜨릴 수 있다는 것조차 생각하지 못했다. 어느 누구도 나에게 "너는 특별한 선물이야."라고 이야기해주지 않았고, 지금의 현실에 주저앉지 말고 큰 꿈을 가지라고 말해주는 어른도 없었다. 공부 잘하고 칭찬받는 아이들 틈에서 늘 기죽어 있는 아이, 잘나지 않은 아이, 공부도 못하고 재능도 없는 아이라는 틀 속에서 늘 울적하기만 했다.

지금의 10대들이 그러한 삶을 살지 않았으면 하는 마음이 절절하다. 자신에게 주어진 시간과 기회들을 무심히 흘려보내고 꿈과 목표도 없이 하루를 보내는 10대들을 보고 있으면 과거의 나를 보는 것만 같다. 그래서 이것이 나의 사명인가보다. 나는 알지 못했지만 그래서 많은 기회와 시간을 흘려보내야 했지만, 지금의 10대들이 나를 통해 알고 깨닫기를 바라는 마음이 곧 내가 10대들을 일으켜 세우며 살기로 한 이유이다.

지금 여러분들의 목표는 어떤가. 무엇으로부터의 출발인가. 무엇을 근거로 목표가 설계되었는가.

현실적인 것이 영리하다는 생각으로 지금의 조건에 충실히 맞춰진 목표라면 지금의 모습과 지금의 상황보다 더 나아질 것은 없다. 모양과 색깔만 조금씩 바뀔 뿐이다.

로지 오도넬을 아는가? 그녀의 어머니는 그녀가 열 살이었을 때 돌아가셨다. 그 때문인지 그녀는 자기 일과 중 거의 24시간을 TV를 보는 데 썼다고 이야기할 정도로 어린 시절이 우울했다. 어찌 보면 TV 속의 연예계가 그녀에게는 너무도 익숙하고 낯설지 않은 편한 곳이었겠다. 미국에서 대단한 인기를 끄는 여성 앵커이자 배우로서도 연예계의 막강 파워를 자랑하는 토크쇼의 여성 전사 로지 오도넬로 단단히 자리매김한 것을 보면 말이다.

로지 오도넬은 열여덟 살에 스탠딩 개그 무대에 올라선 코미디언 출신이다. 이후 방송계와 연예계를 오가며 거침없는 입담과 특유한 유머 감각으로 스타덤에 올랐으며 시사 주간지 〈타임〉은 그녀를 미국에서 가장 영향력 있는 25인 가운데 한 사람으로 선정하기도 했다.

그녀는 자신이 성공할 수 있었던 비결을 이렇게 이야기했다.

"넌 뚱뚱하고 못생겼어. 그리고 너무 거칠어서 배우가 될 수 없다고 사람들은 말했어요. 하지만 그때마다 전 이런 생각을 했죠. '과연 그럴까? 아냐! 당신들의 판단은 절대 틀렸어!'라고 말이죠. 저는 어릴 적부터 배우가 되는 꿈을 꿨어요. 꿈은 저를 구해줬고 저는 성공할 수 있었어요."

로지 오도넬의 현실적인 조건은 그랬다. 모든 사람들이 배우가 될 수 없다고 말했고 너무 거칠다고 말했다. 배우라는 그녀의 꿈은 당치도 않다고 말했고 그녀 자체도 내세울 것 없는 뚱뚱하고 못생긴 외모와 조건이었다. 그러한 그녀가 자신의 환경과 조건에 응한 목표를 세웠다면 감히 배우를 꿈꿀 수 있었을까?

성공한 사람들의 스토리들을 보면 모두가 자신의 조건들을 거스르는 원대한 꿈을 가짐으로 시작된다. 꼭 성공한 사람들이 아니더라도 자신의 꿈을 이루어가는 사람들의 공통점은 지금의 현재가 아닌 자신이 가고 싶은 곳을 향해 어떠한 시련이 따르더라도 나아간다는 것이다. 지독히도 가난했고, 가정 환경이 형편없었고, 성장 과정 동안 예상치 못한 어려움을 겪었고 꿈을 꾸었다 할지라도 수없이 많은 좌절과 실패가 있었다. 그러나 그것이 또다시 꿈을 꾸고 인생을 계획하는 데 조건이 되지 않았다.

10대들이여, 오늘이 내일을 결정하고, 내일이 모레와 미래를 결정한다. 지금 자신이 가난하다고 가난한 목표를 가질 필요가 없다. 지금 자신이 키가 작고 못생겼다고 그에 맞는 목표를 세워야 할 이유가 있는가? 사회가 만들어놓은 구조 속에서 자신의 성별, 나이, 피부색과 외모, 그리고 지금의 나의 조건과 상관없이 '유리 천장'을 깨뜨리기를 해야 하듯이 갖은 어려움이 있더라도 딛고 일어서기를 바란다. 자신에게 있는 유리 천장 또한 깨뜨려 부수는 성취를 이루기를 바란다.

99%의 사람들은 현재를 보고 미래가 어떻게 될지를 예측한다고 한다.

그리고 나머지 1%의 사람들은 미래를 내다보면서 지금 현재 자신이 어떻게 행동해야 할지를 생각한다. 결론은 예상대로 나머지 1%가 성공하는 자의 삶을 산다.

10대들이 그 1%의 삶을 이해하기를 바란다. 지금보다 비교할 수 없을 정도로 찬란한 자신의 꿈과 미래를 위해 지금의 조건으로 목표를 세우는 바보가 되지 않기를 간절히 소망한다.

07

꿈을 위한
계획을
실천하라

직업과 진로는 자신의 원하는 꿈을 실현해나가는 하나의 방법일 뿐이다. '나의 꿈이 직업일 수는 없다.'라는 것을 이제는 모두 이해하고 있으리라 생각한다. 나의 꿈속에는 여러 가지 직업들이 포함되어 있다. 그리고 그 직업들은 하나같이 나의 꿈을 품고 있거나 꿈을 향해 있다.

– 강사로서

SQ 전문 강사로서 10대들의 진로를 컨설팅하고 4차 산업 교육을 통해 새롭게 찾아온 산업과 그들의 앞으로 꿈을 꾸고 나아갈 진로의 이해를 돕는다. 빠른 속도로 올라오는 4차 산업의 새로운 소식들을 뉴스를 통해 업데이트하며, 강의를 새롭게 준비한다. 한 명 한 명의 진로를 디테일하게 컨설팅하기 위한 진로 공부도 끊임없이 한다.

인스타, 블로그, 유튜브, SNS 과정들을 강의하기 위해 모든 교육 과정을 마스터하고 있다. 교육을 전달하는 일은 내게 언제나 새로운 도전이고 열정을 뜨겁게 한다. 이제는 새로운 세상에서 앞서가기 위한 준비를 하며 대면뿐만이 아니라 비대면으로도 얼마든지 강의를 할 수 있도록 더욱 철저하게 준비하고 있다.

최근 디지털 튜터의 역할이 그 어느 때보다도 중요하고 필요해졌다. 디지털 기술들이 우리들의 일상 속으로 급히 들어왔지만, 젊은이들의 속도를 따라가지 못하는 어르신들의 고충이 날로 더해지고 있는 것이 사실이다. 디지털 교육의 격차가 부모&자녀 간, 또래&또래 간, 소득과 연령 간 등 다양하게 벌어지고 있다. 더군다나 코로나19 사태로 인한 비대면 상황으로 인해 그 격차는 더욱 급하고 깊게 심화되고 있는 현실이다.

나조차도 의지를 들여 '그래 한번 해보자.'라는 의식을 가지기 전에는 알지 못하는 두려움에 손을 대지 않았던 경험이 있다. 하물며 고연령의 어르신들은 어떠실까? 심화되는 격차의 두려움으로 격차가 더욱 악순환되고 있지는 않은지 한 번쯤은 생각해보아야 한다. 그들을 위한 교육 과정을 준비하고 있다. 더불어 여러 콘텐츠를 기반으로 기업교육 강사, 개인 코칭 교육 강사로 확장될 것이다.

- 강연가, 동기부여가로서

'10대를 위한 성공 진로 수업'이라는 주제를 가지고 전국, 전 세계적으로 활동하며 10대들을 일으켜 세운다. 10대 시절을 지금 와서 말할 것 같으면 어쩌면 난 '왕따'였는지 모르겠다. 잦은 전학으로 새로운 학교에 늘 적응하고 친구를 사귀는 것이 쉽지 않았다. 그래서 내 나름대로 선택한 방법들이 늘 엉뚱했다.

나는 그것이 그들과 어울릴 수 있는 방법이라고 생각했는데 지금 생각해보면 너무 엉뚱하고 앞뒤가 맞지 않는 행동이다. 그랬으니 반 아이들 사이에서는 유별난 아이였으리라. 졸업했던 초등학교, 중학교, 고등학교를 찾아가 그들에게 말해주고 싶다. 키도 가장 작고 공부도 못했던, 무언가 부족해 보이고 보잘것없어 보이던 나도 이리 꿈을 이루었노라고 또한 또 다른 멋진 꿈을 꾸고 있노라고….

나를 통해 단 한 명의 학생이라도 그의 삶이 용기를 얻고 거대해질 수 있다면 설레고 신나는 마음으로 얼마든지 달려갈 준비가 되어 있다. 늘 도전하는 자, 동기를 부여하는 자로서 말이다.

- 베스트셀러 작가가 되기 위해

베스트셀러 작가가 되어 북 토크, 북 콘서트 및 사인회를 미리 머릿속에 상상하며 시각화시키고 사인을 연습한다.

'1년에 1권씩 책 쓰기, 1년에 책 100권 읽기, 필력을 다지기 위해 꾸준히

매일 한 장씩 필사 노트를 쓴다.'

　이러한 계획들을 구체적으로 세우고 실천하고 있다. 엄마와 나의 스토리를 담은 에세이집을 내보는 것도 하나의 계획이다.

　책을 쓰며 이 땅에 많은 책을 쓰고 싶어 하는 사람들이 있다는 것을 알게 되었다. 종종 내게 책을 쓰게 된 경위와 방법들을 물어오는 메시지를 받고는 한다. 물론 아직은 많이 부족해서 선뜻 도움을 주지는 못한다. 그러나 책으로 자신의 이야기를 써보고자 하는 이들에게 동기를 부여하며 내가 아는 작은 방법들을 통해 길잡이 역할을 해줄 수 있다면 그것 또한 그들에게는 소중한 안내자가 되어주는 것이 아닐까 생각해본다.

　그 외에도 1인 기업 대표로서, 코칭가로서 10대와 부모들을 위한 교육 프로그램을 시스템화하여 선한 영향력과 사회적 가치를 실현하는 것이 또 하나의 목표이다. 선한 사업들을 성공사업으로 일으켜 그 영향력들을 극대화시키기 위해 내재가치를 올리고 수익화시키는 데 목적이 있다. 그 수익은 또 다른 선한 사업들을 일으키기 위한 발판이 될 것이다. 진로, 온라인 마케팅, 책 쓰기, 독서법, 브랜딩, 콘텐츠 코칭 등 누군가의 꿈이 될 수 있는 이러한 과정들을 가르치고 직접 코칭한다.

　요즘 인스타에 하나의 붐이 일었다. 바디 프로필 사진 도전이다. 이전에는 바디 프로필이라는 것은 유명인이거나 그 분야의 전문가만의 작업인 줄 알았다. 그런데 언제부터인가 부쩍 바디 프로필 사진들이 오르더니 최근에는 내게 너무 익숙한 평범한 엄마와 주부들의 바디 프로필을 심심찮게 보는 재미를 느끼고 도전받고 있다. 프로 못지않은 그들의 성취를 보고 존경하는 마음을 가지게 된다.

그들은 아침, 점심, 저녁 식단을 철저하게 조절하여 인증을 올린다.

1. 하루 10분 운동
2. 흉식 호흡
3. 하루 2ℓ 물 마시기
4. 정제 탄수화물 먹지 않기
5. 식단 일지 작성하기 등

식단 조절은 기본인데다 스스로가 목표한 운동을 해내고 인증한다. 혼자서는 해내기는 어렵지만, 여럿이면 훨씬 쉽다. 십여 명의 기수와 함께 매일매일 응원의 글로 서로를 독려하며 힘을 북돋운다.

모두가 바디 프로필을 꼭 찍어야 하는 직업을 가진 것은 아닐 테다. 이들이 이렇게 하는 이유는 자신의 인생 가운데 꿈을 찾아가는 중 하나의 목표를 성취해보고자 하는 도전과 시도일 테다. 자신의 꿈을 위한 계획들을 하나씩 하나씩 실천해가기 위한 힘을 더하고 있는 것이다. 하고 싶은 것을 절제하고 하기 싫은 것을 해내는, 또 다른 꿈을 위해 작은 꿈들을 쌓는 일. 얼마나 멋진가.

생각해보면 우리는 늘 시간 앞에 멈추어 선다. 자신이 원하는 목표와 계획된 일들을 이루어 내기 위해, 시간을 분배하고 관리하기 위해 애쓰는 하나의 과제인 셈이다. 그렇다면 우리는 각자에게 주어진 시간을 잘 관리하고 꼭 필요한 곳에 쓰기 위해 어떻게 하면 좋을까? 시간을 허비하지 않고 최대한 활용하여 자신의 꿈을 이루려면 어떻게 하면 좋을까? 간단하다.

지금 내가 해야 할 일과 하지 말아야 할 일을 구분하여 구체적으로 실행하는 것이다.

먼저 하지 말아야 할 일을 정리해서 빼보자. 할 일을 정리하면서 마음이 조급해지는 것을 경험해본 적이 있을 것이다. 오늘과 내일의 할 일들을 정리하는데도 어디서 그리 일들이 쏟아지는지 집안일은 해도 해도 끝이 없다는 엄마들의 말처럼 끝도 없이 나온다. 하물며 1년, 5년 이상의 일들을 계획하고 있다면 자신이 해야 할 일들로 인해 시간이 너무 없고 촉박해 보인다. 마음이 절로 부담이 되고 조급하고 불안해진다. 그러니 시간을 아끼는 방법은 시간을 낭비하고 있는 일들을 우선 하지 않는 것이다.

점심을 먹으며 잠깐 남편이 예능 프로그램을 시청할 때, 자주는 아니지만 한 번씩 외출하고 식당에서 식사하게 될 때 TV를 보고 흠칫 놀랄 때가 있다. 너무도 오랜만에 보는 TV 광고들이 너무 새롭고 어제 본 것만 같은 연예인들의 변화된 모습을 볼 때이다. 또는 정말 오랜만에 사람 사는 이야기를 보고 듣는 것만 같은 반가움이 크게 느껴지기도 한다. 그 이유는 평상시에 TV를 스스로 금한 지 오래이기 때문이다.

나 스스로 시간을 아끼기 위한 방법들은 다음과 같다.
– 목적이 없는 TV 시청, 유튜브 영상, 인터넷 하지 않기
– 인터넷 쇼핑하지 않기(패션잡화, 옷, 신발, 가방 등)
– 사람들을 만나는 횟수 조절하기
– 전화 통화 하는 시간 조절하기
– 필요 없이 휴대전화 손에 들고 만지작거리지 않기
– 미리 계획되지 않은 스케줄을 충동적으로 만들지 않기
– 생활을 최대한 단순화하기
– 한정된 체력과 에너지를 효율적으로 배분하고 관리하기
– SNS는 시도 때도 없이가 아니라 시간을 정해놓고 집중해서 하기

사실 별것 없어 보이지만 TV 드라마를 시청하지 않고 인터넷 쇼핑을 하지 않는 것만으로도 내게는 많은 시간을 벌어들이는 결과를 가져왔다. 그 시간 동안 나의 꿈들을 위한 많은 일을 실행해내고 있다. 더불어 조급

함과 불안함도 크게 덜어냈다. 그러한 감정을 소비할 시간조차도 쓰기를 거절하고 나의 계획을 실행하는 데에 더 집중한다.

요즘 많은 사람들이 유튜브 영상과 SNS를 하는 데 많은 시간을 사용한다. 10대들은 스마트폰을 통해 실시간으로 틱톡, 유튜브 영상들을 보고 게임을 하는 데에 자율시간을 거의 대부분 쓰고 있다.

생각해보자. 지금 자신은 '무엇'을 하며 '얼마나' 시간을 낭비하고 있는지 말이다.

아마 그 시간만 줄여도 당장 자신의 꿈을 위해 할 수 있는 충분한 시간이 생기는 것을 확연히 보게 될 것이다. 그 소중한 시간을 찾자.

그리고 자신의 꿈을 위해 세운 계획들을 실천해보자. 장기 목표와 1년의 단기 목표를 정하고 그 목표들을 위한 세부적인 계획들을 적는다. 그리고 중요한 것은 그 목표들을 위한 월 계획과 오늘의 자신의 할 일들을 성실하게 실행해내는 것이다. 오늘 자신의 할 일들을 모두 나열해보고 역할별로, 항목별로 분류한다. 그리고 우선순위를 정하여 급한 일과 급하지 않은 일을 한눈에 볼 수 있게 적고 잘 보이는 곳에 붙인다. 적는다고 할지라도 잘 보이는 곳에 게시해놓지 않으면 금세 잊어버리고 놓치기 일쑤다.

자신도 모르게 스마트폰을 종일 손에 들고 하루의 시간을 무의미하게 보내놓고 후회하기를 반복하고 있다면 '지금 바로 지금 내가 해야 할 일'

을 종이에 적어보기를 바란다. 그리고 하나씩 실천해보기를 바란다.

어느 순간 스마트폰의 늪에서 빠져나와 자신의 꿈을 위해 한 걸음씩 걷고 있는 자신의 모습을 발견하게 될 것이다. 실천하기 위한 단 하나의 결단이 없다면 그 어떤 것도 좋은 열매로 얻을 수 없다는 것을 기억하자.

08

내 인생을
만드는
재료 파악하기

나는 언제부터 책 읽기를 좋아했을까?

아주 어릴 적 한글을 뗀 이후로부터 나는 책을 좋아했다. 그 이전에는 잠자리에서 들려주던 엄마의 '옛날 옛적 아주 먼 옛날이야기'가 있다. 물론 며칠을 수제비와 고구마로 끼니를 때워야 했던 가난 때문에 부모님께서 책을 사 오시거나 새 책을 보았던 기억은 전혀 없다. 그러나 내 어릴 적 기억에는 늘 일상 속에 책이 있었다.

친구 집에 놀러 갔다. 예쁜 정원에 계단을 딛고 올라가는 친구의 집 안 거실이라는 곳, 투명 유리 안에 차곡히 정리되어 있는 세계 명작 전집이 가득했다. 몇 번 펴보지 않은 듯한 그 책들을 나는 친구 집을 나서기까지 쉬지 않고 그 앉은 자리에서 최대한 읽어내렸다.

옆집에서 셜록 홈스 시리즈를 한가득 버리려는 것을 엄마가 창고에 가져다 놓았단다. 누가 가져다 버릴세라 어둑해지는 저녁이었음에도 불구하고 당장 달려가 쌀부대 2개로 가득 찬 책을 고사리 같은 손으로 질질 끌고 집으로 왔다. 몇 날 며칠을 밤을 새워가며 때로는 무서워 이불을 머리끝까지 뒤집어쓰고 읽었다.

수업 시간이다. 교과서를 바짝 세우고 그 앞에 단편 소설책을 놓고 몰래 읽기 시작했다. 교단에서 내려다보면 전부 보이는 것을 그때는 왜 보이지 않을 것이라 자신했을까. 수업이 끝나고 나는 반성문을 써야만 했다. 그 책의 이름을 아직도 기억한다.

이렇듯이 나의 성장 시기들 중 나름 괜찮았던 기억들은 늘 책이 함께였기 때문이다. 책이 함께라서 회색빛만은 아닌 어릴 적 기억들이다. 그래서일까? 독서는 내게 큰 활력이자 평생을 함께하는 동반자로서 내 인생의 재료 역할을 톡톡히 해주고 있다.

어떤 이들은 말한다.

"나는 책 읽을 시간조차 없는데 너는 책 읽을 시간도 있고 좋구나~!"

그러고서 늘 휴대전화를 들고 쇼핑을 하고 드라마 영상을 본다. 나에게 독서라는 것은 시간이 있어서 하는 것이 절대 아니다. 지독히 우울하고 힘들었던 어린 시절의 숨을 쉴 수 있는 나만의 공간이었다. 끊임없이 나를 치료하고 갇혀진 나의 환경과 의식을 깨뜨리는 다른 세계로의 연결 고리였으며 수술 도구였다. 현재의 초라한 삶이 나를 가둘 수 없다고, 내게도 볕이 드는 미래가 있다고 말해준 희망의 메시지였다.

결혼 초 남편과 이혼 문턱을 수없이 오고 가며 연년생을 혼자서 키워내면서도 죽지 못해 사는 그 삶을 견뎌내기 위한 돌파구였고 생명줄이었다.

'독서'는 결국 내 인생 최고의 선물인 것이다. 지금의 모든 결과물들이 사실 모두 독서로부터 시작되어 그 안에서 얻어진 것들이 아닌가. 심지어 지금 또한 독서로 인해 독서광이 되었고 작가가 되었다. 책을 통해 SNS를 시작하고 디지털 세상의 시민으로 입성했으며 백만장자 메신저의 삶을 꿈꾸며 나만의 인생스토리가 담긴 메신저의 삶을 꿈꾸게 되었다. '독서'는 내게 정말 특별한 인생의 재료인 셈이다.

나의 한계를 벗어나고 싶을 때가 있다. 때로는 '나는 여기까지인가? 더이상은 안 될 것 같아.'라는 마음이 들 때도 있다. 그럴 때마다 나 자신에게 그 한계를 벗어날 수 있다고 이야기를 해준다. 그때 큰 힘이 되어주는 것은 내게, 있는 가능한 자원들을 살피는 것이다.

10대들에게 그들의 인생을 멋지게 만들어줄 재료가 무엇이 있을까? 생각해본다. 각자 상황에 따라 다르겠지만 다음과 같은 방법으로 재료들을 찾고 활용하라고 말해주고 싶다.

하나, 우선 자신 안에 있는 내적 자원들을 살핀다.

자신이 가지고 있는 긍정적인 자원들, 경험, 도전, 용기, 긍정적인 말과 행동, 끈기, 성실, 노력, 능력, 강점, 잠재력, 좋아하는 것, 잘하는 것, 열정 등. 누구나 모두 한 가지 이상의 내적 자원을 가지고 있다. 자신 안의 내적 자원이 많을수록 더 큰 성공의 에너지를 불러올 수 있을 것이다.

나의 10대 시절 이러한 내적 자원들을 발견하고 활성화 시킬 수 있었다면 나의 꿈과 미래는 더 일찍 나를 찾아왔을 것이다. 공부를 해야 할 목적과 동기가 없었을 뿐 일회적으로 흥미가 생겼거나 시험을 잘 봐야 할 순간적인 이유가 생겼을 때 나의 점수와 석차는 급등하고는 했다. 그래서 늘 어머니의 하시는 말씀 "너는 머리가 좋은 아이야." 사실 특별히 머리가 좋은 것은 아니다.

단순 암기력은 일반적이었지만 어떠한 지식이든 전체와 각 문장을 이해하고 나면 유독 암기를 통째로 해내는 면이 있기는 했다. 예로 중등 사회과목이 늘 30, 40점대를 돌았지만, 찬찬히 이해하며 세 번을 읽고는 90점대 점수를 얻었다. 또한 내가 살던 지역은 고입 시험이 있었는데 집과 가까운 고등학교를 진학하기 위해 시험 한두 달을 겨우 앞두고, 턱걸이였지만 50, 60점을 한꺼번에 올려 원하는 고등학교에 들어갔다. 내게, 있는 특기와 자원을 인지하지 못했고 활용할 수 있다는 것을 알지 못했을 뿐이다.

지금은 충분히 안다. 내가 가진 많은 자원들을 정확히 알고 나의 꿈들을 위해 활용한다. 또한 부족한 부분은 필요에 의해 습득하거나 개발하는 데 시간과 노력을 투자하기도 한다.

둘, 자신의 주변 환경을 살펴본다.

안 되는 이유들이 아니라 되는 이유들을 찾기 위해 자신 인생을 위해 쓸만한 재료들이 무엇이 있는지 둘러본다. 얼마든지 그동안 보이지 않았던 숨겨진 자원들을 쉽게 찾을 수 있을 것이다. 10대의 특성상 학습에 많은 노력을 기울여야 한다면 각자 처한 환경 속에서 인터넷, 책, 또래 친구들, 강의, 학원 등 자신에게 맞는 학습자원들을 활용할 수 있다. 그것들을 통해 학습 전략을 짜고 구체적인 계획들을 세울 수 있다. 학습뿐만이 아니라 자신의 꿈을 찾아가는 과정 또한 마찬가지다.

초등학교 4학년 이〇〇는 남들 앞에 나서는 것을 부끄러워하는 내향적인 아이다. 초등학교를 입학할 때 내심 마음이 놓이지 않았던 이유는 관계가 편해지면 장난꾸러기인 밝은 아이지만 낯선 환경과 사람들에는 유독 불편해하는 아이였기 때문이다. 생각보다 잘 적응하는구나 싶은 6개월이 한참 지난 시기에 매우 자랑스럽게 이야기를 한다.

"엄마, 엄마, 나 오늘 처음으로 화장실에서 응가 했다~!"
"응, 뭐라고?"

그동안 그럼 어떻게 참아왔던 것일까. 아이는 쉬는 시간이 어느새 끝나버릴까 봐 걱정되는 마음에 집에 올 때까지 참곤 했던 것이다.

최근 이사 온 곳에서 다니는 학교는 스쿨버스를 운행하는 학교이다. 하교 후 아무리 스쿨버스를 기다려도 차가 오지 않아 아이는 집까지 걸어서 왔다. 이사 온 지 겨우 이삼일밖에 되지 않은 낯선 곳을 선생님께 도저히 물어볼 용기가 나지 않아 집을 찾아 걸어서 온 것이다. 학교에서는 혼자서 책을 읽거나 소수의 친구들과 조용히 레고 놀이나 손가락을 움직여 싸움 놀이, 말놀이하는 것을 좋아한다. 크게 소리를 내거나 격하게 활동적인 놀이를 좋아하지 않아 대개 여자 반 친구들과 어울린다.

　이 아이를 소개하는 이유는 성향에 따라서 자신에게 맞는 자원이 달라질 수 있다는 것을 보여주기 위해서다. 학교에서 역동적으로 수업을 듣고 궁금한 것은 손을 번쩍 들어 선생님께 질문을 던지거나 친구들에게 물어보면서 학습의 효과를 높이는 친구들이 있다. 수업 시간에 자신 있게 발표하는 것을 좋아하고 토론하면서 자신의 주장을 내는 것이 즐거워하는 친구들 말이다.

　반면, 호기심이 많고 궁금한 것이 있지만 선뜻 선생님께 질문을 하지 못하거나 '친구가 어떻게 생각할까?' 신경이 쓰여 모르는 것을 내색하지 못하는 친구들도 있다. 이런 친구들은 오히려 집에서 하는 학습이 도움이 되기도 한다. 인터넷으로 정보를 검색한다든지, 책이나 도서관을 이용하며 궁금한 것들을 해결한다. 요즘 같은 때에는 온라인 수업을 통해 더 효과를 보기도 한다. 왜냐하면 궁금해도 그냥 지나쳤던 수업 때와는 다르게 모르는 부분이 있으면 몇 번이고 반복하여 듣고 이해하는데 눈치를 보거나 조급해할 필요 없이 시간의 여유를 가질 수 있으니 말이다.

셋, 인적 자원들을 최대로 활용한다.

10대들에게 부모님은 가장 큰 자원이 된다. 나와 같은 경우에도 가정 환경이 불안정하고 힘든 부분이 있기는 했지만 그래도 외부로부터의 안전한 울타리가 되어주었고 그들의 헌신으로 학교 과정을 순조로이 마칠 수 있었던 것은 참으로 다행이고 감사한 일이다. 마찬가지로 모든 10대들에게 부모님은 물질적으로 정신적으로 가장 중요한 자원이다.

가정에서의 생활 못지않게 10대들 대부분의 시간을 할애하게 되는 학교와 학원 등의 선생님과 전문가가 때로는 꿈을 이루는 데 도움을 주는 재료이다. 학습에 대한 도움을 얻기도 하지만 특별히 자신의 진로를 설정하고 계획해 이루어가는 데 큰 도움을 얻는 방법이기도 하다. 진로에 대한 좋은 정보들을 얻을 수도 있을뿐더러 그들의 경험들을 바탕으로 미래를 세워가는 데 특별한 동기부여를 받을 수 있다는 것을 기억하기 바란다.

또한 자신을 위한 롤 모델을 정하는 것은 자신의 꿈을 구체적으로 이루어가는 데 가장 큰 실행력을 준다. 롤 모델은 꼭 한 명이어야 할 필요는 없다. 자신이 이루고자 하는 몇 가지의 모습이 있다면 그 분야의 롤 모델을 각각 정해도 좋다. 블로그, 인스타, 유튜브 등 새로운 도전들을 하며 공부를 할 때도 가장 기본이 되는 것이 모델이 될 만한 케이스를 정하여 벤치마킹하는 것이다. 그들의 활동들을 분석하고 따라 하며 배운다. '모방은 창조의 어머니'라고 하듯이 모방이 발판이 되어 새로운 자신만의 색깔을 창조해가는 것이다.

내 인생을 만들어가는 데에 여러 가지 다양한 자원들이 있다면 좀 더 쉽고 편하게 갈 수 있을지도 모르겠다. 그러나 누구에게든지 완전한 것은 없다. 자신에게 없는 것에 집중하지 않고 있는 것에 집중하기를 바란다. 또한 자신에게 꼭 있어야 할 필요한 재료라면 그 재료를 채울 방법 또한 있다는 것을 꼭 기억하기를 바란다.

5장

지금 꾸고 있는
꿈이 있다면
그것으로도 충분하다

01

지금 꾸고 있는
꿈이 있다면
그것으로도 충분하다

'일이 하나도 안 풀리고 속상하고 답답할 때

내가 나를 달랠 힘도 없고 공허하고 외로울 때

세상은 마음대로 쉽지 않고 내 앞에 길이 막막해 보일 때

어제와 똑같은 반복되는 일상 속에 지친 내가 보일 때

하늘을 바라봐 어두워도 괜찮아

빛나는 별을 찾지 않아도 돼

멍하게 바라봐 아무 생각 없이

빛나는 별이 되지 않아도 돼

조금은 느리게 걸어가도 돼.'

아티스트 109의 〈별이 되지 않아도 돼〉라는 곡의 가사이다.

작년 9월 본격적으로 인스타그램을 시작했다. 그 이전에는 인스타그램이라고 하는 것은 남들에게 자신의 각색된 일상 사진을 게시하며 관심받고 싶어 하는 이들의 사치라고 여겼다. 연예인들 정도는 되어야 색다른 일상을 올리고 연예인은 아니지만, 그들과 다를 것 없는 소위 잘난 사람들이 관심과 시선을 끌고자 하는 놀잇거리라고 생각했으니 그리 긍정적인 시각이 아니었음이 틀림없다. 비단 나뿐만이 아니라 주변 대부분의 시각이 그러했다. 지금도 인스타그램을 잘 알지 못하는 많은 이들은 그러한 생각들을 가지고 있을 것이다.

나의 인스타그램은 일상 사진을 게시하고 스크랩하는 장소가 아닌 목적이 있는 시작이었다. 물론 사람들과의 소통이 가장 기본이었지만 나의 계정을 키우고 그곳을 통해 나를 브랜딩하고 나의 콘텐츠를 키워나가는 것이었다. 인스타그램을 제대로 공부하기 전에는 인스타를 통해 이러한 진정성 있는 소통이 가능하고 다양한 사업들을 통해 수익을 창출해낼 수 있다는 사실조차 알지 못했다. 소통하는 사람들을 통해 나를 소개할 수 있으리라는 작은 바람으로 시작을 했다.

여러 과정들을 통해 함께 SNS를 시작한 동기들이 있다. 연령대도 나와 비슷하거나 그 이상이었고 형편과 상황들도 나와 비슷한 육아맘들이 코로나19라는 시기를 맞아 온라인 안으로 쏟아지듯 들어왔다. 아직 개척되지 않은 디지털 세계의 한 분야에 새로운 기대와 도전을 가지고 출발점에 모여든 것이다. 오프라인에서 어떠한 전문 자격증을 가지고 있고 명함을 가지고 있는지는 그다지 중요하지 않다. 디지털세계 앞에서 모두가 처음부터 시작하는 초보자들이 모여 똑같이 출발선에 섰다. 그리고 별것 없어 보이는 판잣집을 하나씩 세워가기 시작했다.

여러 달이 지났다. 한 달 두 달이 지나가며 서로 계정들을 키우는 데 집중했고 팔로워 수가 천 명, 삼천 명이 넘어가며 응원과 축하 이벤트도 했다. 각자의 색깔들이 자연스럽게 드러나기 시작한다. 때때로 찾아오는 인태기(인스타 권태기)와 오프라인&온라인의 균형을 고민하고 갈등하는 지점에서 우리는 항상 비슷하게 만난다. 서로 격려하며 힘을 실어준다. 아무리 열정과 목표가 확실한 나였다 하더라도 혼자였다면 이미 포기했을 여정을 인스타 친구들이 있어서 또다시 힘을 내어 달릴 수 있었다.

그렇게 두 달 후면 1년이 된다. 1년이 거의 되어가는 지점에서 주변을 둘러보았다. 함께 시작했던 동기들이지만 아직 남아있는 사람, 그만두고 떠난 사람만이 있을 뿐이다. 아직 남아서 활동하고 있는 사람이라면 속도의 차이는 있으나 각자 본인의 콘텐츠가 확실해졌다. 제품 협찬과 체험단을 하고 있는 친구들, 공구(공동구매)를 진행하는 친구들, 여러 콘텐츠를 가지고 강의를 제작해 줌 미팅을 하는 친구들이 있다. 자신의 오프라인 재능과 직업을 살려 온라인을 통해 빌딩을 확장한 친구들도 많다. 북클럽을 만들고 새벽을 깨워 함께 공부하는 클럽도 만든다. 자신들이 꿈꾸었던 캐릭터를 하나씩 가지고 그들만의 방식으로 콘텐츠들을 디자인한다.

초반에 특별한 수익 활동은 없었지만, 꾸준히 자신을 브랜딩 했던 친구들은 자신이 쌓아왔던 이미지들과 잘 어울리는 기업과의 연계를 통해 또 다른 수익 활동들을 창출해내고 있다. 나는 이것저것 내게 있는 욕구들을 후회 없이 시도해보다 결국은 책과 관련된 콘텐츠를 선택하고 집중하기로 했으며 그것들은 교육과 모두 연결이 된다.

결국 끝까지 남아 있는 자들은 무엇이든 서로 다른 각자의 결과물들을 내놓게 되어 있다. 때로는 느리게 갈 수도 있다. 엉금엉금 기어서라도 꾸준히 포기하지 않고 가다 보면 어느새 자신들의 목적지에 닿게 되어 있다. 잠시 멍하니 먼 산을 바라보며 쉼을 가지더라도 중요한 것은 끝까지 가는 것이다. 끝까지 놓지 않는 것이다. 그것으로도 충분하다는 것을 기억하며 꿈이 있다면 좌절하지 말기를 바란다.

기록에 있는 재미있는 이야기가 있다. 콜럼버스가 아메리카 대륙을 발견할 때의 일이다. 콜럼버스의 배가 카리브 해를 건너올 때 원주민들은 배를 보지 못했다는 것이다. 아주 커다란 범선이 바다 한가운데에 떠 있는데도 불구하고 원주민들에게는 이 배가 보이지 않았다는 것이다. 그 이유를 아는가?

원주민들은 단 한 번도 이렇게 어마어마한 큰 배를 본 적도, 들은 적도 생각해본 적도 없었기 때문에 원주민들의 두뇌에는 범선에 대한 정보가 아예 없었던 것이다. 그래서 그들은 눈으로 보아도 보지 못하고 인식되지 못했다. 그런데 그중 한 사람이 물결이 계속 일어나는 것을 보고 이상히 여기기 시작했다. 보고 보고 또 보고 유심히 지켜보던 중 이 배가 보이기 시작한 것이다.

이러한 비슷한 경험을 누구나 한 번쯤은 해보았을 것이다. 바로 앞에 버젓이 있는데도 불구하고 보지 못하다 보게 되는, 알고 나면 쉽게 보이는 것인데 그전까지는 결코 찾을 수 없었던 경험 말이다. 우리의 두뇌는 이렇듯이 내가 아는 것 그리고 믿는 것을 인식한다고 한다.

10대들에게 어느 누구도 지금 당장 너의 꿈을 이루라고 말하지 않는다. 어느 누구도 지금 당장 성공의 결과물들을 내어놓으라고 말하지 않는다. 단지 인생을 살아보니 내가 알지 못해서 한참을 돌고 힘겹게 왔던 길들을 10대들이 시행착오를 덜 겪으며 가볍게 갈 수 있도록 돕고 싶을 뿐이다. 꿈을 가지고 자신의 인생을 보다 여유롭고 즐겁게 그려가기를 10대들에게 바람일 뿐이다.

진로에 대한 다양한 경험과 꿈과 미래에 대한 정보는 매우 중요하다. 자신이 경험한 만큼 생각하고 자신이 아는 만큼의 범위에서 꿈을 결정하게 되기 때문이다.

'우물 안 개구리'라는 속담이 있다. 자신이 알고 있는 것이 전부라고 생각하고 그 좁은 범위 안에서 자신의 미래를 꿈꾸지 않기를 바란다. 10대라는 시기는 진로를 탐색하는 시기이다. 충분히 시행착오를 겪으며 자신의 진로를 찾아가는 시기이다. 그러니 당장 자신에게 진로가 결정되지 않았다고 조급해하지 않기를 바란다.

진로란 앞에서도 언급했듯이 좁게는 직업과 관련이 있지만 넓게 보면 누군가의 인생을 설계해나가는 과정 전체를 말한다. 따라서 이 시기에 자신의 진로를 탐색한다는 것은 전공학과를 정하고 직업을 정하는 것 이상을 의미한다. 자신의 적성과 성향, 재능과 흥미 그리고 자신이 희망하는 특성과 관련해서 직업뿐만이 아니라 다양한 영역에서의 체험과 경험적인 활동들이 이루어져야 한다는 것이다.

그렇게 함으로써 충분하게 정보들을 접하여 미래를 생각해볼 수 있는 기회를 얻도록 해야 한다. 요즘 시대에는 교과과정, 자기 주도 진로 체험, 진로 박람회, 진로 심리 검사, 진로 적성 검사와 같은 전문기관의 프로그램 등 10대들의 진로를 탐색할 수 있는 많은 프로그램들이 있다. 10대들이 충분한 진로를 탐색하는 시간들을 잘 활용하기를 바란다.

인간의 평균 수명이 83.3세라고 했을 때 나는 딱 인생의 반에 있다. 나의 꿈을 명확히 붙들고 집중한 지는 얼마 되지 않았다. 그럼에도 불구하고 되돌아보면 꾸준히 꿈을 향해 달려왔다. 내 안에 꿈을 향한 간절함이 있었기 때문에 희미했던 하나하나의 꿈들을 채워 담아 여기까지 이르게 된 것이다.

꿈이라는 것은 그 자체로 참 아름답다.

꿈을 포기하지 않고 가슴에 품고 있다면 그 꿈은 반드시 어둠 속에서도 한 줄기의 빛이 되어 우리 인생 가운데 비추일 것이다. 그 빛을 따라가다 보면 곧 가득 채워진 자신의 꿈을 마주하게 된다. 그러니 끝까지 자신의 꿈꾸기를 포기하지 않기를 바란다. 또한 지금 자신에게 꿈이 없다면 꿈을 찾기를 바란다. 자신의 꿈을 그 어떤 꿈과도 비교하지 말고 세상이 정해놓은 성공이라는 정의에 흔들리지 말고 '나만의 꿈을 향해 나의 페이스대로.' 그것으로도 충분하다는 것을 꼭 기억하기를 바란다.

'비가 오는 날 우산을 안 들고 가시는 분, 그분 옆에 서서 같이 비를 맞고 가거나 내 우산을 드렸으면 좋겠다. 그리고 거기서 나누는 이야기들, 그 이야기들을 가지고 와서 커피 한 잔 마시면서 오늘 참 행복했다고 말할 수 있으면 좋겠다. 그리고 눈 감고 늘 행복하게 잠들 수 있으면… 그런 삶을 살고 싶어요.'

어느 누군가의 꿈이다.

02

꿈꿀 수 있는
오늘에
충실하자

"우당탕 쿵 탕."

"정말 무엇을 하려고 해도 대체 할 수가 없어~!"

"아침저녁으로 집안 정리하고 애들 돌보고 애들 재우고 나면 이 시간이니 도대체 내가 책을 쓰고 개인 사업을 할 수 있는 내 시간은 언제야?!"

결국 꾹꾹 눌러 담았던 불평과 불만들이 한꺼번에 터졌다. 설거지를 하는 달그락거리는 소리가 나의 언성과 함께 덩달아 커졌다. 너무 억울하다는 생각이 들었다. 그동안 남편 학업과 일을 돕느라 희생했고 어린 아이들을 돌보느라 양육에 매진했고 이제야 겨우 내가 하고 싶은 일들을 이루어보겠노라고 시작한 일들인데 마감일은 다가왔고 조급한 마음만 남았다. 전부 내게만 쏠려있는 듯한 집안일들과 아이들을 돌보는 일들이 너무 화가 났다. 대체 왜 나만 이렇게 희생해야 하는 것이냐고. 온갖 불만스러운 일들만 한가득히 쏟아져나왔다.

나에게 꿈이 있다면, 오늘에 더더욱 충실해야 함을 최근에 와서 더 느끼게 된다. 나의 꿈들은 미래를 향한 것이지만 그 미래를 이루는 것은 오늘이기 때문이다. 더군다나 나 혼자만의 꿈인 듯하지만, 결코 나 혼자의 행복을 위한 꿈이 아니라는 것을 알기 때문에 소중한 가족과 친구와 이웃들과 함께 하는 오늘은 더 귀할 수밖에 없다.

'오늘 나에게 소중한 것들이 내 꿈과 미래를 이루고서 보니 모두 사라져있다면 어떨까? 행복할까? 과연 나의 꿈과 맞바꿀 수 있을까?'

결론은 당연히 아니다. 나의 꿈들은 단순히 자아실현과 성취를 이루고 만족하기 위한 것이 아니다. 그 꿈 안에는 내게 소중한 것과 소중한 사람들이 함께 있다. 그중 내 가족들과 함께, 내 이웃들과 함께라는 것은 누구에게나 당연하고 동일하지 않을까 싶다.

그래서 나는 오늘을 대하는 '나의 자세'에 무던히 충실하기로 결단했다. 나의 꿈을 대하는 진지함만큼 나의 일상속의 업무들과 가족들, 친구들을 대한다. 쏟아지는 많은 일들 속에서 나의 일들을 분류한다. 직장에서, 가정에서, 아내로서, 엄마로서, 딸로서 등등 모든 것을 할 수 있을까 의구심을 가졌다. 그런데 해보니 할 수 있다. 그 이전에 안 했던 것이 돼 버릴 뿐이다. 할 수 없으리라 생각했었을 뿐이다.

이전에는 가정일과 센터 일을 하며 영상 수업 과정을 듣는 데만도 하루의 시간이 빠듯했다. 그때도 조급한 마음으로 시간이 없다며 전전긍긍했다.

그런데 지금은 가정일과 센터 일을 하며 영상을 만들고 SNS 인스타그램 피드도 하나씩 올리며 책도 쓰고 있다. 그 이전에 안 했을 뿐이다. 성공하는 사람들에게는 성공의 속도, 성공 마인드가 있다고 한다. 우리가 아무리 바쁘다 해도 그들만큼 바쁠까? 할 수 없다고 생각하기 때문에 할 수 없다.

"할 수 있다."

그 마인드로 오늘 나는 나를 새롭게 리셋하고 하루를 시작한다.

5월 중순쯤, 책쓰기 과정에 등록을 했다.
'이제는 책을 쓸 때이다. 더 이상 나중이라고 생각하지 말고 지금 쓰자.'

강한 확신이 왔을 때 각오를 다지고 기회를 잡았다. 그리고 바로 책 쓰기 수업과 함께 나의 모든 일상의 최우선순위를 책 쓰기로 정했다. 책의 주제가 정해지고 책 제목이 정해졌다. 나의 첫 책은 어머니의 인생 스토리를 담은 에세이집을 내는 것이었지만 앞으로의 행보를 위해 책의 주제를 바꿨다.

나름 평생 동안 책을 좋아했고 때때로 글 쓰는 것을 즐겼고 글이 참 좋다는 이야기들을 들어왔으니 진도를 잘 따라갈 수 있으리라 생각했다. 자만심은 아니지만 어느 누구보다 앞서서 갈 자신이 있었다. 그런데 웬걸…. 글 쓰는 것과 책 쓰는 것은 매우 다르다는 것을 알게 되었다.

특히나 내 머릿속에서 쥐어짜지 말고 너무 많은 생각들을 하지 말아야 한다는 지침은 내 머릿속을 텅텅 비우게 했다. 일반 사람들보다 많은 생각들을 하는 나는 의식적으로 내 머릿속의 생각들을 털어냈다. 그리고 '대체 생각이 있는 것인지 없는 것인지.'라는 말에 딱 맞는 과제물을 내놓았다.

"다시 과제 해서 보내세요~!"라는 말은 너무 당황스러웠고 내 마음을 조급하게 했다. '이러다 나는 제대로 잘 할 수 있을까? 어떻게 해야 하는 거지?' 그럴수록 나의 하루는 정말 우스꽝스럽다. '안절부절'이다. 책상 앞에 앉아 있어도 차분히 앉아 있는 것이 아니다. 집안일을 하면서도 센터에서 일하면서도 아이들과 시간을 보내면서도 '아, 과제 해야 하는데, 목차 만들어야 하는데, 원고 써야 하는데.' 온통 조급함과 불안함으로 가득 채워져서 엉덩이만 들썩이고 있다. 정작 시간을 내어 책상 앞에 앉아 A4용지를 꺼내 들고 노트북을 켰음에도 불구하고 쌓여있는 일거리들을 보고 엉덩이만 들썩이고 있는 것이다.

결국 시간만 지났을 뿐 해놓은 것이 하나도 없다. 그리고 더 조급함의 악순환이다. 일주일 정도를 그렇게 생활했던 듯하다. 그리고 정신을 차리고 나를 지켜봤다. 왜 이러고 있는 것인지. '욕심'에서부터 시작이 되었다는 것을 알았다.

'너무 잘해보고자 한 욕심, 남들보다 빨리 앞서가고 싶어 하는 욕심, 인정받고 싶은 욕심, 빨리 결과물을 얻고 빨리 성공하고 싶은 욕심.'

이 욕심들은 결국 나를 너무 조급하게 했고 불안해서 우왕좌왕 안절부절못하게 했다. 일주일이라는 시간이 지났지만 해놓은 것이 하나도 없다. 그래서 몸의 힘을 빼기로 했다. 잘하고자 하는 욕심도 던져버렸다.

'지금 내가 하는 일'에 집중하지 않고 '해야 할 것'을 생각하느라 시간을 빼앗기기보다 '지금 내가 하는 일' 지금 이 순간에 집중하여 하나씩 해버리기로 결심했다.

10대들의 꿈은 찬란하다. 아주 작은 꿈이라도 유독 빛이 난다. 그 빛이 더 스스로 빛을 내도록 하기 위해서는 '오늘'에 충실해야 한다. 10대들에게 오늘에 충실할 수 있는 것에는 어떤 것들이 있을까? 각자마다 학생으로서, 자녀로서, 친구로서 자신이 오늘 해야 할 일들이 떠오를 것이다. 특히나 10대들에게는 시기적으로 가장 고민이 되는 것이 학교 공부와 성적이다.

지금 나는 10대들에게 질문 하나를 던진다.

"공부는 해야 하는가? 왜 해야 하는가?"

나 자신에게 솔직하게 대답해보자.

아마도 거의 대부분의 10대들이 동일하게 대답을 했을 것이다.

"공부를 해야 한다. 왜? 꿈을 이루기 위해서."라고 나머지 학생들마저도 사회적인 분위기와 구조 때문에라도 공부는 해야만 하는 것이라고 인정할 것이다. 그렇다. 사실은 공부해야만 하는 이유를 모두가 알고 있다. 그런데 재밌는 것은 꿈을 이루기 위해 학교 공부와 성적이 그다음의 문을 여는 중요한 역할을 한다는 것을 알면서도 정작 구체적인 목표와 계획을 세워 실행하는 학생은 몇 안 된다는 것이다.

공부가 직업을 정하는 데 작지 않은 역할을 한다. 직업과 관련해 자신의 수입과 주변의 인간관계가 만들어진다. 그 가운데서 자신의 인생 반려자를 만나게 되며 자신의 생활 수준의 울타리가 만들어진다. 물론 공부가 전부를 결정하는 것이 아니기 때문에 공부가 모두에게 답이라는 이야기는 아니다. 그러나 분명한 것은 공부가 자신들의 꿈과 미래, 인생에 미치는 영향을 10대들이 인지하기를 바라는 마음이다.

꿈이라는 것은 거저 얻어지지 않는다. 자신의 꿈을 이루기 위해 집요한 집중력과 노력을 발휘해야 하는 것처럼 수많은 노력 중에 '공부'도 그중 하나임을 알고 지금 자신이 할 수 있는 오늘에 최선을 다하기를 바란다. 자신이 어떤 환경에 처해 있든 그러한 것은 어떤 이유도 되지 않는다. 자신의 페이스를 인정하고 해야 할 것들이 산더미처럼 높아 좌절감이 다가온다면 더욱 지금에 집중하여 오늘에 충실해야 할 때이다.

자신의 꿈과 미래를 바꾸는 훌륭한 일들을 '지금'하고 있다는 것을 꼭 기억해야 한다.

인간은 죽음의 문턱에 다다랐을 때 진정한 인생의 의미를 깨닫는다고 한다. 또한 가장 큰 후회와 아쉬움은 사랑하는 사람들과 더 많은 시간을 보내지 못했다는 것이라고 한다. 나 또한 나이가 들어갈수록 부모님과 내 가족들이 참으로 소중하다는 것을 느끼게 된다. 나이가 들어갈 자신의 모습을 상상하며 그토록 울었던 우리 엄마는 이제 60대가 훌쩍 넘었고 나는 그 시절 엄마 나이보다 많은 나이가 되었다.

아직 한참 어린 10대들에게는 인생이 무척 길어 보일 테지만 인생은 누구에게나 유효기간이 있는 법이다. 가족과 함께하는 시기도 생각보다 길지 않다. 세상에서 가장 나를 사랑하는 사람, 내 가족들과 오늘의 행복을 쌓아가기 위해 작은 추억들을 쌓아보는 것은 어떨까.

유독 가족들보다 또래 친구들과 많은 시간을 보내게 되는 10대이다. 그러나 친구도 소중하지만, 이 땅에 어떠한 상황에서도 나의 편이 되어줄 존재인 가족들을 소중하게 생각하고 그 마음을 부모님과 가족들에게 표현해보는 것을 어떨까.

그것 또한 우리에게 주어진 오늘에 충실히 임하는 방법이니 말이다. 그 충실함은 우리의 꿈과 미래를 더욱 의미 있고 빛이 나도록 해줄 것이다.

실패는
또 다른
과정이다

"한 번은 인사동의 한 카페에서 쫓겨난 일이 있었어요. 카페에 손님이 많을 시간인데 혼자 와서 앉아 있는 것이 안 좋아 보였나 봐요. 길지 않은 시간 그 카페에서 제가 느낀 것은 사람은 고독하다는 거였어요. 외롭지 않아도 혼자 있는 순간 고독해지는 거예요.

그래서 '저 사람도 고독하겠구나.' 이런 생각이 들더라고요. 그때 생각했어요. '사람들의 고독을 터치해주고 싶다.'라고요. 자연스러운 만남으로 말이죠."

지승룡 대표의 인터뷰 대화 내용이다.

대학 시절 친구들과 함께 새로운 문화 공간을 찾았다. 매우 신선하고 예쁜 장소였던 '민들레 영토' 민토라고 불렸던 이곳은 대학생들에게 새로운 카페 문화 공간이었다. 화사하고 이색적이기도 했던 분위기 좋은 카페 공간도 있었지만 카페 안에 세미나실이라는 곳도 있어서 예약하고 빌릴 수가 있었다. 여러 명의 친구와 모일 때, 소그룹 모임이나 스터디 모임을 할 때에도 편리하게 사용하기에 더없이 좋았다.

특이하게도 문화비라는 것이 있었다. 하지만 '문화비'만 내면 음료와 빵 또는 사발면을 먹을 수가 있었다. 오히려 적은 비용으로 가성비 높은 공간을 활용할 수 있어 대학생들에게 인기 높은 공간이었다.

그런데 아는가? 성공 스토리들에 한결같이 등장하는 특이한 사연이 민들레 영토의 대표인 지승룡 씨에게도 있다는 것을.

그는 목회 활동을 하던 성직자였다. 그러나 예기치 못하게 이혼하게 되면서 사회적인 인식과 시선 때문에 더는 목회 활동을 할 수 없다는 것을 깨닫고 그만두게 되었다. 교회를 떠나고 민토를 시작하기 전 3년이라는 긴 공백 기간 동안 그는 근처 도서관을 출근하듯 하며 2000여 권의 책을 읽었다. 서른여섯의 나이에 어느 곳에도 설 자리가 없어 보이는 사회에서 무언가 탈출구가 필요했기 때문이다.

그러던 중 인사동의 한 카페에서 쫓겨나듯이 나와 '쫓겨나지 않고 편안하게 있을 수 있는 카페를 만들면 어떨까?'라는 아이디어를 떠올리게 된 것이다.

겉모습으로만 판단한다면 이혼은 실패였다. 목회 활동을 그만두게 된 것도 실패였고 특별한 직업과 일도 없이 카페에서 눈치 받고 쫓겨난 것도 너무도 서글픈 인생의 실패였다. 그러나 지승룡 대표는 실패를 실패가 아닌 또 다른 과정으로 옮겨다 놓았다. 그 이후에도 무일푼으로 카페를 차릴 자본이 없었으니 자본을 벌기 위한 노력과 어려움들을 겪어야만 했다. 그러나 그것 또한 카페를 차려 '엄마가 자녀들에게 밥상을 차려주듯이, 어머니의 포근함을 느낄 수 있는 휴식 공간을 만들겠다.'라는 그의 꿈을 위한 과정이었을 뿐이다.

우리에게도 마찬가지이다. 실패라는 것은 없다. 때로는 실망과 좌절을 느낄 때가 있겠지만 그것은 실패가 아니다. 꿈을 이루어가는 또 다른 모양의 과정일 뿐이다. 성공한 사람들의 이야기를 보고 듣다 보면 어느 누구도 단번에 높은 곳에 올랐다는 사람은 없다. 대부분의 경우들이 실패라고 속삭이는 고난과 역경 속에서 속지 않고 묵묵히 견뎌왔다는 것을 보게 된다. 현실을 탓하며 자신의 환경을 부정적으로 받아들이고 주저앉았다면 그것이 곧 실패인 것이다.

2021년 아카데미 시상식 〈미나리〉로 여우조연상을 수상한 여배우 윤여정 씨를 기억할 것이다. 그녀는 한국 배우 최초로 오스카 여우조연상 수상이라는 영광을 안았다. 그녀의 나이 75세이다. 그녀의 화려한 성공 뒤에는 어떤 이야기들이 있을까?

"나는 과연 훌륭한 여자와 13년을 살았구나…."

뒤늦은 아쉬움을 불러일으킬 정도로 그녀는 재능도 많고 남편도 알뜰살뜰히 챙기는 여자였음이 틀림없다. 남편과 자녀들, 가정에 충실하기 위해 배우라는 직업을 접고 이민 생활을 했던 그녀는 13년 만에 남편의 외도로 이혼을 했다. 이혼을 하고 나서 배우로 다시 복귀한 그녀는 한국 사회에서 이혼녀라는 꼬리표를 달고 두 아들을 키우며 경제적인 생활고에 시달리게 된다.

복귀한 방송 활동 또한 쉽지만은 않아 단역에서부터 보조 출연과 노출 신에 이르기까지 마다하지 않았다. 영화 '바람난 가족'에서의 노출 연기를 한 것은 '집 수리비를 내기 위한 것이었다.'라는 이야기가 있을 정도로 두 아들을 양육하며 살아내기란 결코 쉬운 일이 아니었을 것이다. 그러나 좌절할 틈도 없이 그녀는 묵묵히 주어진 역할에 감사해하며 자신의 연기력만으로 돌파해나가기 시작했고 두 아들 또한 혼자서 훌륭하게 키워냈다.

이혼이라는 사건이 없었을지라도 또 다른 의미 있는 삶들이 펼쳐졌겠지만, 이혼이라는 것이 실패라는 모습으로 다가왔을 때 그녀는 실패하기를 선택하지 않았다. 실패라는 것을 거부하고 또 다른 삶을 용기 있게 마주했다. 그리고 그 삶을 멋지게 살아내기로 선택한 것이다. 이것이 또 다른 과정임을 알았던 것이 아니겠나 싶다. 설사 아무 생각 없이 그저 버텼을 뿐이라 한다 해도 지나고 보니 실패가 아닌 또 다른 성공을 위한 과정이 되었음을 우리는 확인한다.

'성공'이라는 것은 '목적하는 바를 이룬다.' 즉 '내가 이루려고 하는 것을 이룬다.'라는 것을 의미한다. 그것이 누군가에게는 물질적인 풍요일 수도 있고 가정을 이루는 것, 또는 행복해지는 것이 자신 인생의 성공이라는 사람도 있을 것이다. 성공이라는 각자의 기준은 다르지만 어떤 노력을 하고 있든지 간에 중요한 것은 어느 정도의 시간이 필요하고 과정이 필요하다는 것이다.

또한 성공과 성공, 실패와 실패, 성공과 실패 과정들의 연속들임을 미리 알고 인정하는 것은 쓸데없는 감정과 에너지를 소진시키지 않고 멀리 갈 수 있는 비결이다. 더불어 그 실패가 곧 실패가 아닌 하나의 점이고 과정임을 확신하기를 바란다. 우리들의 대부분의 인생은 자신의 뜻과 계획대로 쉽게 흘러가지 않는다는 것을 우리는 이미 알고 있다. 다만 하루 아침에 뚝딱 성과가 내 눈앞에 나타나기를 기대하는 어리석음을 저지른다는 것이다.

'하나의 문이 닫히면 또 다른 하나의 문이 열린다.'

기억하라. 지금 내게 하나의 문이 닫혔는가? 그렇다면 또 다른 하나의 문이 열릴 것을 기대해보라. 너무 설레고 신이 나지 않는가? 지승룡 대표가 고독한 상황에서 편안함을 줄 수 있는 아이디어를 생각해내었듯이 어려운 상황 속에 기회라는 것이 웅크리고 찾아주기를 기다리고 있을 것이다.

평범하게 직장생활하고 사업을 하다 코로나19로 인해 예기치 못하게 휴직한 사람들이 있다. 처음에는 단기간으로 잠시 쉬는 것으로 생각했지만 코로나의 사태가 몇 개월이 지나 장기화하면서 겨우 버티던 사업과 직장을 정리해야 하는 어려움이 생기게 된 것이다. 눈물을 쏟고 가슴을 치며 아파하다 더 이상 좌절하고 있을 수만은 없다고 냉정하게 파악한 그들의 일부는 디지털 세계로 들어와 온라인 빌딩을 세워갈 방법들을 찾았다. 계기가 되어 새로운 시대에 앞서갈 선두주자로 또 다른 기회를 잡게 된 것이다.

얼마 전 6월 김미경 씨는 『김미경의 리부트』 출간 1주년 기념으로 온라인 강의를 했다. 그녀는 우리는 세 개의 땅 위에서 살게 된다고 이야기했다.

하나, 아날로그 세상
둘, 디지털 세상
셋, 메타버스 세상

또한 이러한 새로운 땅 위에서 살기 위해서는 7가지의 기술을 반드시 알아야 한다고 말한다.

1. AI와 빅데이터

2. 블록체인

3. AR&VR

4. 메타버스

5. 클라우드 컴퓨팅

6. IOT

7. 로봇공학

이미 인터넷 기사들이나 트렌드 코리아 등 현실로 다가온 미래에 관한 기사와 책들을 통해 이미 조금씩은 접해보았을 것이다.

마지막으로 그녀가 말한 또 다른 지구에서 살아남기 위한 3가지 법칙을 소개한다.

1. 데이터 휴먼으로 다시 태어나야 한다.

2. 7가지 기술을 공부해 3개의 땅을 선점해야 한다.

3. ESG(지속가능투자) 관점으로 내 일과 사업에 완벽하게 적용해야 한다.

아날로그 세상에서 자신의 집과 땅, 빌딩을 가지고 있다고 해도 그것으로 충분하지 않은 세상이 왔다. 이미 아날로그 세상에서 코로나19로 사업과 생계의 타격을 받고 그것이 계기가 되어 아날로그 세상의 한계를 경험한 이들이 디지털 세상으로 앞서 들어왔다. 그곳에 자신만의 집과 땅 그리고 빌딩을 열심히 세워가고 있다.

분명 그들은 자신의 사업과 인생이 실패했다고 생각했을 것이다. 그러나 그들은 실패를 실패가 아닌 과정으로 탈바꿈시키기에 주저하지 않았다. 힘들고 절망적인 순간이었지만 지금은 이 세 개의 땅 위에서 역동적으로 오고 가고 있다. 곧 일상이 될 메타버스 세상을 오고 가는 선두주자를 달리게 된 것이다.

10대들에게는 아직 이러한 인생의 고난과 실패의 경험이 그리 많지 않을 수도 있다. 또는 평범한 또래들과는 다르게 '나만 왜 이런 것이냐'는 어려움을 현재 겪고 있을 수도 있다. 그러나 말하지 않더라도 누구에게나 이러한 고난은 인생 가운데 수없이 마주하게 된다.

그러니 지금 단단히 가슴에 새겨놓자. 실패는 '또 다른 과정일 뿐'이라는 것을 말이다.

04

긍정적인 생각은
더 큰 꿈을
꾸게 한다

옛날 옛적 아주 먼 옛날, 우산 장수와 짚신 장수 아들을 둔 한 어머니의 우화를 잘 알고 있을 것이다. 어머니는 햇빛이 쨍쨍한 날에는 우산 장수인 큰아들의 장사가 잘 안될 것을 걱정했고 비가 오는 날에는 땅이 온통 젖어 짚신이 잘 팔리지 않을 것을 걱정하여 하루라도 마음 편할 날이 없었다. 날이 좋으면 날이 좋아서, 날이 안 좋으면 날이 안 좋아서 이러나 저러나 모든 날이 한숨으로 가득 차 하루하루 근심의 연속이었다. 이를 지켜보던 행인이 어머니에게 말한다.

"햇빛이 쨍쨍한 맑은 날에는 작은아들의 짚신이 잘 팔려서 좋고, 날이 흐리고 비가 오는 날에는 큰아들의 우산이 많이 팔리니 좋은 것이 아니겠소."

　그러고 보니 정말 맞는 말이 아닌가. 긍정적인 생각으로 햇빛이 쨍쨍한 날에도 비가 오는 날에도 매일같이 행복할 수 있었는데 부정적인 생각을 하였기 때문에 두 장수의 어머니는 맑은 날에도 흐린 날에도 매일같이 근심이 가득하니 불행했던 것이다. 이처럼 생각이라는 것은 큰 간극을 만든다. 어떤 생각을 하는가 어떤 마음가짐을 갖는가에 따라 큰 차이를 만들어내는 것이다.
　평소에 내가 하는 생각과 내가 선택한 태도는 하나의 습관을 만든다. 그리고 습관이 쌓여 나의 생활 공식을 만들고 그 공식은 결국 나의 인생을 좌우하게 된다. 매사에 긍정적인 생각을 하는 사람과 부정적인 생각을 하는 사람을 가만히 지켜보라. 똑같은 상황 속에서 전혀 다른 반응을 하는 것을 금방 알 수 있을 것이다.

　'오만가지 생각'이라는 말을 들어보았을 것이다. 보통 사람들은 하루동안 5만여 가지의 다양한 생각들을 하며 산다고 한다. 그중 대부분 사람들이 긍정적인 생각보다는 부정적인 생각들을 더 많이 한다는 것이다.

　'짜증 나. 왜 이렇게 일이 안 풀려. 귀찮아. 할 수 없어. 안돼. 하기 싫다. 힘들다. 하지 말까?' 등 그리고 바로 따라오는 부정적인 감정들은 덤이다. '불평, 화남, 미움, 원망, 초조, 불안' 등등. 어떤가 생각만 해도 에너지가 쑤욱 빠져나가지 않는가?

　너무나 우리들에게 익숙한 생각과 감정들이지만 사실은 우리가 의지적으로 거절해야 할 부정적인 에너지들이다. 오늘 하루 동안 여러분들은 어떠한 생각들을 했는가? 평상시에 부정적인 생각을 많이 하는 사람이었다면 자연스럽게 공식처럼 지금의 어떤 상황들에도 부정적으로 대하고 있을 테다. 반면 긍정적으로 상황들에 반응하는 사람이라면 자연스럽게 짜증스러운 상황에서도 긍정적으로 사람과 사물을 대하고 있을 테다.
　나는 참 긍정적인 사람이다. 나 자신도 그렇게 생각하지만, 주변 사람들로부터도 그러한 이야기를 종종 듣는다. 그러나 내가 처음부터 긍정적이었던 사람은 아니었다. 이제는 모두들 알겠지만 어릴 적 환경과 경험들로 나는 나 자신을 매우 부정하게 대했었다.

　'너무 못생겼어. 자신이 없어. 남들이 나를 하찮게 생각하겠지. 아무것도 하고 싶지 않아.'

　항상 마음은 위축되어 있었고 피해의식과 낮은 자존감으로 부정적이고 어두운 기운이 가득했다.
　한 연구 결과가 있다. 부정적이고 낮은 자존감을 가진 사람일수록 남을 지적하고 깎아내리는 것으로 자신의 자존감을 채운다는 것이다. 결국 자신의 능력과 꿈을 키우기보다는 남을 시기하고 불평하며 에너지를 허비한다.

언제부터였을까? 내가 긍정적으로 변하게 된 결정적인 계기가 있었을까? 아마 결혼하고 아이를 낳고 가정을 만들어가며 내적 성장과 함께 변한 것이 아닐까 생각해본다. 결혼생활이 미친 듯이 힘들었다. 연년생의 아이들을 셋이나 혼자 키워내는 것이 미친 듯이 힘들었다. 그 미친 듯이 힘든 삶들이 사실은 나를 성장시켰다.

경계선 바로 앞에 섰다. 미치기 바로 직전, 쓰러지기 바로 직전, 죽기 바로 직전. 다시 한번 살아보기로 했다. 그러고 나서 나는 살기 위해 결코 내 입 밖으로 힘들다는 말을 내뱉지 않기로 결심했다. 사소한 것이라도 불평하고 원망하는 순간 큰 다툼이 생겼으며 힘들다는 말을 하는 순간 죽을 것만 같은 힘듦이 마구 쏟아져 감당이 안 될 것을 알았기 때문이다.

또 하나는 스스로 부정적인 생각과 부정적인 말들을 하는 것에 대해 나의 의지로 거절했다. 감정소비를 할 에너지조차 아껴야 할 내게는 사치였기 때문이다.

참 신기한 것은 그렇게 힘들다는 말을 하지 않은 이후로 힘들다는 생각조차 자연스레 하지 않게 된 것이다. 그리고 이러한 긍정적인 생각은 나의 일상을 살 수 있는 구조로 바꾸어 주었다. 디테일한 것조차 할 수 있다는 생각을 가지게 되었으며 스스로 가능한 패턴을 찾아내게 된 것이다.

〈인생은 아름다워〉라는 이탈리아 영화가 있다. 아들을 사랑한 아버지의 마음과 희생이 전 세계로 울려 퍼졌던 감동적인 영화이다. 시골 청년 '귀도'는 시골에서 도시로 상경한 유대계 이탈리아인으로 친척의 호텔에서 웨이터 일을 시작했다. 근근이 하루를 살지만, 항상 긍정적이고 유쾌하다. 그곳에서 첫눈에 반한 로마인 여성과 결혼을 하고 조슈아라는 아들과 함께 가정을 꾸미고 행복한 나날을 보낸다.

그러던 어느 날 갑자기 독일군에게 귀도와 조슈아는 끌려가게 된다. 외출하고 돌아온 아내 '도라'는 사라진 남편과 아들 그리고 엉망이 된 집안을 보고 상황을 직감하게 된다. 뒤늦게 유대인들을 태운 열차에 올라타 뒤를 따르는 아내 '도라'. 수용소에 끌려간 귀도는 수용소 안에서 엄청난 노동과 고역에 시달리면서도 아들을 안심시키기 위해 혼신의 힘을 다한다.

"지금 우리는 탱크를 얻기 위한 게임을 하고 있어. 아빠가 점수를 많이 따와서 우리가 지금 1등이란다. 저 사람들 말을 잘 들어야지 점수를 더 많이 받을 수 있어. 할 수 있겠지!"

이 장면은 아들을 위한 아버지의 마음이 애잔하고 절실해 눈물 없이 볼 수 없는 장면 중 하나이기도 하다. 처음부터 끝까지 '귀도'는 초긍정의 최고치를 보여준다. 아내를 얻을 때에도, 아들을 살려낼 때도 말이다. 자신의 머리에 총을 겨눈 독일군에 의해 끌려가면서도 유쾌한 걸음걸이와 코믹한 웃음으로 아들에게 꼭꼭 숨으라는 당부의 눈빛을 보내며 그렇게 사라져갔다.

'귀도'에게 긍정적인 생각이 아닌 부정적인 생각이 지배적이었다면 그가 똑같은 상황에서 아들을 살려낼 수 있었을까? 아무런 두려움 없이 안전하게 아들의 마음을 지킬 수 있었을까? 그는 말로 표현하기조차 어려운 끔찍한 상황 속에서도 자신을 위해, 아내와 아들을 위해 한순간도 희망을 놓지 않았을 것이다. 악명 높은 수용소에서, 많은 유대인들이 죽어갔고 가스실에 끌려갔을 테다. 견디기 힘든 노동이었고 제대로 먹지도 자지도 못했을 것은 눈에 뻔하다. 세수할 물조차 마실 물조차 얻기 어려운 생활 속에서 우리는 불평하고 원망하는 것은 당연하다고 생각한다. 그럴 수밖에 없는 것이라고 말이다.

그러나 그럼에도 불구하고 원망하거나 좌절하는 말을 그는 단 한 번도 입에 담지 않았다. 그는 끝까지 희망을 포기하지 않았던 것이다. 비록 자신의 목숨은 사라졌지만, 아들의 목숨을 살려 아내에게 돌려보내게 하는 기적과 같은 결과를 가져왔다.

마찬가지로 누구나 그럴 것이라고, 그럴 수밖에 없다고 핑계댄다면 남들과 똑같은 삶을 살 수밖에 없지 않겠는가. 주어진 똑같은 상황에서 무엇을 선택하는가는 자신만이 선택할 수 있는 자유의지이다. 긍정적인 생각과 태도를 선택하겠는가, 아니면 자신의 환경의 부정적인 면만 그대로 취하기를 선택하겠는가.

W. 클레멘트 스톤은 미국의 시카고에서 태어났다. 그의 아버지는 일찍이 돌아가셨고 가정 형편이 어려워 겨우 그의 나이 여섯 살 때 신문팔이를 했다고 한다. 열세 살 때는 고정 간판 대에서 신문을 팔았으며 열여섯 살 때 보험사를 설립하고 보험 세일즈를 했다고 하니 정말 대단도 하지만 그동안의 수고와 고생이 어떠했을까 생각해본다. 결국 그는 억만장자가 되었고 미국 포춘지 선정 50대 자수성가 부자가 된 대표적인 인물이 되었다. 그가 하는 말이다.

"사람들 간의 차이는 미미하다. 그러나 그 미미한 차이가 큰 차이를 만들어낸다. 미미한 차이는 태도이고 큰 차이는 그 태도가 긍정적이냐, 부정적이냐 하는 것이다."

그는 성공과 실패의 차이를 긍정적 태도와 부정적 태도에서 찾았다. 나와 같은 경우에도 결국은 긍정적인 생각과 태도 때문에 꿈을 가지게 되었다. 그리고 그 꿈을 이루기 위해 나의 환경과 조건을 이겨내고 여기까지 오게 된 것이다.

수없이 많은 나를 쓰러뜨리기에, 충분한 이유들과 과정들이 있었지만, 나의 긍정적인 생각은 그것들을 나와 전혀 상관없게 만들어주었다. 그리고 나는 오늘도 더 큰 꿈을 꾸고 그 꿈을 향하여 가고 있다. 점점 커지고 있는 나의 꿈들이 오늘도 나는 가슴 벅차도록 즐겁고 기쁘다.

10대들이여, 선택하라.

지금 이 순간, 자신의 생각과 태도를 선택할 수 있는 주도권은 오로지 자신에게 있다. 그 선택이 앞으로의 꿈과 미래 그리고 인생을 결정하게 될 것이다.

무엇을 선택하겠는가?

습관이 되어 있지 않아 자꾸 부정적인 생각이 걸림돌이 된다면 오늘부터 하나씩 긍정적인 생각과 태도를 선택하는 연습을 해보자. 하나의 선택이 쌓여 내게 습관이 되고 공식이 되고 그것이 자신의 일상이 된다면 이미 나는 긍정적인 사람이 되어 더 큰 꿈을 만들어가고 있게 될 것이다.

05

실패란
시도조차 하지
않는 것이다

"엄마, 나 오늘 드럼 방과 후 수업 안 하고 집에 가면 안 돼요?"

"왜~? 무슨 일 있어?"

"아니 그냥 오늘은 하기 싫어요."

"그래? 그럼 알았어. 선생님께 얘기하고 와. 얘기할 수 있겠어?"

"네….."

혼자서 선생님께 나서서 이야기하기를 주저하는 첫째 아들이 결국은 선생님께 방과 후 수업을 하지 않고 가겠다는 말을 하지 못해 수업을 끝내고 올 것으로 생각했다. 그런데 그것을 해내고 집에 일찍 온 것이다.

평상시 어려워하던 용기를 냈으니 그것으로도 대견하다는 생각에 이번 방과 후 수업을 건너뛴 것은 그러려니 했다.

그런데 일주일이 지난 어느 날 전화가 왔다.

"엄마, 나 오늘 드럼 방과 후 수업 안 하고 가도 돼요?"

"이번에도? 왜~?"

"…하기 싫어서요."

"아니야. 이번에는 수업을 하고 왔으면 좋겠다."

그렇게 방과 후 수업을 하도록 했다. '드럼 치는 것이 싫은가? 어려워서 그런 걸까? 아니면 가르쳐주시는 선생님이 무서운가? 무슨 문제가 있는 것일까?'라는 생각을 해보며 한번 이야기를 나눠봐야겠다고 생각했다. 그리고 뒤늦게 이야기하던 중 알게 된 사실이다. 특별히 드럼 방과 후 수업이 싫거나 어려운 것은 아니다. 지금도 좋아하는 악기 세 가지를 고르라고 하면 피아노, 드럼, 바이올린을 고르는 아들이다.

이유인즉슨, 학교에서 몇 명의 아이들을 뽑아 오케스트라단을 만드는데 자신이 떨어질까 봐 걱정되고 부담된다는 것이다. 그래서 테스트하는 날 그 자리를 피하기를 원한 것이다. 솔직히 너무 어처구니가 없었다. 아직 테스트하지도 않았고 떨어질지 붙을지도 모르는 상황에서 미리 떨어질 것을 걱정하고 수업까지 빠지는 것이 의아하기도 했다. 대회를 나가는 것도 아닌 학교에서 음악단을 만드는 작은 일임에도 말이다.

"떨어지면 뭐 어때~ 붙으면 좋지만 떨어져도 괜찮은 거야~"

아무것도 아니라는 듯 일부러 가볍게 얘기를 던져보지만 떨어졌을 때의 그 상황과 아이들의 시선 속에서 부끄러움이 너무도 싫은 것이다.

그래서 이 아이는 그 상황을 미리 피했다. 시도조차 하지 않고서 말이다. 생각해보면 이러한 경우들이 첫째 아들에게는 많다. 심지어 아빠, 엄마에게 말하는 것조차도 때로 주저한다. 망설이고 있는 듯한 아들에게 말을 하려다 만다.

"왜~? 무슨 할 말 있어?"
"음…아니에요."

그러려니 지나려고 하면 무언가 아쉬운지 또 운을 뗀다. 결국 꺼낸 이야기를 듣고 말한다.

"그래~ 그렇게 해~ 근데 뭘 그렇게 어려워해. 그냥 편하게 얘기하면 되지~"
"안된다고 할 거 같아서요."
"우선은 얘기해보는 거야. 안되면 어쩔 수 없는 거고 될 수도 있는데 그 기회까지 얻지 못 하는 거잖아."

특별히 안될 이유도 없고 핀잔을 주는 것도 아닌데 이 아이는 미리 '안될 것 같아. 안되면 어쩌지?'라는 생각을 유독 많이 한다.

첫째 아이는 배밀이를 하고 기어 다닐 때도 그랬다. 다른 아이들은 이리 쿵 저리 쿵 부딪치고 다치며 몸으로 익혀간다지만 우리 아이는 조용해서 가보면 책상에 머리를 부딪힐까 쥐 죽은 듯 얼어붙어 소리조차 내지 않고 있었고 움직이는 머리카락이나 먼지 뭉치를 무서워했다. 겁이 많기도 하고 염려가 많은 아이, 걱정이 많아서 늘 새로운 시도를 하지 않는 아이. 그래서 더더욱 칭찬해주기를 많이 해주고 자신감을 느끼도록 세워주는 아이다. 실패를 먼저 보기보다 성공에 먼저 초점을 맞추고 도전의 시도를 할 수 있도록 신경을 많이 써주어야 하는 아이다.

자신의 꿈을 위해 나는 무엇을 보고 있는지 점검해보자. 성공을 떠올리는가, 아니면 실패를 떠올리는가. 대부분의 많은 사람들이 실패를 먼저 떠올리고 하지 못하는 핑계들을 먼저 떠올린다.

'실패하면 어쩌지? 나의 상황들은 할 수 없는 상황인데? 시도했다가 사람들에게 창피당하는 것은 아닐까?'

사실은 나조차도 책을 쓰기 이전 '내가 할 수 있을까? 괜히 책을 쓴다 했다가 해내지 못하고 창피당하는 것은 아닐까? 그렇게 되면 부끄러워서 내가 하던 SNS도 계속할 수 있을까?'라고 걱정했다. 너무 바보스러운 걱정이 아닌가.

만약 내가 그러한 부정적인 생각으로 책을 쓰는 시도조차 포기했다면 나에게는 작가라는 기회가 영영 오지 않았을 것이다. 이번의 시도하지 않음은 앞으로도 종종 도전 앞에서 시도하지 않는 실패의 확률을 더 높일 것이기 때문이다.

10대들이어서 각자 자신이 시도하고 도전해야 할 일들이 있을 것이다. 꿈을 위해 무엇을 도전하고 시도할 것인가?

자신의 인생의 꿈과 진로를 정하라.
목표를 정하라.
자신의 버킷리스트를 적고 하고 싶은 것들을 맘껏 해보라.
자신의 롤 모델을 정하라.
무엇이든 시도해보라. 공부도 시도해보라.
자신의 한계와 재능을 스스로 제한하지 말고 도전하고 시도해보라.
그러기에 너무 적절한 10대다.

20 · 30세대의 롤 모델로 꼽히는 대한민국 패션계의 전설 '밀라논나' 디자이너 장명숙 씨. 고등학교 때 이탈리아 칸초네 가수가 와서 공연을 했는데 그 공연을 보고서 생각을 했다고 한다.

'와, 세상에 저렇게 아름다운 노래가 있구나. 저 나라의 말을 배워봐야 겠다.'

그녀는 한국인 최초의 밀라노 패션 1세대로서 이탈리아어가 매우 능통하다. 주변의 만류에도 불구하고 유학의 길을 걸었던 장명숙 씨는 패션 바이어, 디자이너, 교수에 이어 현재는 유튜브 크리에이터 밀라논나로 젊은 층에 더 인기를 얻으며 또 다른 즐거운 삶을 살고 있다. 그녀에게도 쉬운 인생의 과정은 아니었다.

"태어났으면 열심히 사는 거죠. 뭐."

군더더기 없이 열심히 살았던 흔적을 남기는 찐한 한마디이다.

육아맘으로서 하루 서너 시간을 자면서 때로는 끼니를 거르기도 했다. 대한민국이라는 사회의 고정관념을 모두 거스르며 90년대 초에 할 수 있는 것은 자신이 모두 다 했다고 말할 정도로 거침없이 도전했다. 국내 유명 브랜드와 해외 유명 브랜드를 론칭했던 그녀의 화려한 이력 뒤에는 얼마나 큰 외로움과 어려움이 있었을까.

자신의 인생 계획에 결혼이라는 것이 애초에 없었지만, 결혼을 했고 아이 둘을 낳았다. 그 이후 인간 '나, 장명숙'으로 태어나서 내가 살아보고 싶은 대로 한번 살아봐야 하지 않겠느냐는 생각을 했다고 한다. 그리고 자녀들이 자란 후 자신의 꿈을 위해 자신이 하고 싶은 것을 위해 마음껏 또 다른 도전을 한 것이다.

어릴 때 병아리 다리, 입 큰애로 불렸던 그녀가 자신의 외모를 불평하고 백조가 되기를 도전하지 않았다면, 여자가 시집이나 가면 되지라는 부모님의 반대에 원망하며 도전하기를 포기했다면 어떤 결과들을 얻게 되었을까. 지금과 같은 빛이 나는 인생을 살지 못했을 뿐더러 우리가 상상하는 모습보다 더 보잘것없는 모습으로 살고 있지는 않을까?

우리는 밖으로 향해 있는 우리의 시선을 안으로 모아 내게 집중할 필요가 있다. 필요 이상으로 남을 의식하고 남에게 관심을 두기보다 나 자신의 역량에 초점을 맞추고 실패에 대한 두려움이 아닌 자신에 대한 확신으로 도전한다면 분명히 각자의 꿈을 이룰 수 있다.

"먼저 입고 싶은 대로 입어." 그녀가 남긴 말이다.

먼저 하고 싶은 것, 이루고 싶은 것, 좋아하는 것, 이쁘고 좋은 것들을 먼저 입어보기를 바란다.

06

나의 꿈은
대학이 아니라,
지속적인 성장이다

학창 시절, 시험 기간만 끝나면 좋겠다 싶었다. 중간고사, 기말고사 그리고 고입 시험 항상 내 앞에는 시험들이 있었고 그 시험들을 치르기 위한 학창 시절을 보냈다. 공부도 그다지 하지 않았는데도 말이다. 고입시험을 치르고 나니 또 중간고사 기말고사 그리고 이제 모두가 전심전력을 다 쏟아내는 대입 시험이 코앞이다. 물론 그 외의 추억들도 많이 있다. 그러나 전체적인 굵직한 뼈대는 시험이다. 대입 시험이 끝나면 이제 다 끝날 것으로 생각했다.

맘껏 자유로우리라.

그러나 대학을 입학해보니 대학 안에서도 중간고사 기말고사 그리고 국가고시와 취업이라는 시험 앞에 공부는 끝이 없다. 지나고 보니 아주 좁은 시야로 한시적인 목표들에만 집중하며 살아왔다는 생각을 하게 된다. 나의 꿈이 시험도 대학도 직장도 아니었는데 말이다. 남들 가는 대로 아무 생각 없이 따라갔던 듯하다. 그래서 즐겁지도 행복하지도 않은 채 말이다.

나는 지금도 대학에 다니고 있다. 이전에는 '꿈이 없는 대학'이었다면 지금은 '꿈이 있는 대학' 나의 성장을 위한 대학 말이다. 나 스스로 원하는 것을 찾아서 하는 대학이기에 늘 설레고 신이 난다. 누가 시켜서 하는 것이 아니라서 더 자유롭고 힘이 난다.

10대들의 꿈을 이루기 위한 하나의 과정이 대학이 될 수 있다. 누군가에게는 대학이 아닌 취업이라는 것이 꿈을 이루기 위한 또 다른 과정일 수 있을 테고 말이다. 우리는 어떤 모습으로든 준비되어야 한다. 새로운 산업이 우리들의 생활 속에 깊이 들어왔다. 새로운 4차 산업 속에서 새로 생겨난 직업들과 진로들을 배우기 위해 대학이라는 과정을 가야 한다면 그곳을 통해 자신의 꿈을 이루어가야 하는 것이 답이다. 기술과 지식들을 배우고 익히려는 방법으로 말이다.

또한 자신이 대학을 선택하지 않는다면 그만큼의 정보와 기술들을 배울 수 있는 교육기관이나 현장을 찾아야 하는 것 또한 답이다. 10대들에게 대학이 자신의 꿈의 종착지가 아니라는 것을 알려주고 싶다. 자신이 원하는 대학을 진학하지 못했다고 해서 내 인생의 기회가 끝난 것이 아닐뿐더러 인생의 길은 길고 다양하다는 것을 기억했으면 좋겠다.

인생을 살아본 어른들이 대학을 가야 한다고 무게중심을 두는 데는 그만한 이유가 있다. 특히나 한국 사회에서의 사회적 분위기나 각자의 소득과 명예 그리고 취업과 성공에도 적지 않은 영향을 미치고 있는 것이 사실이기 때문이다. 아무리 4차 산업 시대가 되어 능력을 중시하는 시대가 왔다 해도 아예 상관없지만은 않을 것이 분명하다.

2019년 KBS 뉴스에서 우리 사회의 차별 중 가장 심한 차별이 무엇인가 조사한 내용을 보도했다. 장애인 차별, 세대 차별, 성차별을 제치고 압도적으로 '학력과 학벌의 차별'이 1위를 차지했다. 그만큼 우리 사회에서는 대학의 중요도가 크다는 것을 의미한다.

그럼에도 불구하고 확실히 학벌과 학력에서 벗어나 창의적이고 실력을 갖춘 인재들이 많은 기회들을 얻고 있음에는 틀림이 없다. 이전에는 고졸자에 대한 무시와 차별이 심했고 본인조차도 열등감을 가지기 일쑤였으나 이제는 그러한 분위기가 많이 사라졌다. 스스로 당당하게 그들 못지않은 잠재력과 능력들을 발휘해내는 훌륭한 사람들이 많아진 이유이다.

대신 대학을 가지 않겠다면 그것을 넘어설 수 있는 열정을 품어야 한다는 것을 기억하기를 바란다. 그들이 대학에서 쏟는 열정보다 앞서 더 많은 열정으로 달려야 할 수도 있다. 이것이 곧 자신이 원하는 것들을 얻기 위해, 자신 인생의 꿈을 위해 지속적으로 성장하는 비결이다. 그 어떤 것 사회적인 시스템까지도 '내 꿈'을 방해하는 이유가 없도록 말이다.

『평범한 전업주부는 어떻게 1년 만에 월 1000만 원을 벌었을까?』의 저자 김서현 작가. 인스타그램에서 종종 보았던 나의 팔로워 친구이기도 하다. '온 코치'로 내게는 더 익숙하다. 인스타그램을 시작하고 초반에 그녀의 다른 작가들의 책을 소개하는 라방에도 몇 번 들어가 보았던 기억이 있다. 엄마가 나답게 아이를 키우면서 수익을 창출해내는 그녀의 이야기는 SNS 사업을 구상하고 있는 우리에게는 너무도 솔깃한 이야기이다.

전업주부로서 혼자 직접 발로 뛰며 경험한 온라인 쇼핑몰과 SNS를 통해 수익의 파이프라인으로 연결하는 이야기, 책 한 권으로 돈 버는 이야기, 자유롭게 시간을 쓰면서도 내가 하고자 하는 것들을 나답게, 그리고 거기다 경제적 자유까지 이뤄가는 그녀의 이야기는 디지털 노마드를 꿈꾸는 이들에게 꿈과도 같은 이야기들이다.

그녀의 학력과 학벌이 어떤지 나는 모른다. 하지만 이러한 그녀만의 꿈을 이루는 데 그녀의 학력과 학벌이 크게 작용하지는 않는듯하다. 이미 이전 직장생활을 했지만 열 번 이상의 이직을 했으며 임신과 함께 휴직을 하게 된 이후 경력단절녀가 되었기 때문이다. 더군다나 이전 직장은 월 300 이상을 벌지 못했고 야근도 잦았으니 자신만의 시간과 자유를 누리는 것은 꿈도 꾸지 못할 여건들이었다.

그녀는 자신의 자녀와 가족의 행복을 위해 돈을 버는 다른 도구를 찾았다. 함께 소통하던 또래 엄마가 하는 것을 보고 '나도 해볼 만하겠는걸?' 하고 온라인으로 시작한 일이다. 학력과 상관없이 새롭게 시도한 일들이 또 다른 성장을 가져오게 된 것이다.

최근 들어 이러한 사례들이 너무 많다. 책을 쓰고 강연가로 활동하는 이○○ 씨 또한 한창 잘나가고 있는 유능한 강연가이다. 책을 출간하고 처음에는 책을 주제로 문화센터 또는 교육기관의 작은 그룹으로 강연을 시작했다. 그러나 점점 강연하는 범위가 넓어지게 되고 때마침 방송에서 원하는 주제와 맞아 방송에 출연하게 되는 계기가 되었다. 이 또한 자신의 꿈을 위해 성장해 가는 평범한 누군가의 스토리이다.

우리가 잘 알고 있는 신사임당 유튜버, SNS를 통해 수익을 창출해내는 인플루언서, 1인 지식 창업가, 1인기업인 등등. 사실 이렇게 성공해가는 사람들을 보면 학력과 크게 상관이 없다. 단지 처음에는 너무 평범하였던 사람들이지만 자신이 이루고자 하는 이미지를 명확하게 그리고 계획하며 지속적으로 실력과 결과들을 쌓아가고 있음이 좀 더 특별하다는 것이 전부이다.

어느 책에서 본 이야기이다. 소아병동에서 아주 오랫동안 무서운 암과 싸우고 있는 어린 꼬마아이가 있다. 엄마는 집을 나갔고 아빠는 먼 곳으로 돈을 벌러 가셨단다. 그래서 외할머니가 병원을 들리시는데 할머니 또한 시장에서 장사하여 병원비를 감당하던 터라 자주 들리시지도 못한다. 최근에는 장사하시던 할머니조차 쓰러지셔 병원비가 끊기게 되었으니 어쩔 수 없는 상황에서 병원을 퇴원해야만 하는 상황이 되었다.

그동안 정이 들었던 터인지 몇몇 간호사들과 의사들이 모여 조촐하게나마 송별 파티를 해주기도 해놓고선 준비하지 못한 선물 대신 100원짜리, 천 원짜리, 만 원짜리를 앞에 놓고, 선물이니 집으라고 한다. 당연히 만 원짜리 지폐를 집을 것으로 생각하고 말이다. 그런데 웬걸. 꼬마아이는 100원짜리 동전을 집었다.

아직 돈의 가치를 몰라서 그러는가 보다 생각하고 만 원짜리가 가장 좋은 것이니 이것을 가지라고 손에 쥐어준다. 그때 이 꼬마아이가 말한다.

"나는 100원짜리 동전이 제일 좋아요. 100원짜리가 있으면 멀리 있는 우리 엄마랑 얘기할 수 있거든요."

자리에 있던 모든 사람들이 자신이 가지고 있던 동전을 모두 꺼내어 꼬마아이에게 주었다. 이전 같았으며 눈시울 붉히며 '감동이다.'라고 생각하고 끝났을지 모르는 감동적인 이야기이다. 그런데 오늘은 하나의 메시지로 다가온다.

꼬마아이가 간절히 원하는 100원짜리 동전은 사실 꼬마아이 외에는 어느 누구도 거들떠보지 않을 만한 동전에 불과하다. 꼬마에게 100원이 소중한 이유는 그 아이의 꿈이 '엄마'이기 때문이다. 누군가에게는 그저 굴러다니는 흔하디흔한 동전이지만 아이에게는 그 꿈을 이룰 수 있게 해주는 100원짜리 동전이다.

누군가에게는 대학이 꿈을 이루게 하는 동전이 될 수도 있다. 그러나 또 다른 누군가에게는 대학이라는 100원짜리 동전이 크게 의미가 없을 수 있다는 것이다.

인생의 수많은 점들을 찍으며 마흔을 지나고 있다. 어릴 적에는 그 점들이 어찌도 크게 보이던지. 끝없이 펼쳐진 수평선을 멍하니 바라보듯이 그렇게 점의 한 끝자락을 바라보며 이 점이 끝인 것만 같은 막막함도 느꼈다. 그런데 살아오며 또 다른 점을 찍고 또 다른 점을 찍으며 하나의 오르락내리락하는 선을 이루는 점에 불과하다는 것을 깨닫게 된다.

오늘도 나는 어제보다 더 성장하는 방향을 향해 하나의 점을 찍어가고 있다. 여러분들도 오늘 자신의 지속적인 성장을 위해 하나의 점을 찍는다. 어떤 점을 찍어 어떠한 선을 그려갈 것인지는 여러분의 몫이다.

자, 준비되었는가.

07

행복한 미래는
오늘부터
시작이다

"꿈은 이루어진다!"

"꿈은 이루어진다!"

"꿈은 이루어졌다!"

"꿈은 이루어졌다!"

학교 진로 수업을 하러 가면 마지막 강의 때에 선생님과 아이들 모두
가 구호로 외치는 선포이다.

'꿈은 이루어졌다!' 내가 꿈을 꾸고 이루어가기로 결심한 순간, '이미 이

루어진 것이다. 그것을 믿고 달려 나가기만 하면 된다.'라는 강한 의미와
의지를 담고 있다.

SQ 찾아가는 진로 수업 내용 중 4차 산업 시대에 근간을 이루는 양자
역학의 3대 기본 성질 중 '관찰자 효과'라는 것이 있다. 이 관찰자 효과를
이용해 해킹 불가능한 암호 장비를 만들기도 한다. 김연아 선수의 5G 관
련 CF 광고 중에도 등장한다. 그리고 중국에서는 이 관찰자 효과를 이용
하여 양자 통신 위성을 발사하기도 했다. 이러한 과학의 발전은 또한 우
리들의 시간과 꿈에 대한 관점도 바꿔가고 있다.

'미래'라는 것은 앞으로 무슨 일이 일어날지, 일주일 뒤에 무슨 일이 일
어날지 불확실하다고 모두가 생각한다. 과거, 현재, 미래 이렇게 시간이
흘러가고 있지만, 미래는 여러 가지 간섭으로 인해 불확실한 것이다.

그런데 과학에서 이야기하는 '관찰자 효과'의 관점으로 보면 보이지 않
는 세계는 언제 결정이 날까? (현대 과학에서는 보이는 세계, 보이지 않
는 세계를 말한다.)

바로 내가 관찰할 때이다. 양자물리학 세계에서는 이 모든 것들이 관
찰자가 관측할 때 결정이 된다고 과학자들은 이야기한다. 관측하는 순간
불확실성이 사라진다는 것이다. 이 원리를 적용해보자면 미래도 현재에

서 확정할 수 있다는 이야기가 된다. 이제까지 모든 과학과 사람들은 미래는 가봐야 알 수 있는 것이라고 생각했지만, 이제는 그러한 이야기들은 오히려 비과학적인 것이 되어버리고 만 것이다.

과거는 지나간 옛날이야기고 미래는 아직 다가오지 않은 일어나지 않은 일. 그래서 앞으로 어떻게 될지는 어느 누구도 말할 수 없다고 모두 말해왔다. 그러나 이제 과학은 '어떻게 될지 모른다.'라고 하는 인식을 바꿔야 한다고 얘기한다.

'잘될까 안될까? 할 수 있을까 없을까? 내가 책을 1년에 한 권씩 쓸 수 있을까? ○○ 대학을 내가 갈 수 있을까? 최고의 크리에이터가 될 수 있을까?'

그것이야 가봐야 알 수 있는 거지라고 생각하고 있지는 않은가? 그렇다면 과학에서 이야기하는 대로라면 무엇이라고 말하고 있을까? 자신이 바라보고 있는 현재에 자신이 바라고 믿는 대로 보이지 않는 세계는 결정이 나버린다는 것이다. 그러면 똑똑한 친구들은 '현실은 왜 그대로인가요?'라고 질문할 수 있다. 그에 대한 답은 보이는 현실에는 많은 변수들이 존재한다는 것이다. 그중에는 여러 가지들이 생각대로 되지 않는다고 중도에 포기하거나 생각이 흔들리고 믿음이 흔들리는 것까지 포함이다.

'절대'적인 시각과 믿음으로 나의 무의식까지도 믿고 바라보아야 현상은 바뀐다는 사실을 아는가? 실제 실험에서도 동일한 결과를 확인할 수 있었다. 무의식조차도 그 사실을 믿을 때 현상이 변하는 것을 말이다.

여러분들의 꿈은 무엇인가? 성공, 대학, 직장, 돈, 명예, 행복, 더 나아가 내 인생의 중요한 가치와 사회적인 옳은 가치를 위한 많은 꿈들이 있을 것이다. 더욱이 10대들은 인생의 넓은 바다에 배를 띄우기 전 어떤 배를 띄울 것인가 어느 방향으로 목적을 잡고 갈 것인가의 키를 손에 쥐고 있다. 자신이 거머쥔 키를 제대로 사용하지 않는다면 바다를 항해하는 배는 방향을 잃고 바다 위를 헤매게 될 것이다.

꿈을 찾았다면 이제 절대 믿고 확신으로 시작하면 된다. 과학에서 이야기하는 '관찰자의 시점'으로 지금 자신의 꿈을 어떤 모습으로 대하는 '관찰자'가 될 것인지 그것은 나 자신이 바라보기에 달렸기 때문이다. 물론 주변 사람들도 내 꿈을 바라본다. 그들이 나와 내가 말하는 꿈을 바라볼 때 '안될 거야. 어려워. 턱도 없어. 네가 정말 할 수 있을까?'라는 믿음을 가지고 있다면 여러분들은 더욱 강하고 확고하게 자신의 꿈을 바라보고 믿어야 할 것이다.

"할 수 있어. 얼마든지 도전하고 시도할 거야. 남들이 어떻게 보고 이야기하던 상관없이 내 꿈은 꼭 이루어진다."라고 말이다.

어느 시골 마을에 오랫동안 비 소식이 없었다. 땅이 갈라지고 씻을 물조차 부족하기에 이르렀다. 농사를 짓던 사람들은 오랫동안 비가 오지 않은 탓에 물이 부족해 농사일이 제대로 되지 않았다. 그래서 마을 모든 사람들이 모여 이 사태를 어떻게 해결해나갈 것인가 의견을 모으던 중 한날한시에 한곳에 모여 비가 내리게 해달라고 기도하기로 정하였다.

수많은 사람들이 마을에 있는 언덕 한가운데로 모여들었다. 열심히 소리를 외치며 울부짖는다. 자신의 온 힘과 정성과 최선을 다해 너도, 나도 할 것 없이 절실히 기도를 한다. 지치도록 기도를 마치고 언덕을 내려가려는 찰나, 한 꼬마아이가 우산을 펴든다.

"얘, 너는 비도 안 오는데 무슨 우산을 쓰고 그러냐!"

한 어른의 핀잔이다. 그때 꼬마아이가 하는 말이 이렇다.

"방금 모두가 비가 오게 해달라고 기도했으니 이제 비가 올 것이 아니겠어요?"

우리의 생각의 습관이라는 것은 참 무섭다. 종일 비가 내리기를 위해 기도했음에도 불구하고 정작 신이 기도를 들어주실 것이라는, 비가 내릴 것이라는 믿음도 확신도 없이 기진맥진하도록 기도한 것이다. 믿음이 없는 행위와 열심은 보이지 않는 세계를 바꿀 수가 없다. 하물며 보이는 세계를 바꿀 수 있겠는가 말이다.

우리는 모두 각자가 오늘을 어떻게 맞이하는가에 상관없이 누구나 똑같이 새로운 오늘 하루를 시작한다. 생각대로라면 자고 일어난 아침이 늘 새롭고 설렘과 기쁨이 가득해야 하는데 나는 아침이 하루 중 제일 어려운 관문이다. 조용하고 여유롭게 잔잔한 음악이라도 들으며 일어나고 싶은데 알람 소리에 쫓겨 강제로 일어난다. 무거운 몸을 일으켜 세우는 것과 찌뿌둥한 상태로 일어나 아이들의 학교 가는 일을 챙기고 넷째 아이를 돌봐야 하는 것이 쉽지만은 않다.

가족들의 아침을 챙겨야 하고 집안 정리를 해야 한다. 때로는 어제 못다 한 설거지와 빨래들까지 짧은 시간에 후다닥 해야만 한다. 세 아이를 학교에 데려다주고 넷째와 동네를 돈다. 해가 길어졌으니 쨍쨍한 하늘 아래서 자전거를 타고 동네 한 바퀴 도는 것이 집안에서 실랑이하지 않는 맘 편한 일이다. 오늘은 차를 타고 새로운 골목들을 넷째와 함께 구경했다.

사실은 매일 똑같은 아침을 이렇게 보내고 있다. 때로는 무기력해지기도 하고 늘상 반복되는 것만 같은 일상이 따분해지기도 한다. 반복되는 일상 때문인지 나의 꿈을 향한 일들이 더뎌 보이고 멀어 보이기도 한다. 하지만 그것은 나의 보이지 않는 세계를 현실화시키는 데 걸림돌이 된다. 여러 가지 변수 중 하나를 더하게 되는 것일 뿐이라는 걸 깨닫고 바로 거절한다.

그리고 현실은 똑같아 보이나 매일 똑같은 아침이 아님을 감사하며 새로운 설렘과 기대를 가진다. 어제와 다른 내가 오늘을 새롭게 맞이했기 때문이다. 똑같은 모습으로 똑같은 행동을 반복하고 있는 듯하지만, 오늘 아침을 대하는 내 생각과 마음이 어제와 다른 오늘이다. 내게 새롭게 주어진 오늘의 시작을 내가 새롭게 스케치하고 있는 것이다.

나의 미래는 오늘이 시작이다. 오늘이 내일의 나의 모습이다. 늘 새로운 생각과 마음으로 늘 새로운 오늘을 시작하기를 10대들에게 바란다. 행복한 미래는 오늘 지금부터 시작이니 말이다. 자, 여러분들의 행복한 미래를 위해 외쳐보자.

"나의 꿈은 이루어졌다!"
"나는 행복하다!"
"나는 할 수 있다!"

"내 기분은 내가 정해. 오늘 나는 '행복'으로 할래."
— 『이상한 나라의 앨리스』

10대들에게는 꿈과 미래를 이루기 위한 충분한 시간이 있다. 그 충분한 시간만큼 어쩌면 시련과 고난도 있겠고 시행착오도 있을 것이다. 오늘을 막상 잘 살아내 보려 하니 귀찮고 번거로워하고 싶지 않은 마음도 들 테다. 그러나 높은 산을 오를 때 두 발이 무겁고 지치더라도 꾸준하게 일정한 보폭과 속도를 유지해야 하듯이 그렇게 자신을 훈련해가기를 바란다. 자신의 성공적인 진로를 위해 아무것도 하지 않고 좋은 결과를 바란다는 것은 허황된 꿈일 뿐이다.

자신 인생의 멋진 꿈을 이루고 싶은가? 한번 사는 인생 자신이 원하는 가치들을 찾으며 살아보고 싶은가? 그 꿈을 제대로 확실하게 실현시킬 수 있는 방법이 있다.

바로 지금 자신의 꿈이 이루어졌음을 확정하며 오늘을 시작하는 것이다.

새벽을 사는
여자의
'진로' 수업

'끼이익!'

'이크⋯.'

'휴우 다행이다.'

오늘도 나는 살포시 오른팔에 머리를 베고 누워 있었던 아이를 내려놓고 살금살금 방을 빠져나온다. 아이들의 장난감이 가득찬 작은 방을 그럴싸하게 나의 작업실이라고 이름 지어놓고 새벽마다 그곳으로 출근을 하는 이유이다.

고요한 늦은 밤과 이른 새벽의 중간 지점인 이 시간은 하루 동안 살아내야만 하는 일상과 아이들로 꽉 채워진 시간들에서 나를 해방시키는 시간이다.

사람들은 흔히들 이야기한다. 책 읽을 시간이 없다고 말이다. 그러나 내게는 책 읽을 시간이 없다는 것은 '나 자신'이 없이 살아야 한다는 것과 같다.

어릴 적부터 책을 좋아했던 나는 책을 통해 그 수많은 크고 작은 인생들을 호흡하며 살아왔다. 철없던 한 남자와 결혼하고 첫아이, 둘째, 셋째 아이까지 연년생으로 힘겨운 독박 육아를 하던 시절 그 때부터는 더욱 처절하게 '책 읽기'가 시작되었다. 단 몇 장이라도, 몇 줄이라도 읽지 않으면 말라죽을 것만 같았다.

어리면 어린 대로, 자라면 자라는 대로 아이들에게 집중해야하는 시간은 늘 필요했기 때문에 나는 아이들과 겹치지 않는 시간을 선택해야만 했다.
그래서 시작된 '나의 시간'이라는 공간은 새벽 두시부터 시작이다. 오늘처럼 새벽 두시가 되면 살금살금 팔을 빼고 방안을 빠져나온다. 이 새벽의 시간과 공간은 오로지 나를 위한 우주의 시간이다.

책을 읽는다. 사색을 한다. 여러 가지 창조적인 생각들이 떠다니기도 한다. 빼곡히 눈앞에 보이는 빈 종이에 무엇인가를 마구 적어놓는다. 사업들을 구상하기도 하고 나의 버킷리스트를 올려다보며 혼자 상상 속에서 미래를 걷는다.

나의 앞으로의 방향성들을 정하고 신이 내게 주신 사명감을 다지기도 한다.

곧 좁은 의미에서의 나의 일, 직업을 위함이 아닌 나의 진로를 계발하는 시간이요, 자기 성장의 시간이다. 이제는 새벽의 시간이 단순히 '책을 읽기' 위한 시간뿐만이 아닌, 나에 대해 알아가는 시간, 내가 원하는 것들을 되새기고 끄집어내는 시간, 의식 확장의 시간, 치유의 시간인 것이다.

비록 10대는 아니지만, 10대처럼 나는 오늘도 새로운 꿈을 꾼다. 끊임없이 나의 달려가는 진로를 매번 확인하며 울퉁불퉁한 길들을 고르게 다지고 비좁은 오솔길을 포장된 도로처럼 넓혀가는 작업들을 쉼 없이 한다.

사랑하는 엄마의 일생을 담은 책을 그녀에게 선물하고 싶었다. 그러나 다양한 환경 가운데서 꿈이 없이, 진로 고민 없이 무엇인가에 의해 떠밀려오듯 황금기를 지나온 아쉬움들이 내게 있다는 것을 알게 됐다.

그래서 이전에 10대들에게 먼저 '성공적인 진로'를 선물하고 싶다는 생각을 하게 되었다. 4차 산업의 새로운 세상과 쏟아진 기회들 가운데서 자신의 잠재력을 맘껏 밖으로 쏟아내며 행복하게 스스로 진로를 찾아갈 수 있도록 말이다.

끝으로 이 책을 끝까지 읽고 여기까지 와준 독자들에게, 그리고 자신의 인생에 관심을 가지고 이 책을 집어든 10대들에게 '고맙다.'는 말을 전한다.